백년의 급진

현대 중국의 사상과 이론 01

백년의 급진
— 중국의 현대를 성찰하다

원톄쥔 지음 | 김진공 옮김

2013년 10월 7일 초판 1쇄 발행
2019년 1월 31일 초판 4쇄 발행

펴낸이 한철희 | 펴낸곳 돌베개 | 등록 1979년 8월 25일 제406-2003-000018호
주소 (10881) 경기도 파주시 회동길 77-20 (문발동)
전화 (031) 955-5020 | 팩스 (031) 955-5050
홈페이지 www.dolbegae.co.kr | 전자우편 book@dolbegae.co.kr
블로그 imdol79.blog.me | 트위터 @Dolbegae79

편집 김진구
표지디자인 강영훈 | 본문디자인 이연경·박정영·이은정
마케팅 심찬식·고운성·조원형 | 제작·관리 윤국중·이수민
인쇄·제본 상지사 P&B

ISBN 978-89-7199-572-3 (04910)
        978-89-7199-571-6 (세트)
이 도서의 국립중앙도서관 출판시도서목록(CIP)은 e-CIP 홈페이지
(http://www.nl.go.kr/ecip)에서 이용하실 수 있습니다.(CIP제어번호: CIP2013019130)

책값은 뒤표지에 있습니다.

현대 중국의 사상과 이론

01

백년의 급진

중국의 현대를 성찰하다

원톄쥔 지음 김진공 옮김

돌베개

일러두기

1. 이 책은 원톄쥔의 강연록과 글을 옮긴이가 선별·편집하여 번역한 것이다. 출처는 해당 글 말미에 명기했다.
2. 한국 독자들의 이해를 돕기 위하여 원문의 장·절·소제목 가운데 일부를 수정·변경하였음을 밝혀 둔다.
3. 인명, 지명 등의 외국 고유명사 표기는 국립국어원 외래어표기법을 기준으로 삼았다.
4. 페이지 하단에 저자의 주는 ●로, 옮긴이의 주는 숫자로 표시하여 실었다.

중국은 어떤 길을 가는가

이 책은 한국어판 출간을 위해 특별히 글을 선별하고 편집한 문집이다. 추천자와 번역자, 출판사와 책임편집자 등 애써주신 여러분께 우선 감사드린다. 또한 일찍이 한반도의 남쪽과 북쪽에서 모두 조사 연구를 한 중국학자로서, 패권국가들의 세력이 부딪치는 가운데 벌어진 냉전冷戰과 열전熱戰으로 분단될 수밖에 없었던 남·북한 민중들에게 이 자리를 빌려 진심어린 인사와 간절한 희망의 말을 전한다.

이 책에 수록된 글들은 중국이라는 맥락 위에서 쓴 것이고, 중국 내에서는 적지 않은 영향을 미쳤다. 혹시라도 문체나 형식면에서 한국 독자들이 읽기에 거슬리는 부분이 있다면 죄송스러울 따름이다. 그러나 진지하게 읽다보면, 동아시아에 함께 살고 있는 사람으로서 중국이라는 거대한 이웃이 얻은 경험적 교훈을 이해하는 데 큰 도움이 될 것이다.

2008년 월스트리트 금융 쓰나미와 2009년 글로벌 금융 위기가 휩쓸고 지나간 후, 서구가 이른바 '신흥 시장경제 국가'라는 이데올로기적인 이름을 붙인 국가 가운데 '완전한 시장경제'로 인정받지 못한 중국 이외의 거의 모든 국가에서 공업화의 쇠퇴가 나타났고, 심지어 자원을 매각하는 것으로 연명하는 '현대화 이전' 단계로 후퇴하는 경우까지 생겨났다. 이 변화가 의미하는 것은 한 가지 단순한 사실이다. 대다수의 개발도상국이 서구식의 현대화를 추구하지만, 서구의 발전에 내재적으로 이어져온 본질적인 특징, 즉 발전의 전제조건이자 '경로 의존성'(path dependency)인 '식민화'라는 특징을 갖춘 경우는 하나도 없다는 점이다. 결국 서구의 제도적 모델에 따라 '개발주의'를 추구해온 개발도상국들은 모두 발전의 함정에 빠져서 헤어 나오지 못하고 있다.

'초대형 대륙 경제체經濟體'인 중국은 객관적으로는 삼농三農[1]에서 잉여를 추출하는 특수한 '비교 우위'를 통해 공업화를 위한 내향형의 원시적 축적을 완성했고, 이어서 구조적인 외향형의 산업 확장을 이루었다. 그러나 금융자본이 주도하는 글로벌 '열등화 경쟁 메커니즘'(競劣機制)[*]이 전 세계로 비용을 전가하는 상황에서도 발전을 지속하

---

1 농촌, 농업, 농민을 가리킨다. 1996년에 원톄쥔이 처음 정식으로 제기한 개념이고, 2000년대 초부터 중국사회 전반에서 주목받기 시작했다.
• '열등화 경쟁 메커니즘'이란 '악화가 양화를 구축한다'는 그레셤의 법칙(Gresham's law)을 의미한다. 시장의 외부성에 속하는 것은 시장경제의 주체가 책임질 수 없기 때문에, 주체가 외부성의 비

려면, 생태 문명을 지향하는 '포용적 성장'으로 전환하는 것이 무엇보다도 필요하다.

복제도 불가능하고 지속도 불가능한 서구식 현대화

인류가 이른바 근대라는 역사 단계로 진입한 이래, 서구식 현대화는 어느덧 절대다수의 후발국가들이 굳게 믿는 발전 방향이 되었다. 그러나 서구의 역사를 조금만 정리해보아도, 이런 경험이 인류의 수많은 문명의 경로 가운데 극히 특수한 경우에 불과하며, 여타 '후발' 국가들이 복제할 수 있는 것이 아니라는 사실을 어렵지 않게 발견하게 된다. 게다가 이런 현대화는 내재적으로도 지나치게 높은 제도의 비용이 요구되기 때문에, 서구 자신조차도 갈수록 지속하기 어려워진다. 그러므로 비서구사회의 민중이 서구가 선전하는 보편적 가치를 신앙처럼 여기는 것을 나무랄 수는 없지만, 실천에서 서구의 경로를 반복하여 성공한 것으로 검증된 사례는 아직 확인된 바 없다고 할 수 있다.

서구의 자본주의적 현대화는 국가가 비인도적인 범죄의 형태로 해외에서 진행한 대규모의 식민지 확장에서 시작되었다. 그리스 로

용을 밖으로 전가하면 할수록 더욱 많은 기회수익을 얻게 되지만 결국에는 신용의 기초가 파괴되는 결과를 초래한다는 것이다. 이런 법칙은 금융의 글로벌화가 세계를 휩쓰는 이 시대에 벌어지고 있는 국가 간 경쟁에도 적용될 수 있다.

마의 노예제 문명을 전 세계에서 부흥시킨 이 과정은 아메리카와 아프리카 원주민들의 엄청난 죽음과 자원 및 환경에 대한 약탈적 파괴를 수반했다. 해외의 재부財富가 대량으로 유입되고, 유럽의 '빈곤층'과 범죄자들을 대거 식민지로 내보냄으로써, 서구는 비로소 원시적 축적을 완성할 수 있었다. 후대인들이 흔히 말하는 기술 혁신과 '정치 문명'—식민지 경영을 통해 수익의 순수 증가가 이루어지는 상황에서 부르주아계급과 기존의 봉건귀족이 정치적 타협을 이룬 것—이 비로소 가능해진 것이다.

산업자본의 구조적 확장 단계에 진입한 이후에도 서구는 해외에 그 비용을 전가한다는 전제 하에서 국내의 경제와 사회 및 정치 구조에 대해 적절하게 조정을 할 조건을 갖출 수 있었다. 이 기간에 유럽의 중심 국가들은 서로 끊임없이 무역의 권리와 식민지와 시장과 원료를 빼앗기 위한 전쟁을 벌였다. 이런 모순은 20세기 초반까지 이어졌다. 반도 모양의 협소한 아대륙亞大陸에 밀집해 있는 유럽의 열강들은 서로 비슷한 산업구조와 팽창의 추세 속에서 생산의 과잉과 경쟁의 악화에 직면했다. 이 시기에 종주국의 산업자본이 식민지를 향해 대규모로 확장해감으로써, 요소의 배분에 구조적인 사회적 변화가 발생했고(산업자본에 비해 산업노동자가 상대적으로 희소한 요소가 됨으로써, 노동자가 협상을 할 수 있는 최소한의 지위를 얻게 되었다), 이는 계급정치가 근대 서구사회에 뿌리를 내리는 기본적인 배경이 되었다. 그러나 이것이 유럽 산업자본 확장 단계의 내재적인 모순을 결코 해결해주지는 못했다. 결국 해결은 전쟁에 의존할 수밖에 없었다. 게다가 그 밑에 종속된 식민지들도 전쟁에 말려들어서, 파시즘적이고 비인도적인 두 차례의 세계대전으로 확대되었다.

물론 서구의 이 단계에 경제사회적 구조에 내재한 모순적인 요소들은 전쟁이 종결되었다고 해도 쉽사리 사라지지 않았다. 1970년대에 이르러 서구는 해외로 산업을 이전하기 시작했고, 경제구조를 금융자본 위주로 재편했다. 산업자본 단계에 내생적으로 나타나는, 노동과 자본이 직접적으로 대립하는 사회구조의 내재적 모순도 그에 따라 개발도상국으로 이전되었다. 서구사회는 금융과 서비스와 기술 분야에 취업한 화이트칼라 중심으로 바뀌었고, 중산층이 주도하는 다이아몬드형의 시민사회와 이를 토대로 한 이른바 정치 현대화가 이루어졌다.

그러나 여기서 숙고해야 할 점은, 기생적인 금융서비스업에 의해 지탱되고 내재적으로 기생성을 가지고 있는 서구의 정치 현대화가 사실은 주로 산업자본이 해외에서 벌어들이는 수익에 의존하여 유지된다는 것이다. 월스트리트에 금융 쓰나미가 밀어닥치자 서방국가의 부채 위기가 폭로되었고, 높은 비용이 요구되는 이런 현대화는 지속되기 어렵다는 사실이 갈수록 분명해지고 있다. 게다가 유권자의 압력에 따라 복지의 비용을 높일 수밖에 없는 정치 현대화의 '비가역적인 톱니바퀴' 속에서, 그 어떤 정치가도 금융자본의 기생성을 계속 심화시키는 것 이외에 다른 선택을 할 수가 없다. 즉 정부가 직접 나서서 화폐를 확대 발행하고 부채를 늘려서, 서구사회의 대다수 중산층 집단의 복지에 대한 요구를 만족시켜야 하는 것이다.

한편 대다수 개발도상국이 자신의 제도의 비용을 외부에 전가함으로써 국내의 모순을 해소할 조건을 전혀 갖추지 못했다는 것은 지극히 상식적인 사실이다. 그렇기 때문에 서구식의 현대화된 경제적 토대를 세울 수 없는 것이고, 그 위에 현대적인 상부구조를 건설할 막대한 비용을 감당할 수는 더욱 없다. 따라서 '전반적인 서구화'를 추구하는 급진적인 시도에 아무리 심혈을 기울이더라도, 그것은 결국 '머리카락을 위로 잡아당겨 지구를 떠나려는 것'처럼 무의미한 노력에 불과함을 알 수 있다. 멕시코의 멕시코시티, 브라질의 리우데자네이루와 상파울루, 인도의 뭄바이와 델리 등을 막론하고, 대형 개발도상국에는 모두 인구의 절반을 넘는 빈민이 거주하는 대형 빈민굴이 존재한다. 사유화에 따른 제도는 농촌의 땅을 잃은 농민들을 빈민굴로 유입시켜 도시의 극빈층으로 만들었다. 도시화란 결국 '공간을 수평이동하여 빈곤을 집중시키는 것'에 다름 아니다. 매춘과 도박과 마약이 성행하고 범죄조직이 판을 치는 상황에서 정부의 정상적인 통치가 실현되기는 불가능에 가깝다.

비슷한 예를 셀 수 없이 들 수 있다. 대다수의 급진적인 주류가 추구하는 서구의 제도, 즉 시장화, 자유화, 민주화, 글로벌화 등은 여타 개발도상국들이 중국에 비해 훨씬 먼저 그리고 더욱 과감하게 시행했다. 그러나 수입 격차와 도농 격차, 그리고 지역 격차라는 3대 격차를 제대로 해결한 경우는 하나도 없다. 그저 대다수의 빈곤과 고통을 대가로 해서 소수의 주류 이익집단이 서구식 현대화에 진입했을 뿐이다. 그리고 그 결과로 사회적 모순은 더욱 첨예해졌다.

후발국가 중국의 내향형 공업화로 축적된 제도적 경험

서구처럼 해외 식민지를 통해 재부를 약탈하고 모순을 전가하는 것이 불가능한 상황에서, 초대형 대륙국가인 중국은 주로 내향형의 원시적 축적에 의존해서 공업화를 할 수밖에 없었다. 그 방식은 첫째, 고도의 조직화(농촌의 집단화와 도시의 딴웨이單位²)를 통해 전체 노동자의 노동잉여가치를 점유하고, 공업과 농업 생산품의 협상가격차이를 이용하여 농업의 잉여를 추출하는 것이며, 둘째, 노동력 자원을 자본화하여 국가의 기본적인 건설에 대규모로 집중 투입함으로써 거의 제로에 가까울 정도로 결핍되어 있는 자본을 대체하는 것이었다. 중국은 사회 경제 전반을 아우르는 이런 '총동원체제'를 가동함으로써 비로소 산업자본에 대한 국가적 수요를 창출할 수 있었고, 독립국가의 주권을 유지하면서 공업화를 위한 원시적 축적을 완성하는 '경이적인' 도약을 이룰 수 있었다. 다만 이런 '전형적이지 않은' 개발주의적 성장에서 발생하는 거대한 제도의 비용은 대부분 전체 민중이 부담해야만 했다. 공업화를 위한 원시적 축적의 과정에서 형성된 이런 중국적 특색의 '정부 조합주의(corporatism)'적 경제 토대는 이후 제도의 변화 과정에서 '경로 의존성'을 형성하게 된다. 그리

2 중국사회주의 계획경제 체제 하에서 도시지역 주민들을 관리하는 독특한 제도. 딴웨이는 도시지역 주민들의 직장에 해당하는 개념이면서, 동시에 자원을 배분하고 인력을 동원하고 사회적 안정을 실현하는 주요한 경로이기도 하다. 계획경제가 시장경제로 전환되면서 딴웨이 제도는 점차 약화되는 추세이다.

고 개혁 과정에서 정부의 '기업화'(公司化)를 특징으로 하는 정부시장경제를 파생시켰다. 이런 체제에 대해, 국유부문이 다수를 점유하여 독점과 집중이 초래된다고 비판할 수 있지만, 사람들은 결국 다음과 같은 기본적인 사실을 직시해야만 한다. '중국의 경험'의 본질은 '정부의 기업화'라는 조건 하에서 산업구조를 상대적으로 온전하게 유지해온 데 있다는 것이다.

한 걸음 더 나아가 제도와 문화의 차원에서 보면, 중국은 근대적인 국가를 건설하는(state building) 과정에서 자신의 수천 년 전통의 관개농업으로 형성된 집단문명을 지켜낼 수 있었고, 동시에 동방의 특색을 갖춘 중앙집권체제 내부에서 사회적 자원을 통합할 수 있는 두 가지의 효과적인 메커니즘을 형성할 수 있었다. 첫째, 유구한 역사적 유산의 핵심인 집단문화를 통해, '시장경제의 심각한 외부성(externality)[3] 문제를 내부화(internalization)[4]해서 처리'할 수 있는 메커니즘이다. 둘째, 수천 년 이어진 농가경제에 내재하는 '대가를 따지지 않는 노동력을 자본을 대신해서 투입'하는 메커니즘인데, 극도의 자본 부족 문제를 이를 통해서 완화할 수 있었다.

이 두 가지 메커니즘이 작용하는 가운데 중국은, '서구인들이 완전히 식민지로 점령을 해서 설령 독립을 하더라도 여전히 서구인들

---

3 특정 경제주체의 행위가 다른 경제주체에게 의도하지 않은 혜택이나 손해를 초래해도 이에 대한 대가를 받거나 지불하지 않는 현상을 말한다. 외부효과(external effects)라고도 한다.
4 외부성 또는 외부효과의 '내부화'란 외부효과로 인해 발생하는 손해를 막기 위해 외부효과 자체를 시장 내로 편입시키는 것을 말한다.

이 만들어놓은 상부구조를 계승할 수밖에 없는 일반적인 제3세계 국가들'과 비교할 때, 훨씬 빠르고 손쉽게 공업화 단계로 진입했다.

생태 문명의 이념과 지속가능한 포용적 성장

공업화가 중기 단계에 접어든 이후, 중국으로 하여금 공업화를 위한 축적을 가능하게 하고 경제 성장 과정의 여러 차례 경제적 파동에 대응할 수 있게 해준 가장 기본적인 '안전장치'이자 '조절장치'인 향촌사회의 내부 사회경제적 구조와 외부의 거시적 환경에 근본적인 변화가 발생했다는 점을 주목할 필요가 있다.

농촌 내부를 보면, 청장년 노동력이 비농업부문으로 대거 순유출되어(net outflows), 농촌 인구의 노령화와 여성화 추세가 심각한 지경에 이르렀다. 또한 노동력의 자본화에 따른 수익을 대부분 국내외 자본이나 발전된 지역이 점유했다. 이에 따라 '집단문화'를 만들어내는 향촌사회의 토대가 와해될 위기에 직면했고, 농가의 합리성―농촌 가정의 인적자원을 자기자본화해서 얻어진 수익을 통해 위험의 내부화를 유지하는 메커니즘―을 유지하게 하는 주요 조건들이 대부분 사라지고 있다.

외부의 거시적 환경을 보면, 한편으로 자본의 과잉이라는 상황에서 중앙정부가 '친민생'親民生 정책으로 적극 변화할 조건이 마련되었다. 2003년에 제기된 '민생을 위한 새 정치'(民生新政)의 사상, 2005년에 추진하기 시작한 '신농촌 건설' 국가전략, 2007년부터 강조된 '생태 문명', 그리고 2008년에 명확하게 제기된 '자원절약형에 환경친화형'인 농업의 지속가능한 발전이라는 목표 등이 여기에 포함된다. 또한 지난 10년 동안 농촌에 연속으로 총규모 6조 위안(약 1조 달러) 이상의 투자가 이루어졌다.

그러나 다른 한편으로, '정부 조합주의'의 경로에 계속 의존해온 지방정부는 여전히 자본 결핍의 압력에 시달려, 불가피하게 '개발주의'적 지향을 유지하며 '고부채＝고투자＝고성장'이라는 발전모델에 매달릴 수밖에 없었다. 그래서 자원의 심각한 유출과 지속하기 어려운 생태환경이라는 위기에 직면해 있다.

만약 '중국에는 어떤 현대화가 필요한가?'라고 질문한다면, 중앙과 지방이 이렇게 대립적으로 모순되는 상황에서 중앙이 추진하는 전략적 조정이 관철되는 체제의 조건을 마련할 수 있는지에 그 대답이 달려 있고, 그러지 못한다면 중국의 이른바 '비교 우위'는 유지될 수 없을 것이라고 말할 수밖에 없다. 그런 점에서 중앙정부가 '기업화된 지방정부'로 하여금 중앙의 전략에 따라오도록 강제할 수 있는 가장 효과적인 수단은 '반부패'反腐敗이다.

장기적으로 볼 때 반드시 필요한 일은 다음과 같다. 첫째, 중국공산당 17대와 18대에서 반복적으로 제기된 '생태 문명'에 대한 요구를 관철하여, 환경과 사회적 측면의 '과도한 소모'에 따른 각종 모순을 완화해야 한다. 둘째, '조화사회(和諧社會) 건설'이라는 정치노선을 강화하여, 정부의 국채 투입과 국가 금융부문의 투자에서 모든 취약

계층에 고르게 혜택이 돌아가도록 하는 원칙을 지켜야 한다. '하향下
鄕된 정부 조직과 자본'이 농촌의 엘리트와 결탁하여 보편적으로 혜
택이 돌아가야 하는 국가의 정책적 투자를 '엘리트의 노획물'로 전락
시키고 이로써 사회적 충돌이 유발되는 것을 어떻게 해서든 줄여야
한다. 셋째, 전통적인 향촌사회에서 내부화를 통해 거래 비용을 절
감하는 메커니즘으로써, 기초자본 건설 투자로 인해 농촌에서 자원
과 생태환경을 둘러싼 충돌이 늘어나는 것을 막아야 한다.

근래의 정책에서 중점은 다음에 있다. 첫째, 중앙정부가 금융을
독점적으로 장악한 토대 위에서, 현縣 이하의 신농촌 건설과 성진
화城鎭化5를 통합적으로 추진할 수 있는 기초자본 건설투자의 메커니
즘을 위에서 아래로 내려보내는 방식으로 수립함으로써, 향촌의 안
정을 유지하고 취업 기회를 더 많이 창출하고 내수를 진작할 수 있
는 정책적 역량과 역할을 지방에 부여한다. 둘째, '조직 혁신과 제도
혁신'을 내용으로 하는 농촌의 종합적인 체제 개혁을 한층 더 심화
시킨다. 이렇게 해야만 중국은 글로벌 열등화 경쟁으로 초래된 위기
에서 '위기 속의 기회'를 만들어낼 수 있고, 중국 자신의 특징에 부합
하는 지속가능한 포용적 발전을 실현할 수 있다.

---

5 일반적인 도시화가 아니라, 그보다 규모가 작은 읍이나 면 정도 수준인 진鎭급의 중소도시를 발
전시키는 것을 말한다.

世界人民大团结万岁

1부   백년의 급진을 성찰하다

중국에게 '백년의 급진'은 무엇이었는가

'백년의 급진'과 이별을 고하다

중국의 제12차 5개년계획[1]은 21세기 이후 중국의 정책적 사고에서 생겨난 중대한 변화를 담고 있다. 그 변화란 1911년 신해혁명辛亥革命 이래로 국가 발전과 제도 전환의 주된 흐름이었던 '백년의 급진'에서 벗어나기 시작한 것을 의미한다.

중국은 제국주의 열강의 침략을 받은 1840년대부터 1940년대에 이르기까지 거의 백년 동안 굴욕의 시간을 보냈다. 그래서 어떤 정

1　중국공산당과 정부가 2011~2015년에 추진하는 경제정책. 전체 명칭은 '중화인민공화국 국민경제와 사회 발전 제12차 5개년계획 요강'(中華人民共和國國民經濟和社會發展第十二個五年規劃綱要)이다. 전면적인 소강小康사회 건설을 위해 조화롭고 지속가능한 균형 발전을 추구하는 것 등을 주요 내용으로 한다.

부나 정치세력을 막론하고 모두 서구 열강의 현대화를 모델로 한 공업화에 전력을 기울였다. 주류 담론을 장악한 정치가나 사상가들이 갖게 된 급진적 사상체계는 이런 배경에서 생겨난 것으로, 이는 중국 산업자본의 급속한 원시적 축적 과정과 그 이후의 대규모 확장 및 구조조정의 필요에 부합하는 것이었다. 또한 이런 이유로 역대 정부의 정책은 본질적으로 친자본적 특징을 가질 수밖에 없었다.

그러다가 새로운 세기에 들어서 중국은 지난 백년의 급진과 이별을 고하는 전략적 조정을 감행했다. 근래 중국의 전략적 조정에 대해 '백년의 급진과 이별'이라고 표현한 것은 경제·사회적 구조에서 나타난 몇 가지 중요한 단계적 변화 때문이다. 이런 거시적 변화가 의미하는 바를 제대로 이해하기 위해서는, 중국의 자본 축적 과정에서 각 단계가 갖는 특별한 경험과 각 단계에 따른 상이한 제도적 변화를 자세히 비교하여 분석해볼 필요가 있다.

자본의 극단적 결핍에서 3대 자본의 과잉으로

중국은 지난 세기 백년 동안, 서구 제도의 파생물인 산업자본의 형성과 확장 그리고 과잉에 이르는 역사적 과정을 겪었다. 그 과정의 시작에서 직면한 것은 '자본의 극단적인 결핍'이었다.

대다수의 비서구 공업국들은 제국주의 시대에 침략을 당하고 분할되는 경험을 했다. 이들은 그 과정에서 군사력 강화의 중요성을 깨달았다. 서구국가들의 강력한 군사력의 배후에 공업화의 성공이 있음을 인식하고, 그것을 모델로 삼아 그들을 따라잡기 위해 노력했다. 그런데 공업화 단계에 들어서자마자 이 후발국가들은 '자본의 극단적인 결핍'이라는 도전에 직면했다. 공업화란 결국 끊임없이 자본을 추가 투입해야 하는 경제적 과정이기 때문이다. 중국 역시 이런 상황에 놓이게 되었다. 이른바 '백년 동안의 결핍'이 시작된 것이다.

중국은 근대의 시작과 함께 '이이제이'以夷制夷를 위해 서구의 군사기술을 도입했다. 이를 위해서는 군사공업을 발전시키는 일이 필요했다. 그런데 군사공업은 다른 어떤 공업보다도 많은 자본이 끊임없이 투입되어야 하는 분야이다. 게다가 자본 투입이 민생을 이롭게 하는 효과를 전혀 창출하지 못한다. 생산한 무기로 다른 나라를 침략해서 자원을 약탈해 와야만 비로소 자본 투입의 효과를 얻을 수 있다. 또한 생산해서 창고에 쌓아두고 사용하지 않으면 고장이 나기 때문에 계속 정비하고 관리해야 한다. 이 모든 것이 다 효과를 창출하지 못하는 투자이다. 물론 생산한 무기는 다른 나라의 침략을 막는 데 사용할 수 있다. 그러나 대부분의 선발국가에서 군사공업은 다른 나라를 공격해서 자원과 시장을 약탈하기 위해 육성되었다.

이 대목에서 두 가지 상식을 기억할 필요가 있다. 그 하나는, 일반적으로 공업화는 끊임없이 자본을 투입해야 하는 경제적 과정인데, 특히 군사공업은 더 많은 투자를 요구하면서도 전쟁을 하지 않으면 아무런 효과도 창출하지 못한다는 점이다. 또 다른 하나는, 대다수 후발국가들의 경우에 공업화를 위한 최소한의 기반도 갖추고 있지 못하다는 점이다. 공업화에 진입하기 위해서는 자본이 있어야 하므로, 이들이 처음으로 직면하는 도전은 '자본의 극단적인 결핍'이 될 수밖에 없다.

여기서 '극단적'이라는 표현을 사용한 이유는 무엇인가? 서구의 주류경제학은 생산력의 모든 요소들이 '상대적'으로 희소하다는 전제 위에 성립되었다. 서구 경제학의 논의 속에는 요소가 극단적으로 결핍되는 상황이 존재하지 않는다. 예컨대 노동력이라는 요소가 제로에 가까울 정도로 부족하다면, 요소의 적절한 배분을 논의하는 것이 무슨 의미가 있겠는가? 서구의 경제학은 애덤 스미스Adam Smith에 이르러, 요소의 상대적 희소성이라는 조건 하에 시장의 보이지 않는 손이 작용하여 자원 배분의 최적화를 이루는 조합을 찾는 쪽으로 발전했다. 그런데 자본이라는 요소가 제로에 가까울 정도로 부족한 조건에서 시장에 의존하여 최적의 분배를 찾는 것은 생각해본 적이 없다. 즉 자본의 극단적 결핍에 직면한 대다수 개발도상국이 일반적인 서구 경제학의 논리로 자국의 경제 발전을 계획하거나 조정하는 것은 매우 어려운 일이다.

이런 자본의 극단적 결핍 상황에 대해 경제학자들은 외국자본을 들여와 공업화를 이루어서 수입을 대체하고, 이후 수출을 확대하여 그 외자를 대체하면 된다고 말한다. 이는 물론 좋은 일이다. 그러나 모든 외자에는 대가가 따른다. 자본이 제로에 가까울 정도로 부족한 개발도상국에게 외자는 도입하는 순간 외채 부담이 된다. 또한 과거의 중국처럼 자원이나 기초적인 상품이 부족한 경우는 '대체'라는 것이 성립되지 않는다. 1980~1990년대에 세계의 채무국은 주로 공업화를 이루려고 외자를 도입한 개발도상국, 즉 부채를 통해 공업화를 이루려는 국가들이었다. 그중 일부 후발국가들은 공업화에 진입했다. 자신이 생산한 공업 생산품을 수출하여 무역에서 이익을 남겨 부채를 상환한 것이다. 그러나 성공적으로 이 과정을 이룬 나라는 매우 드물다. '브릭스'BRICs[2]에 속하는 중국, 인도, 브라질 정도가 성공한 경우에 해당한다. 나머지는 공업화에 진입하지도 못한 채, 공업화를 위해 들여온 외자로 인해 심각한 채무 부담을 지게 되었다. 결국 끊임없이 닥쳐오는 외채 위기에 휘말려, 스스로는 절대 헤쳐 나올 수 없는 빚의 함정에 빠졌다. 이러한 개발도상국 가운데 대다수는 원료를 팔거나 자원을 양도하는 방식으로 간신히 생존을 유지하고 있다.

그러나 지난 백년 동안 자본의 극단적 결핍이라는 문제에서 자유롭지 못했던 중국은 어느덧 공업화를 완성하고 이제 자본의 과잉이라는 문제에 직면해 있다. 20세기 말에 자본의 결핍과 이별한 뒤 곧 산업 과잉의 단계로 접어들었고, 새로운 세기의 10년 동안에는 금융의 상대적 과잉 단계로까지 진입했다.

이 문제는 저명한 여러 학자들이 이미 지적한 바 있다. 1998년에

---

2 빠른 경제 성장을 지속하는 브라질, 러시아, 인도, 중국 네 나라를 가리킨다. 2003년에 미국의 대표적 투자은행인 골드만삭스Goldman Sachs의 보고서에 처음 등장한 신조어이다.

원로 경제학자인 마홍馬洪(1920~2007, 당시 국무원 발전연구센터 주임)[3]과 루바이푸陸百甫(1936~)[4]는 중국에 이미 생산의 과잉이 나타났다고 주장했다. 1999년에는 해외에서 유학을 마치고 돌아온 린이푸林毅夫 (1952~)[5]가 좀 더 직설적으로 중국의 주요 문제를 '이중적 과잉 상태에서의 악순환'이라고 지적하면서, 중국이 이제는 신농촌新農村을 건설해야 한다고 건의했다. 나는 주류경제학자가 아니기 때문에 더욱 직설적으로 표현했다. 중국은 현재 크게 세 가지 과잉에 직면해 있다. 산업의 과잉, 그로 인한 금융의 과잉, 그리고 산업과 금융의 과잉으로 인한 상업의 과잉이다. 이는 곧 3대 자본의 과잉으로 귀결된다. 산업자본, 금융자본, 상업자본의 과잉 사이의 논리적 관계는 다음과 같다. 산업이 과잉이기 때문에 은행은 과잉된 산업에 투자하지 않는다. 그럼에도 정부는 끊임없이 화폐를 발행하여 화폐의 총량이 계속 증가한다. 중국인민은행은 화폐를 각 상업은행으로 보내지만, 그것이 산업 영역으로 가지는 않는다. 그래서 금융자본의 유동성 과잉이 생겨났다. 2년 전에 은행의 자산 총규모는 70조 위안을 넘어섰다. 현재는 대략 90조 위안에 이르렀을 것이다. 더 심각한 문제는 근

3 중국의 경제학자. 중국공산당 제12기 후보중앙위원, 중국공산당 제13대, 14대 전국대표대회 대표 등 역임. 베이징北京대학, 칭화清華대학, 상하이자오퉁上海交通대학, 푸단復旦대학 등의 교수 역임. 전통적인 사회주의 경제관리 체제의 개혁을 적극 주장했다.
4 차관급 연구원. 현재 국무원 발전연구센터 학술위원회 부주임. 제9기 및 10기 전국인민대표대회 대표 등 역임.
5 베이징대학 중국경제연구센터 주임 및 교수, 제7~10기 정치협상회의 전국위원회 위원, 중화전국공상업연합회 부주석 등 역임. 현재 세계은행 부총재 및 수석 경제학자.

래 외자가 대량으로 유입되고 있다는 점이다. 중국인민은행은 이를 충당하기 위해 화폐를 추가 발행해야 한다. 어쩌면 이미 100조 위안에 도달했을지도 모른다.

산업의 과잉으로 대부분의 금융자산이 출구를 찾지 못하고 있는 까닭에 심각한 예금 초과 현상이 벌어지고 있다. 금융이 과잉일 때 자금이 부동산에 몰리는 것은 일반적인 현상이다. 금융자본과 부동산자본이 서로 의존하며 결합하고, 과잉된 금융자본은 자연스럽게 부동산 가격을 상승시킨다. 이는 중국만의 문제가 아니라 세계적으로 나타나는 보편적인 경향이다. 산업이 과잉일 때 투자하면 금융은 자본 회수가 불가능하다. 그렇다고 투자를 하지 않으면 금융의 과잉이 초래되고, 이는 곧 상업의 과잉으로 이어진다. 상업 영역의 치열한 경쟁은 투자환경의 악화 때문이 아니라 상업의 과잉 상황 때문에 벌어진다. 바야흐로 정상적으로 영업을 하고 세금을 내서는 이익을 거의 낼 수 없는 상황이 된 것이다. 실물경제 영역에서 투자의 기회가 줄어듦에 따라, 금융자본은 실물경제를 떠나서 투기적인 이익을 추구하고 있다.

산업과 금융과 상업이라는 3대 자본의 완전한 과잉 상황에서 신용사회를 건설하고 안정적인 신용관계를 형성하려는 노력은 거의 실현 불가능하다. 그런데도 주관적인 염원에 따라 이런 노력을 고집한다면 비싼 제도적 비용을 치르게 되고, 이런 노력이 효과를 거두지 못할 경우 비싼 통치의 비용도 지불해야 한다. 자본 과잉의 조건하에서 비싼 제도적 비용을 치르는 것은 필연적이다. 이런 상황에서

한가롭게 교과서대로 제도 건설이나 신용 형성을 이야기하는 것은 무의미한 일이다. 지금 심각한 과잉이 발생하고 있는데, 과거의 이론으로 이것을 설명하려 하면 방향을 잃고 결국 보수로 회귀하게 된다. 당장 교과서를 고치기는 어렵지만, 이를 당대의 문제와 결합시켜 논의하려면 최소한 어떤 중대한 변화가 발생하고 있는지 알아야 한다. 중국은 21세기로 들어서면서 이미 결핍과 이별했다. 그리고 과잉의 10년을 맞이했다.

결핍의 시대에는 어떤 체제, 어떤 이데올로기, 어떤 정부이든, 그리고 누가 지도자이든 공통의 규칙을 따르게 마련이다. 자본이 극도로 결핍되어 있을 때, 정부의 첫 번째 임무는 자본의 축적이다. 따라서 자연스럽게 친자본적 정책을 취하게 된다. 중국의 사상계가 유럽 일부 국가의 특정한 시공간적 조건에서 형성된 좌파 또는 우파의 관점으로 이 문제를 보는 것은 현명치 못한 일이다. 또한 과거를 모두 극좌적 오류로 단정하는 것은 더욱 황당하다. 자본이 극도로 결핍된 시대에는 객관적으로 볼 때 이른바 좌경적 오류가 발생하기 어렵다. 오류가 있었다면 오히려 극우적 오류일 가능성이 크다. 이런 시기에는 어떤 성향의 정부든 친자본적인 정책을 택할 수밖에 없기 때문이다. 그러다가 자본이 더 이상 부족하지 않고 과잉 상태에 이르면, 어떤 당파나 정치체제나 이데올로기라도, 그리고 누가 지도자라도 민생을 지향하는 쪽으로 방향을 조정한다. 친민생 정책이 구현될 조건이 만들어진 것이다.

후발국가가 공통적으로 안고 있는 문제는 모두 자본의 극단적 결핍과 관련이 있다. 자본의 극단적 결핍으로 인한 압력을 해결해야 하기 때문에, 모든 해법이나 정책은 비교적 급진적인 경향을 띨 수밖에 없다. 이런 상황에서 좌·우익의 양분법은 별 소용이 없다.

청말, 민국 시기의 자본 결핍과 경제 붕괴

그렇다면 중국에서 백년 동안의 자본 결핍은 어떻게 초래되었고, 그것을 극복하려는 급진적 정책은 어떻게 진행되어왔는가?

청清말에 서구 열강의 침략이 시작되자, 중국은 세계 제1의 무역대국이자 은 보유국에서 은의 최대 유출국이자 자본이 극도로 결핍된 국가로 변모해갔다. 1840년 아편전쟁 이후 연속된 패전과 그에 따른 배상금 지불로 재정적으로 기본적인 지불 능력조차 상실했고, 공업화를 위해 추가 투자를 하는 것은 엄두도 내지 못하게 되었다. 게다가 민간경제도 고갈되어가는 상황이었다. 중국은 부국강병을 목표로 공업화에 진입하려 했지만, 당시의 공업은 대부분 조립을 위주로 한 군사공업이었다. 설비제조 능력조차 갖추지 못하고, 수입한 부품을 조립하는 정도에 그쳤던 것이다.

백년 전의 양무운동洋務運動은 중국이 공업화에 진입하는 첫걸음이었다. 물론 이때도 민간이 주도한 것은 아니었고, 생산의 내용은 일반적 상품 생산이 아닌 군사공업 위주였다. 이는 사실상 이후의 통치집단에게 매우 심각한 경로 의존성을 남겼다. 이후로는 청 왕조든 중화민국中華民國이든, 또는 공산당 지도자 가운데 마오쩌둥毛澤東이든 덩샤오핑鄧小平이든 모두 군사중공업을 강조하게 되었다. 1980년에 정권을 장악한 덩샤오핑은 자신에게 8000만 톤의 철강이 있다면 아무것도 두렵지 않다는 말을 하기도 했다.

교과서에서는 만청晚淸 시기의 공업화가 정부 주도에서 민간 주도로 바뀌어갔다고 설명하지만, 제국주의가 중국을 분할 점령하기 시작한 1840년 이래로 중국에는 온전한 의미의 중앙정부가 존재하지 않았다. 1900년에 8개국 연합군이 베이징을 공격했을 때, 리훙장李鴻章(1823~1901)[6]이 동남부에 진을 치고 '8개 성省에 연락해서 청 왕조에 대한 보위를 거부'한 것은 중앙과 지방이 이미 분열되었음을 의미한다. 제국주의 열강이 중국을 분할 점령한 상황에서, 북양北洋[7]의 해군이나 회군淮軍[8]과 상군湘軍[9] 모두 명목상으로만 중앙정부에 속했을 뿐, 사실은 지방의 군사세력이었다. 회군과 상군 양대 세력의 대립은 이후 회군을 대표하는 리훙장의 '해상 방위론'(海防論)과 상군을 대표하는 쭤중탕左宗棠(1812~1885)[10]의 '육상 방위론'(陸防論)

6　청말의 권신. 지방군을 이끌고 태평천국의 난을 평정하면서 권력의 중심에 들어섰고, 부국강병을 위한 양무운동을 주도했다. 청일전쟁에 패배하면서 세력을 잃었다.

7　청말에 장쑤江蘇성 일부와 즈리直隷성, 산둥山東성, 랴오닝遼寧성의 연해를 아울러 이르는 말이다. 리훙장이 이 지역을 지배하는 세력을 가리키는 말로 처음 사용했다.

8　청말에 쩡궈판曾國藩의 지시로 리훙장이 편성한 군대. 중국의 근대식 군대의 전신으로, 태평천국군을 진압하는 데 공을 세웠다.

9　쩡궈판이 후난湖南 지역의 민병들을 바탕으로 편성한 군대. 태평천국군을 진압하는 데 공을 세웠으나, 태평천국이 무너진 후 해산되었다.

10　청말의 대신. 양무파의 지도자. 태평천국군을 진압하고 산시陝西와 간수甘肅 지역 회족回族의 반란을 평정하는 데 공을 세웠다.

사이의 대립으로 발전했다. 이로부터 양무운동은 각지의 군사세력이 해당 지역의 군사공업을 발전시켜서 역량을 키우는 쪽으로 전개되었다.

　태평천국太平天國의 난이 일어났을 때, 팔기군八旗軍[11]을 중심으로 한 청 정부의 주력부대는 이미 전투능력이 없었다. 이런 사정은 지방의 정부군도 마찬가지였다. 그 대신에 일어난 것이 향촌의 민병들과 지방 지주의 무장조직(團練)이다. 상군도 본래는 후난湖南 지방의 민병조직이었지만, 저장浙江과 장쑤江蘇 같은 부유한 지방을 차지하고 이후 산둥山東과 허베이河北까지 세력을 확대했다. 이렇게 당시는 중국 전체가 사분오열되어 있었다. 그 시기에 주요 도시에서 공업을 발전시킨 것은 모두 이런 지방 세력들이었다. 쇠퇴할 대로 쇠퇴한 청 정부를 무너뜨린 것은 결국 지방 세력들의 군사공업 육성이었다. 1900년에 중국 각 지방은 모두 군사공업을 발전시키고 군대를 보유하고 있었지만, 청 왕조를 보위하기를 거부했다. 따라서 중앙정부가 의존할 수 있는 것은 아무런 군사장비도 갖추지 못한 의화단義和團뿐이었다. 청 왕조는 신해혁명이 아니라 이때 이미 붕괴된 것이다.

　1920년대에 장제스蔣介石는 명목상의 국가 통일을 이루었다. 그러나 그것은 쑨원孫文의 명의였고, 국민당國民黨의 명의였다. 따라서 장제스는 1947년까지 줄곧 당 총재라는 직함을 썼을 뿐, 국가원수를

11　청 태조 누르하치가 세운 만주족 특유의 행정·군사 복합제도. 여덟 가지 깃발로 대표되는 8개의 무장집단이 청나라의 정예군을 구성했다. 이후 몽고족과 한족까지 팔기군에 편입되었다.

자임하지 않았다. 총리라는 직위는 쑨원을 대표하는 것이었기 때문에, 그는 이를 조심스럽게 피했다. 선거를 거치지 않았기 때문에 총통이라는 직위도 피하고, 오직 총재라는 직함만 사용했다. 그가 가진 직함은 중화민국 국민혁명군 군사위원회 총재였다. 군사가 먼저이고, 그다음이 당이고, 또 그다음이 국가였다. 이는 청말 이후 정치의 전개과정에서 확립된 일종의 경로 의존성이 작용한 것이라고 할수 있다. 장제스의 군사력은 중국 내에서 가장 강했기 때문에, 지방의 군벌세력은 모두 그와의 충돌을 피했다. 그리고 중앙과 교역을 쉽게 하기 위해 명목상 국민혁명군에 소속되는 길을 택했다. 그런데 각 지방 세력은 여전히 독자적으로 세금을 징수했고, 급료를 지불했으며, 자체적으로 군대를 무장시키고 있었다. 국민당 소속 군대임에도 군복이나 무장이 제각기 달랐던 것은 이런 이유 때문이다. 각 지방의 군벌세력은 여전히 자기 지역을 독자적으로 통치했다. 많은 모순이 존재하기는 했지만, 이는 온전한 통일국가로 가는 과정이었다.

1920~1930년대에 민국民國은 10년 동안에 걸쳐 급속한 경제 발전을 이루었다. 정치적으로 통일의 형세가 무르익자, 민간경제도 회복되어 공업경제의 기초가 확립되었다. 국가가 군사적으로 통일되고 경제적으로 고속성장을 하는 것은 국민들에게도 유리한 일이었다. 1921년에 창립된 공산당이 여러 차례 폭동을 일으켰지만, 이 시기에 이르러서는 점차로 쇠퇴하여 사실상 불씨로만 남게 되었다. 민국의 경제 발전이 객관적으로 혁명에 불리한 조건이 된 것이다. 그런데 1930년대 중반에 다시 혁명의 분위기가 무르익는다. 그 원인은

중대한 국제적 사건, 즉 1929~1933년에 구미 지역을 휩쓴 서구 자본주의의 위기였다.

이 위기 기간에 발생한 주요 현상은 통화 팽창과 그에 수반된 귀금속 가격의 폭등이었다. 이는 근래의 달러 남발에 따른 통화 팽창, 그리고 금 가격 폭등과 매우 유사하다. 가격이 폭등한 귀금속에는 은도 포함되어 있었다. 은의 가격 상승은 중국에 심각한 영향을 끼쳤다. 중국은 당시까지 여전히 은 본위의 화폐제도를 운용하고 있었다. 시중에 유통되는 위안따터우袁大頭[12]나 쑨따터우孫大頭[13]는 모두 은화였다. 정부나 거상들은 모두 은을 자산의 축적수단으로 이용했다. 이런 상황에서 은 가격의 폭등이 일어나자 문제가 발생한 것이다. 당시 중국은 미국과 은에 관련한 협정을 맺고 있었다. 미주 지역에서 대량의 은을 수입해야 비로소 화폐 수요를 충당하는 것이 가능했기 때문이다. 그런데 은 가격이 폭등하자 미국이 협정을 일방적으로 취소해버렸다. 게다가 미국은 1934년부터 은 구매 가격을 크게 올렸다. 이제는 중국에서 은이 대량으로 유출되기 시작했다. 이렇게 발생한 은의 위기는 곧 자본 결핍의 위기였다. 여기에 더해 1931년과 1935년에 중국을 침략한 일본은 중국을 통제하기 위해 국민경

---

12 신해혁명 이후 총통에 취임한 위안스카이袁世凱가 1914년(민국 3년)부터 발행하기 시작한 은화. 위안스카이의 두상이 크게 새겨져 있어서 '위안따터우'라는 별칭으로 불린다. 청나라의 은화를 내신하여 전국적으로 통용되었다. 발행량과 유통범위에서 최대를 기록했다.
13 민국 정부가 1932년(민국 21년)에 정식으로 발행하기 시작한 은화. 쑨원의 두상이 크게 새겨져 있어서 '쑨따터우'라는 별칭으로 불린다.

제의 기초를 무너뜨리려 했다. 일본 역시 중국에서 대량의 은을 매입하기 시작한 것이다. 미국과 일본이 중국에서 은을 높은 가격으로 매입해가자, 중국에서는 순식간에 은 부족으로 인한 위기가 발생했다. 그리하여 1936년에 민국 정부는 별수 없이 은본위제 폐지를 선포하고, 화폐를 지폐로 바꾸었다. 그런데 지폐는 발행되자마자 가치가 폭락했다. 금과 은의 비축량 부족으로, 지폐를 발행할 기반이 없었던 것이다. 결국 이로부터 중국은 인플레이션이 지속되는 장기적인 경제 위기에 접어들게 되었다.

1937년부터 일본은 경제 위기를 틈타 중국을 본격적으로 침략하기 시작했다. 이 때문에 중국에서는 외세와 중국 사이의 민족 모순이 주요 모순으로 발전했고, 퇴조했던 혁명의 분위기가 급속히 부활하여 확산되었다. 민국 정부가 중국을 완전히 장악하지 못한 주요 원인 가운데 하나가 바로 이것이다. 제2차 세계대전 이후 민국 정부는 화폐 발행을 위한 기초인 귀금속을 거의 확보하지 못했다. 그저 미국의 원조에 의지하여 1948년까지 유지했을 뿐이다. 미국의 원조가 끊기자 거리에는 남발된 지폐가 넘쳐났다. 지방에 따라서 액면가 억 단위 이상의 지폐가 남발되기도 했다. 이 무렵 민국의 국가재정과 금융체계는 완전히 붕괴해 있었다. 그런 점에서 민국은 우선 재정금융에서 망하고, 다음에 경제 붕괴로 망한 후, 끝으로 군사적 실패로 망했다고 할 수 있다.

당시는 전쟁 시기였는지라 민국 정부는 재정의 70퍼센트 이상을 군사부문에 지출했다. 그런데 도시에 집중되어 있던 재정금융과 경제시스템이 붕괴되자, 군비를 지출할 능력을 상실했다. 아무리 많은 병력이 있어도 재정이 붕괴된 정권을 지킬 수는 없었다. 결국 민국 정부는 재정의 붕괴로 인해, 재정도 없이 농민들의 지지에 의지하고 있던 해방군解放軍에게 패배하고 말았다.

신중국의 위기는 민국 재정금융 위기의 연장

물론 정권이 바뀌고 신중국新中國이 수립된 것은 혁명전쟁 때문이다. 혁명전쟁에서 농민을 정치적으로 동원할 수 있었던 것은 '경자유전'耕者有田의 선포 덕분이었다. 그 성격상 결국 토지전쟁이라고 할 수 있는 이 전쟁에서 '경자유전'은 중국공산당이 농민을 동원하는 핵심 정책이었다.

중국공산당에 의해 부각되기는 했지만, '경자유전'은 사실 중국에서 예로부터 있었던 이념이다. 농민들에게 이는 현대적인 의미의 혁명 구호가 아니라, 수천 년 이어진 전통적인 동원 구호이다. 농민들이 항상 바라는 것은 안심입명安心立命 할 수 있는 소자산계급의 지위였다. 중국이 세 차례의 토지혁명전쟁과 반세기의 노력을 거쳐 세운 것은 공산주의 국가가 아니었다. 농민이 주력이 되고 경자유전을 목표로 삼아 벌인 혁명전쟁을 통해 건설한 것은 세계 최대의 소자산계급 국가였다. 당시에 농민들은 85퍼센트 이상이 고르게 토지를 보유했다.

근래 추이즈위안崔之元이 소자산계급을 바탕으로 해서도 사회주의를 실현할 수 있다고 주장하면서 이른바 '소자산계급 사회주의'를 제기했지만, 마르크스주의 이론에서는 지금껏 프티부르주아 계급의 토대 위에서 사회주의를 세운다는 생각을 한 바가 없었다. 마오쩌둥과 당의 1세대 지도부들은 소농경제의 사회적 토대 위에서는 사회주의를 세울 수 없다고 당 전체에 선포했다. 마오쩌둥은 1947년의 「연합정부를 논함」(論聯合政府)이라는 글과 1949년의 중국공산당 제7기 2중전회 자리에서, 소농경제와 소자산계급의 기초 위에서 사회주의 제도 건설을 추구해서는 안 된다고 거듭 강조했다. 그렇게 건설되는 것은 농민사회주의나 포퓰리즘에 불과하다는 것이다. 마오쩌둥은 포퓰리즘에 반대했다. 세계 역사상 포퓰리즘에 반대한 정치가 중에 극좌적인 인물은 없었다.

당시에 마오쩌둥은 중국이 추구하는 것은 공산당 영도 하의 민족자본주의라고 분명히 정의했다. 1949~1950년에 사회적으로 공인을 얻은 신민주주의新民主主義 건국 방책의 핵심이 바로 이것이다. 공산당 내의 많은 이들이 마오쩌둥의 신민주주의와 쑨원의 구민주주의가 어떤 차이가 있는지 물었을 때, 마오쩌둥은 양자가 하려는 것은 모두 자본주의이고 유일한 차이라면 하나는 국민당이 영도하고 다른 하나는 공산당이 영도한다는 것이라고 대답했다. 1949~1950년에 확립된 것이 공산당 영도 하의 민족자본주의라면 이것은 좌익인가 우익인가? 자본주의를 추구하는 것을 좌익이라고 말하는 것이 타당한가? 당시 중국은 분명 민족자본주의를 추구했고, 이는 중도 우익에 가까운 것이다. 사실 건국 이후 중국에 급진은 있었지만 좌익은 없었다. 1957년의 반우파운동反右派運動[14]도 성격을 따져보면 실은 반좌파운동이었다.

신중국 수립 이후에도 여전히 중요한 문제는 민국 시기부터 이어진 금융 위기였다. 1949년에 건국이 된 상황에도 월간 최고 인플레이션은 38퍼센트에 달했다. 공산당의 통치 영역이 대도시까지 확대되었을 때도 화폐는 각 해방구解放區[15]에서 사용되던 지폐가 그대로 사용되었다. 예컨대 화베이표華北票나 둥베이표東北票 등이 시중에 계속 유통된 것이다. 그러나 주요한 계산은 쌀을 단위로 해서 이루어졌다. 일찍이 소련이 중국의 공업 건설을 지원하기 시작했을 때, 소련의 전문가는 한 명당 쌀 2만 근에 해당하는 임금을 받았다. 당시 중국 국가주석의 임금은 쌀 3000근에 해당되었다. 장관급은 2400근, 국장급은 1800근이었다. 소련 전문가 한 명을 초빙하면 중국은 소련에게 국가주석 여섯 명분의 빚을 지게 되었다.

1950년에 쌀을 단위로 간부의 임금을 계산한 것은 농민혁명 시기에 쌀이 상품의 일반적인 등가물이었기 때문이다. 민국 정부가 퇴각할 때 장제스는 국고에 그나마 남아 있던 금을 모두 가져갔다. 따라서 지폐를 발행할 때 농민들이 가장 익숙한 쌀을 등가물로 정해

14 중화인민공화국 건국 이후 1957년에 중국공산당이 최초로 사회 각계각층을 대상으로 전개한 전국적 규모의 대중 정치운동. 공산당의 노선에 우호적이었던 지식인들과 이른바 민주당파民主黨派 인사들을 '우파분자'로 낙인찍는 것으로 귀결되었다.
15 국공내전國共內戰 당시의 공산당 통치지역.

환산할 수밖에 없었다. 이 시기에 은행에 예금하는 것을 '세 가지 흰 것을 맡긴다'(存三白)라고 했다. '세 가지 흰 것'(三白)이란 쌀과 밀가루와 흰 베를 말한다. 예금할 때 실제로 쌀이나 베를 짊어지고 갔다는 뜻이 아니라, 돈을 맡기고 찾을 때 쌀이나 밀가루나 베로 그 가치를 환산했다는 뜻이다. 이는 국가가 그만큼 화폐의 신용을 확립하지 못했음을 의미한다. 건국 초기인 1949~1950년에 중국이 직면한 심각한 통화 팽창과 그에 따른 경제 위기는, 1936년에 민국이 은본위제를 포기하고 지폐를 발행하기 시작하면서 생겨난 위기가 20년 가까이 지속된 것이지, 신중국 정권의 '좌익 또는 우익'의 문제로 유발된 것은 아니었다.

신중국이 민국 시기부터 이어진 재정금융 위기의 영향에서 벗어나고, 화폐가 진정으로 제 역할을 하게 된 것은 1998년에 국가은행 체제의 개혁이 시작되고 화폐체계와 재정이 상대적으로 분리되면서부터이다. 중국은 1992년에 재정 보조의 압력이 지나치게 커지자, '제2화폐'인 증표제도를 폐지했다. 당시 한 가정이 생활하는 데는 무수히 많은 증표가 필요했다. 식량표 이외에도 기름표, 실표, 성냥표, 담배표, 고기표, 베표, 쌀표 등이 그것이다. 또한 부식 장부, 곡식 장부, 석탄 장부 등 각양각색의 장부도 필요했다. 제2화폐 체계는 제1화폐보다 훨씬 더 효과적이었다. 사실 1992년에 증표제도가 폐지되기까지 중국의 화폐제도는 제2화폐 위주로 운영되었다. 그렇게 하지 않았다면 중국 경제는 인플레이션으로 벌써 붕괴했을 것이다. 이런 증표제도는 수많은 인구의 소비를 효과적으로 억제했다. 설령 정부가 화폐 발행을 늘리더라도, 전 사회적인 소비 확대로 이어지는 것을 차단함으로써 인플레이션이 발생하지 않게 했다. 1992년에 들어서야 중국은 제2화폐 체계를 폐지하고 인민폐(위안화)를 상품 교환의 매개체로 자리 잡게 했다. 인민폐가 비로소 일반적인 화폐로서 기능하게 된 것이다. 이후 화폐를 대규모로 추가 발행했고, 1998년에는 은행과 재정을 정식으로 분리했다. 이로써 중국은 비교적 독립된 화폐체계를 형성하는 과정에 진입했다. 그리고 2001년과 2002년에는 현대적인 지폐체계를 확립했다.

1936년부터 2002년까지 중국은 화폐체계를 갖추는 기나긴 과정을 겪었다. 이 과정에서 경제적으로나 사회적으로 큰 대가를 치렀다. 건국 초의 위기는 민국 시기 은의 외부 유출로 인해 화폐제도를 개혁하면서 생긴 위기가 이어진 것이었다. 이는 지금 생각할 수 있는 경제이론으로는 도저히 해결할 수 없는 그런 위기였다.

소련식 경제 건설의 부작용

민국 시기부터 이어진 금융 위기로 중국은 신중국 수립 이후에도 여전히 심각한 자본의 결핍에 시달렸다. 이러한 위기 상황은 아래의 두 가지 중요한 요인 때문에 변화를 맞는다. 민국의 유산인 경제 위기에서 벗어나 높은 경제 성장을 이룰 자본의 축적을 경험하게 된 것이다.

첫째 요인은 중국 인구의 85퍼센트를 차지하는 농민에 대한 토지 배분이다. 이로써 농민들은 전통적인 소농경제로 돌아가서 비화폐적 특징을 갖게 되었고, 모든 농촌이 자급자족을 할 수 있게 되었다. 전체 인구의 85퍼센트인 농민들이 현대적인 도시경제에서 벗어나 토지를 바탕으로 자급자족적 발전을 추구하게 된 것이다. 게다가 이 85퍼센트의 인구는 자신들의 잉여농산물을 정기적으로 도시에 공급했다. 즉 중국이 안고 있던 자본 결핍의 압력이 이를 통해 부분적으로나마 완화되었고, 경제가 상대적으로 안정적인 국면에 접어들었다.

둘째는 한국전쟁이다. 한국전쟁이 일어나자 많은 나라들이 개입했지만, 그 시점이 동일하지는 않다. 전쟁은 6월 25일에 일어났지만, 중국은 1950년 10월에 개입하기 시작한 것으로 알려져 있다. 미국은 전쟁이 일어나자마자 타이완 해협에 군대를 보내서 중국 봉쇄를 시행했다. 서방국가들은 중국이 이른바 '남침'에 가담했다고 보고, UN의 명의로 중국 제재를 진행했다. 이에 따라 중국은 건국한 지 얼마 되지 않은 1950년 6월에 UN의 제재를 받고 봉쇄를 당하는 처지가 되었다. 이 전쟁은 본래 중립적으로 민족자본주의를 발전시키려던 중국을 소련 진영에 가담하게 만들었다. 이로부터 중국은 소련과 긴밀한 전략적 동맹관계를 맺었다. 소련은 1945년에 일본이 동북지역에 남긴 설비를 나사못 하나까지 모두 철거해갔지만, 중소 간에 전략적 동맹이 맺어지자 다시 중국 동북지역에 대규모의 전쟁 설비를 들여왔다. 이로써 중국에는 갑자기 군사중공업이 생겨났고, 도시

경제가 비약적으로 성장했다. 중국이 일거에 경제의 고성장 국면에 진입하고, 중대한 제도적 변화를 겪게 된 것이다.

개발도상국의 제도 건설은 투자자나 투자국, 투자자본에 의해 전적으로 좌우될 수밖에 없다. 제2차 세계대전 이후 모든 자본 도입국이 투자국이 정해놓은 틀에 따라 자국의 정치체제를 수립했듯이, 중국도 1950년대 이후 상부구조와 이데올로기 수립 과정에서 '전반적 소련화'의 길을 가게 되었다. 즉 자주적인 국가 정치체제 건설이 불가능해진 것이다. 당시 유격대 출신으로 당과 정부의 간부가 된 이들은 소련식 중공업 건설에 주력하는 도시지역 정부조직을 효과적으로 조직하고 관리할 능력이 없었다. 따라서 정부의 경제부문에는 투자국인 소련의 요구에 따라 8대 공업부와 5대 경제위원회 등이 만들어졌다. 또한 완전히 소련식의 정부 관리 방식도 도입되었다. 고급 간부들은 당연히 이를 학습해야 했고, 이후 지도부들은 모두 이런 학습을 통해 육성되었다. 대학의 모든 학과에는 소련의 전문가가 파견되어 교재 제작과 관리 및 학과 체제 건설에 이르기까지 모든 일을 지도했다.

앞에서 언급했듯이, 1957년에는 많은 지식인들이 우파로 몰렸다. 그런데 그들이 범한 것은 사실 '좌파'적 오류였다. 그들은 관료주의와 교조주의, 그리고 중국의 현실에 맞지 않는 제도를 소련에서 도입하는 것에 반대했다. 심지어 국가가 추진하는 공업화가 노동자와 농민을 착취한다고 여겼고, 노동자와 농민이 제공한 잉여가치가 제대로 체현되지 않는다고 생각했다. 이것이 좌파인가 우파인가?

그런데 그들은 모두 '우파'로 몰렸다. 당시에 우파로 몰린 이들은 지금에 와서 자신이 좌파인지 우파인지조차 헷갈려하고 있다. 시간이 많이 흐르면서 그들은 스스로를 우파라고 믿게 되었다. 이는 중국 사상계의 곤혹스러움이다. 중국 지식인들의 비애는 자신이 무엇인지조차 모른다는 점이다.

1957년에 발생한 또 다른 중대한 사건은 소련이 돌연 중국에 대한 투자를 중단한 것이다. 한국전쟁이 일어나기 전인 1950년 초에 중국과 소련은 중소우호조약中蘇友好條約을 맺었다. 그 조약의 내용 중에는 동아시아에서 전쟁이 3년간 일어나지 않으면 소련이 중국에서 전면적으로 철군한다는 조항도 있었다. 여기에는 뤼순旅順 항구에 주둔한 소련의 극동함대도 포함된다. 이는 1957년 이전까지 중국이 완전한 주권을 가진 독립국가가 아니었음을 의미한다. 당시 중국 본토에는 여전히 소련군이 대거 주둔하고 있었다. 중창철로中長鐵路[16]와 그 인근 지역은 소련이 통제하고 있었다. 다롄大連 특구와 뤼순 항구도 소련이 통제했다.

1953년에 한국전쟁이 끝나고 3년 후인 1956년에 중국은 소련에 약속 이행을 요구했다. 그러나 소련은 쉽사리 수락하지 않았다. 오히려 소련은 중국이 현대적인 군대를 관리하고 현대전에 대응할 능력이 없다는 이유로 연합공군과 연합해군을 창설할 것을 요구했고, 최소한 연합지휘본부라도 창설하자고 요구했다. 그러자 마오쩌둥

---

16 네이멍구內蒙古 만저우리滿洲里에서 뤼순까지 이어진 철도.

은 니키타 흐루쇼프Nikita Khrushchyov에게 '그러면 아예 중국을 가지시오. 나는 다시 징강산井岡山[17]으로 올라가겠소'라고 강경하게 대응했다. 제1차 세계대전 이전에 러시아는 중국 영토를 가장 많이 병탄했고, 소련이 들어선 이후에도 돌려주지 않았다. 1957년에 이르러서 어쩔 수 없이 일부 영토를 반환했지만, 그에 이어서 취한 조치는 중국에 더 이상 투자하지 않는 것이었다. 이는 국가 주권과 관련된, 1950년대의 가장 큰 변화였다.

도시의 공업화 과정에는 끊임없는 추가 투자가 필요한데, 이것이 돌연 중단됨으로써 중국 경제는 제대로 유지되기 어려워졌다. 기존 설비를 유지해나갈 인력도 사라졌기 때문에 소련식 공업화는 중단되었다. 소련이 투자한 공업화 경제를 관리하기 위해 구축된 정부 조직 역시 정상적인 운영이 불가능해졌다. 소련이 투자할 때는 중앙 정부의 재정이 전체 경제의 80퍼센트 이상을 차지했다. 지방 경제는 거의 비중이 없었다. 소련의 투자가 주로 중앙에 집중되었기 때문이다. 그런데 1957년에 소련이 돌연 투자를 중단하자, 1958년에 중앙의 재정은 전체 경제의 30퍼센트로 떨어졌다. 반면 지방의 비중이 70퍼센트 전후까지 상승했다. 지방의 적극성을 이끌어내는 것이 목표였던 1958년의 정저우鄭州 회의[18]는 이런 배경 때문에 열리게 되었다. 소련의 투자가 중단되자 중앙정부는 경제를 멈추게 하느니 차라

---

17 장시江西성에 위치한 명산. 1927년부터 1930년까지 마오쩌둥이 홍군을 이끌고 혁명 근거지를 건설하여 무장투쟁을 벌인 곳이다. 농민을 중심으로 한 중국식 혁명노선이 정립된 곳이라고 할 수 있다.

리 지방으로 하여금 계속해서 공업화를 추진하게 했다. 그러나 지방은 공업화의 경험이 없었다. 결국 지방의 공업화를 이끌어내기 위한 사회운동으로 '대약진'大躍進이 시작되었다. 당시 마오쩌둥은 진퇴양난에 처해 있었다. 중앙이 지방으로 하여금 공업화를 추진하게 했으니, 지방에서 오류를 범해도 비판을 할 수 없을 뿐더러 오히려 그 적극성을 보호해야 했다. 대약진의 지나친 급진화의 오류를 쉽사리 바로잡을 수 없었다. 마오쩌둥이 문제점을 몰랐던 것이 아니다.

모든 일이 당시 소련의 돌연한 투자 중단 때문에 유발되었다. 중앙정부는 투자할 능력이 전혀 없었고, 국가경제가 크게 후퇴하여 1958~1960년의 대위기가 폭발했다. 당시 소련의 투자가 중단된 상황에서, 중국은 소련식 공업화를 경제적 토대로 추진할 역량이 없었다. 그렇다고 전반적으로 소련화된 상부구조를 쉽사리 바꿀 수도 없었다. 그래서 택한 방법이 노선 투쟁을 명분으로 공농병工農兵[19]을 동원하여 상부구조를 개혁하는 것이었다. 이것의 성공 여부는 따로 판단할 일이지만, 경제적 토대가 상부구조를 결정하는 것은 사실이므로, 소련의 투자라는 경제적 토대가 사라진 이상 소련식 상부구조는 지속되기 어려웠다.

18 1958년 11월 2일~10일에 마오쩌둥이 인민공사화人民公社化(77쪽 역주 참조)로 인해 발생한 여러 문제들을 해결하고 좌경적 오류를 바로잡기 위해 정저우에서 소집한 공작회의. 제1차 정저우회의를 가리킨다.
19 노동자와 농민과 병사를 가리킨다. 가장 철저한 무산계급이자 사회주의 국가에서 가장 혁명적인 계층으로 간주된다. '병사'를 계급·계층으로 포함시킨 것이 특징적이다.

오늘날 '극좌'라고 지적되는 당시의 여러 경향은 사실 민족주의 경제를 부흥시키려는 조치였다. 소련이 남긴 관료주의적 상부구조는 노동력을 동원해야만 국가 건설을 할 수 있었던 당시의 경제적 토대에 맞지 않았다. 소련식으로 움직이는 관료들로서는 노동력을 동원할 수 없었다. 인민과 함께 농촌과 공장에서 일하지 않으면 노동자들의 신임을 얻기는 불가능했다. 혁명 이데올로기로써 다시 인민을 동원하려면 중산복中山服[20]을 입고 소련식 커피를 마시는 관료들이 농촌의 현장으로 내려가야(下鄕) 했다. 1960년대에 '사청운동' 四淸運動[21] 등 일련의 대규모 간부 하방운동이 벌어진 것은 바로 그 때문이다. 혁명 이데올로기가 정부의 지나친 관료화를 억제하는 무기가 된 것이다. 그렇게 본다면 서구적인 의미의 '좌경'은 중국에서는 일어난 적이 없었다.

'계획' 없는 계획경제, 1970년대의 산업구조 조정

일반적으로 과거 중국의 계획경제를 과오라고 이야기하지만, 중

---

20 1920년대 초 쑨원(별명 중산)이 전통복장을 대신하기 위해 고안하여 입고 다닌 옷에서 유래한 이름. 인민복이라고도 하며, 사회주의 국가의 지도자들이 즐겨 입었다.

21 1963~1966년에 중국공산당이 전국의 농촌에서 전개한 정치운동. 처음에는 임금(노동 점수, 工分), 회계(帳目), 재물財物, 창고倉庫 문제를 깨끗이 정리하는 것을 의미했으나 이후 정치, 경제, 조직, 사상을 깨끗이 정리한다는 의미로 확대되었다. 도시지역에서 전개한 운동까지 포괄하여 '사회주의 교육운동'이라고 부른다.

국에서 이른바 계획경제의 시대에 해당하는 시기에 진정한 '계획'은 없었다. 이른바 5개년계획이 제대로 시행된 것은 1970년 이후의 일이다.

1950년에 계획경제가 시작되기도 전에, 한국전쟁이 일어나면서 소련의 중국 투자가 시작되고 대규모 설비가 들어오기 시작했다. 1952년에 국가계획위원회國家計劃委員會가 만들어졌지만, 소련이 세부 사항까지 일일이 지도를 했다. 중국이 스스로 계획경제를 한 것이 아니라, 소련이 계획하고 투자하여 만든 구체적인 프로그램에 따라 중국이 집행을 했을 뿐이다. 당시 소련은 대부분의 공장에 공장장과 관리전문가, 기술자, 심지어 노동자들까지 파견했다. 이런 상황에서 추진된 중국의 공업화가 자주적일 수는 없었다. 그런데 1957년에 소련이 갑자기 투자를 중단했고, 1960년에는 기술자와 관리자들까지 모두 철수시켰다. 1957년에 중국의 계획위원회가 소련 전문가들의 도움을 받아 수립한 여러 계획들은 모두 빛도 보지 못하고 사장되었다.

제1차 5개년계획은 사실상 소련의 작품이다. 제2차 5개년계획은 투자가 없었기 때문에 시행조차 되지 못했다. 그리고 1960년대에 고난의 시기로 접어들어서, 1963년까지는 제3차 5개년계획이 등장하지 못했다. 전쟁 준비 때문이었다. 1961년에 국민당이 대륙을 침공하기 시작했다. 1962년에는 중국과 인도 사이에 국경 분쟁이 벌어졌다. 1963년에는 인도차이나 지역에 긴장이 조성되면서 미군 비행기와 함선이 800여 차례나 중국 영토와 영공을 침범했다. 이에 중앙정부는 전쟁 준비에 몰두했다. 주요 산업시설을 내륙지역으로 옮기는 이른바 '3선 후퇴'가 시행되었다. 사실 이 '3선 후퇴' 계획은 국가계획위원회가 주도한 일이 아니라, 위추리余秋里(1914~1999)[22]가 일곱 명의 원로들과 함께 '계획 소위원회'를 만들어서 추진한 일이다. 본래 국가계획위원회가 제기한 것은, 이전까지 중공업에 치중하던 경제계획을 제3차 5개년계획부터는 농업과 경공업과 중공업의 조화를 모색하는 쪽으로 전환하자는 합리적인 발상이었다. 그러나 이런 생각은 전쟁 준비 때문에 실행에 옮길 수 없었다. 이런 생각을 견지했던 부총리 겸 국가계획위원회 주임 리푸춘李富春(1900~1975)[23]은 직위에서 물러나야 했다. 그리고 '계획 소위원회'가 전체 위원회를 대신하게 되었다. 제3차 5개년계획은 이렇게 등장한 것이다. 제3차 5개년계획은 1963년부터 1968년까지 지속될 예정이었다. 그러나 1966년에 문화대혁명文化大革命이 시작되자 공업 생산이 중단되고 계획경제도 시행되지 못했다. 제4차 5개년계획은 1970년대에 이르러서야 시작될 수 있었다.

1971년은 역사적으로 중요한 해이다. 이때 서구를 주도하는 미국이 브레턴우즈 체제Bretton Woods system[24]를 통해 잔존해 있던 금본

---

22 홍군 출신의 인민해방군 장군. 국무원 부총리, 중국공산당 중앙정치국 위원, 인민해방군 총정치부 주임 등 역임. 석유공업부 장관으로 중국의 석유자원 개발과 공업화에 기여를 했고, 국가계획위원회 부주임 겸 비서장으로 경제 분야에서도 역량을 발휘했다.
23 혁명가 출신의 공산당 지도자. 경제 전문가. 중국공산당 중앙정치국 상무위원, 중앙서기처 서기, 국무원 부총리, 국가계획위원회 주임 등 역임. 문화대혁명 시기에 박해를 받고 병으로 사망했다.
24 제2차 세계대전 종전 직전인 1944년에 미국 브레턴우즈에서 열린 연합국 통화금융 회의를 통

위제를 폐기하고, 화폐를 무한 팽창시키는 대열에 들어섰다. 이로써 자본주의의 자기조정 시스템이 사실상 정지되고, 금융 중심의 글로벌 자본화가 대세로 등장했다. 그리고 중국에서는 중대한 변화, 즉 산업의 대전환이 일어났다.

1950년대에 전쟁 수요에 따라 건설한 군사중공업부터 1960년대 초 긴장된 주변 정세에 따라 유지한 전쟁 대비 경제에 이르기까지, 건국 이후 중국 경제의 중심에는 항상 군사중공업이 있었다. 이런 군사중공업 위주의 경제는 사회가 소비할 상품과 수익을 제공하지 못했고, 민생의 요구를 충족시킬 수 없었다. 1960년대의 경제적 어려움은 이런 요인 때문에 생겨났다.

이런 상황은 1971년에 마오쩌둥이 네 명의 군부 원로에게 자문을 구하면서 바뀌었다. 경제구조의 전환이 시작된 것이다. 마오쩌둥이 그들에게 국제 정세에 대해 자문한 결과 향후 20년 이내에 큰 전쟁이 벌어지지 않으리라는 결론을 얻게 되자, 서방과의 외교관계를 회복하고 군사중공업 위주의 공업을 민생 쪽으로 전환하기 시작했다. 이렇게 제4차 5개년계획이 시행되었다.

결국 중국의 경제제도 조정은 1970년대 초에 시작되었다고 할 수 있다. 이런 조정은 주로 서구의 자본을 끌어와서 새로운 공업의 구조를 형성하는 방식으로 이루어졌다. 즉 1970년대의 제4차, 제5

해 탄생된 국제 통화 체제. 미국 달러화를 기축통화로 하는 금환본위제와 고정환율제의 실시가 핵심 내용이다.

차 5개년계획은 서구의 자본을 끌어들여서 공업의 구조조정을 하기 위한 계획이었다. 1971년에 마오쩌둥은 저우언라이周恩來에게 위임하여 '43방안'四三方案을 제정하게 했다. 43억 달러 상당의 서구 설비를 도입하여, 군사중공업에 치우친 중국의 공업구조를 재편한다는 내용이었다. 그런데 개발도상국이 외자를 도입해서 경제구조를 개편하려면 자본의 요구에 맞게 자국의 제도를 급진적으로 개조해야 하므로, 이로부터 일련의 모순이 생겨나는 것은 피할 수 없었다. 중국의 경우도 새로운 외자 도입으로 중앙정부의 적자가 급속히 증가했다. 1974년에는 100억 위안이 넘는 심각한 재정 적자가 발생했고, 이는 경제 위기로 이어졌다. 그리하여 제3차 상산하향上山下鄕[25]이 시행되었다.

1960년대 초의 상산하향이 1958년 경제 위기의 결과라면, 1968년의 상산하향은 1966년 경제 위기의 결과였다. 그리고 1974~1976년의 상산하향은 1970년대에 도입한 외자가 외채 부담으로 작용함에 따라 발생한 경제 위기의 결과였다. 1960년의 위기로 1200만 명의 지식청년知識靑年[26]이 농촌으로 보내졌다. 1968년에는 1700만 명,

25 도시지역의 청년 학생들을 생활조건이 열악한 산간벽지나 농촌으로 보내서 직접 노동에 참여하게 하는 정책. 본래는 1949년 건국 이후 도시지역의 경제가 침체될 때 과잉 인력을 해소하는 방안으로 시작되었으나, 문화대혁명 시기에 이르러서는 홍위병 활동에 가담한 청년들을 재교육하기 위한 목적으로 대대적으로 확대 시행되었다.
26 일반적으로는 고등교육 이상을 받은 젊은이를 가리키나, 1950~1970년대에는 자의 또는 타의에 의해 도시에서 농촌으로 내려가 농민이 된 젊은이들을 특정해서 가리키는 개념으로 쓰였다. 이들은 대부분 중학교 또는 고등학교까지 교육을 받은 젊은이들로, 줄여서 '지청'知靑이라고 부른다.

1974년 이후로는 1000만 명 이상이 보내졌다. 도합 4000만 명 이상이다. 마오쩌둥 시대의 모든 경제 위기는 상산하향을 통해 도시의 과잉 노동력을 농촌으로 전가함으로써 해소되었다. 이로써 도시지역의 공업화는 원시적 축적 단계의 내생적 위기를 간신히 극복하고 연착륙할 수 있었다.

경제 발전의 객관적인 과정을 놓고 보면, 1970년대 경제 구조조정의 대가는 심각한 것이었다. 그러나 당시에 지도자들은 경제 발전의 법칙에 따르는 불가피한 어려움이 이렇게 크리라고는 미처 생각하지 못했다. 1976년에 마오쩌둥이 임종하면서 권력을 위임한 지도자들은 한 걸음 더 나아가 이전의 두 배에 달하는 82억 달러 상당의 서구 설비 도입을 내용으로 하는 '82방안'八二方案을 제기했다. 이렇게 외부에서 자본을 많이 들여올수록 재정 적자는 더욱 심각해졌다. 1980년의 적자 누계는 그해 공업과 농업 총생산의 3분의 1에 달했다. 따라서 경제 위기의 발생은 필연적이었고, 그에 상응하는 개혁이 뒤따르게 되었다.

건국 이후 중국은 전형적으로 '국가가 곧 자본'이었고, 강한 정부가 경제를 주도했다. 다만 1960년대까지는 국가가 경제 계획을 제대로 시행할 여건이 되지 못했고, 1970년대에는 경제제도 조정을 시도했으나 외자 도입으로 인해 파생된 경제 위기에 대응하느라 골몰해야 했다. 중국이 전면적으로 경제의 구조조정 계획을 시행한 것은 1980년대 이후, 즉 제5차 5개년계획부터이다. 그런 점에서 보면 중국의 과거 경제·사회적 문제나 정치적 문제는 사실상 급진적인 친자본 정책이 불러일으킨 오류이지, 계획경제의 오류라고 할 수 없다.

　서구 자본주의의 원시적 축적 과정에서는 분산된 가내수공업이 오랜 기간을 거쳐 공장제 수공업 단계로 진입하면서 설비와 동력을 요구하게 됨에 따라 자본이 필요해졌다. 이러한 자본은 주로 식민지 확장을 통해 얻어졌다. 반면 중국에서는 이와 달리 내향형의 자본 축적이 이루어졌다. 중국에서도 자본의 원시적 축적은 마르크스가 말한 노동과 자본의 관계로 이루어졌지만, 노동이 자본을 대체하는 특수한 모델이 창조되었다. 즉 중국은 자본이 제로에 가까울 정도로 결핍되고 심지어 대외적으로 심각한 부채를 짊어진 상황에서, 고도의 집단화를 이루고 그에 따른 제도를 건설함으로써 국가의 기초자본 건설에 대규모의 노동력을 거의 무상으로 집중 투입할 수 있었다. 이 과정에서 대중에 대한 설득의 논리를 제공하여 효과적으로 일반대중을 동원하게 한 것이 바로 혁명 이데올로기이다. 이 혁명 이데올로기 때문에 중국의 노동자와 농민들은 희생을 감수하면서까지 자발적으로 노동력을 제공했다. 국가자본의 원시적 축적 단계에서 혁명 이데올로기는 매우 효과적으로 작동했다. 혁명 이데올로기를 통해 동원된 대중은 노동으로 생겨난 잉여의 대부분을 국가에 헌납했다. 이는 중국이 아주 짧은 기간에 적은 비용을 들여서 국가 공업화를 위한 원시적 축적을 완성하고 외채를 상환할 수 있었던 주요한 원인 가운데 하나이다.

　기시직으로 살펴보면 중국의 이전 백년은 비록 급진적이었으나, 이는 국가자본 위주의 공업화를 이룩하기 위한 과정이었다. 지난 백년 동안 중국은 자본의 축적에서 산업의 확장으로, 그리고 다시 과잉으로 이어지는 역사적 경로를 밟아왔다. 그런데 1999년에 중앙정부는 '자본을 근본으로 한다'(以資爲本)는 과거의 전제를 버리고, '인간을 근본으로 한다'(以人爲本)는 방침을 내세웠다. 그리고 2002년에는 '전면적 소강(小康)'이라는 방침을 제기하면서 전략적 전환을 이루었다. 이는 중국이 더 이상 과거처럼 급진적으로 친자본적인 길을 갈 수 없음을 공개적으로 표명한 것이다. 이로부터 중국은 친환경·친민생 정책으로 본격적인 전환을 시작했다.

1990년대 이후의 변화와 새로운 모순의 등장

중국은 1990년대 초부터 대규모의 농민공(農民工)이 유동하는 현상을 겪기 시작했다. 20년에 걸친 고도성장 기간에 도시로 흘러들어 온 농민공들은 사회복지, 실업보험, 의료보험의 사각지대에서 저임금을 감내했다. 물론 그들이 이런 처우를 달갑게 받아들인 것은 아니었다. 그런데도 이런 일이 가능했던 것은 그들이 소농경제의 단순 재생산 유지를 목표로 하여 단기적인 현금 수입을 추구하는 농민 가정에서 파생된 잉여노동력에 속해 있었기 때문이다. 그들은 도시 노동자로 전업한 것이 아니라, 생활 근거를 여전히 농촌에 둔 채 가족 전체의 수입 확대 차원에서 도시로 나가 일을 했다. 즉 그들은 본질적으로 서구 이론에서 말하는 공업 인구에 속하지 않았고, 노동계급으로서 이익을 추구할 여건을 갖추고 있지도 않았다. 게다가 1994년에 분세제分稅制[27]가 시행됨으로써, 그들의 생로병사는 연해의 발전된 지역이나 도시로부터 내륙의 지방정부와 농촌공동체로 떠맡겨졌다. 이는 내륙의 재정에 어려움을 더했고, 사회 모순을 격화시켰다.

중국에서 장장 20년의 고도성장 기간에 1억~2억 명의 농민공들이 심각한 착취에 시달렸음에도, 고전적인 의미의 노동계급의 조직적 저항이 일어나지 않은 이유는 이런 배경을 통해 이해할 수 있다. 농민공들을 효율적으로 동원하는 독특한 '도농이원구조' 하에서, 중국의 산업자본은 민족국가라는 틀을 통해 '염가로 임대되는 노동력'을 독점하여 국제 경쟁에 참여하는 매우 유리한 특권을 누렸다. 농민공들이 경기의 등락에 따라 '시계추'처럼 농촌과 도시 사이를 이동하는 현상과 중국이 여타 국가와 비교해 확보하고 있는 비교 우위, 즉 저임금에 복지 혜택도 전무한 농민공들이 만들어내는 저비용의 대규모 수출은 서구사회로서는 도저히 이해할 수 없는 것이다.

그런데 근래 토지에 대한 농민의 권리를 급진적으로 사유화하는 과정에서 새로운 실질적 변화가 생겨나기 시작했다. 2003년에 농촌에서 '집체토지청부법'(集體土地承包法)[28]을 시행한 이후, 토지에 대한 촌락공동체의 '집단적 소유권'이 사실상 박탈되었다. 이 때문에 많은

---

27 중앙정부가 지방정부의 무분별한 세수 확대를 억제하고 재정적인 통제력을 강화하기 위해 1994년에 실시한 세제 개혁. 세금의 종류를 중앙세와 지방세와 공통세로 구분하고, 중앙정부와 지방정부의 재정 수입을 분리했다. 특히 최대 세원인 부가가치세의 75퍼센트를 중앙정부가 가져감으로써, 지방정부의 재정이 악화되는 결과가 빚어졌다.

지역에서 농민들이 인구 변동에 따라 토지를 재분배받지 못하는 상황이 벌어졌다. 특히 1980년 이후나 1990년 이후에 출생한 이른바 '80후' 또는 '90후'의 신세대 농민공들은 고향으로 돌아가도 경작할 토지를 분배받을 수 없게 되어, 땅이 없는 유동인구로 전락했다. 서구 이론에서 말하는 도시산업 노동자 예비군이 된 것이다. 그리하여 중국의 노동자계급은 새로운 세기에 들어서 불과 5년 만에 세계 노동자계급 가운데 가장 방대한 집단이 되었다. (선진국의 제조업 노동력은 다 합쳐도 1억 명에 못 미친다.) 또한 중국은 최대의 소자산계급 국가에서 돌연 2억 명이라는 신생 노동자계급을 거느린 국가로 변모했다.

농촌의 재산 관계에 관련된 이런 제도의 변화는 기존 제도의 기초에서 단지 반걸음 더 나아간 것이지만, 중국사회의 주요 모순이 자본과 노동의 대립적 모순으로 변화하도록 추동하는 역사적 작용을 했다. 이로써 지난 백년 동안 중국에서 교과서적 이론이 현실에 들어맞지 않던 문제가 삽시간에 해결되어버렸다.

이전까지 중국에서는 소농경제나 소자산계급이 매우 취약해서 스스로 위험에 대응하기 어려웠기 때문에, 그들을 대변하는 중앙집권적인 권력을 옹호할 수밖에 없었다. 그런데 이런 사정은 사실 지금도 마찬가지이다. 중앙정부가 안정을 위해 신농촌 건설에 투자를 확대하는 것을 급진적 사상가들이 지지하지 않는다면, 이는 결국 중

28　농촌지역에서 농민이 청부의 형식으로 점유하여 사용하는 토지에 대한 권리와 의무 관계를 규정하는 법률. 해당 토지에 대한 농민 개인의 영속적 사용권을 인정함으로써, 토지의 양도 또는 임대를 통한 수입 증대를 가능하게 했다.

국 최대의 노동력 저수지(背後 창고)를 파괴하여 현대적인 국제경제에서의 경쟁력을 약화시키는 일인 동시에 여전히 '약자의 대변자로서의 정체성'을 유지하고 있는 중국의 중앙집권적 체제의 가장 주요한 사회적 토대를 파괴하는 일이 된다. 농촌 영역의 변혁에서는 그 어떤 급진적인 제도 변화에도 비교적 막대한 제도적 비용이 소요된다. 중국공산당이 기존의 중앙집권적 체제를 유지하려면 방대한 농민층의 소자산계급 지위를 유지해야 한다. 농민들이 촌락공동체에 의지하여 경자유전의 원칙을 지키는 그런 토지재산권의 기초를 급진적으로 바꿔서는 안 된다.

근래 중국사회에 나타난 더욱 중요한 사회구조적 변화는, 금년 초에 사회과학원社會科學院에서 발표한 결론, 즉 3억여 명의 중산층이 생겼다는 것이다. 이들 중산층은 독점적인 지위를 누리는 대자본과 명확하게 이익을 달리한다. 이들은 정치적 측면에서 관료층과 결합되어 있는 대자본과 권력을 나누려고 시도한다. 이들이 요구하는 정치 개혁은, 본질적인 면에서 보면 중산층이 참여하는 분권적 엘리트 민주주의이다. 이들의 계급적인 정치적 요구는 기존의 소자산계급 집단의 대중민주주의와 상극일 뿐 아니라, 대자본의 이익과도 충돌한다. 이들은 외부의 힘을 빌려서 서구의 보편적 가치가 중국에서도 객관적으로 필요한 것처럼 여론을 조성해가고 있다.

과거에 국가 공업화를 추진할 때 중국공산당은 분산된 소농경제와 소자산계급의 교역에 지나치게 높은 제도적 비용이 소요되는 상황에 직면하여, 대중민주주의에 대한 소자산계급의 신뢰를 효과적으로 이용함으로써 사회적 모순을 내부적으로 분화시키고 약화시켰다. 그런데 산업자본이 확대되어 과잉의 단계에까지 이르자, 이제는 대자본과 중산층의 이익 사이에 발생하는 모순을 조절하는 데 곤란을 겪고 있다. 설령 당대에 새롭게 성장한 중산층의 이익을 대변하고 그들이 요구하는 엘리트 민주주의를 수용한다고 해도, 그 엘리트 민주주의와 소자산계급에게 익숙한 대중민주주의를 결합시키는 문제가 새로운 도전으로 등장할 것이다. 양자를 성공적으로 결합시키면 사회가 안정되겠지만, 결합이 실패한다면 그리고 심지어 서구의 엘리트 민주주의적 정치제도에 의거하여 정치 개혁을 시도한다면 기존에 내부적으로 해결된 모순들까지 다시금 외부로 극대화될 것이고, 엄청난 혼란이 유발될 것이다.

이상의 서술을 종합하면, 지금 중국의 정치에는 두 가지 주요한 모순이 존재한다고 할 수 있다. 첫째, 새로 등장한 노동자계급이 빠르게 자각적인 독립적 계급이 되고 있는 데 비해, 민간자본은 민국 시기보다도 성숙하지 못했다. 그 주요 원인은 여전히 경로 의존성에 얽매여 있는 대부분의 민간자본이 지방정부와 결합하여 의존적으로 이익을 추구함으로써 독립적인 계급이 되지 못했기 때문이다. 이런 대립적 모순에 어떻게 적응하느냐가 중국공산당이 직면한 새로운 도전이다.

둘째, 관료층이 대자본과 독점적으로 결탁해 있는 반면, 새로 부상한 중산층은 엘리트 민주주의를 요구하고 있다. 이런 엘리트 민주주의는 이미 반세기 동안 소자산계급의 모순을 내부화해서 처리하는 데 큰 역할을 한 대중민주주의와 정치적으로 대립한다. 이를 어떻게 조화시킬 것인가? 이런 정치적 모순 때문에 중국은 급진적인 사상가들이 주장하는 바처럼 서구 민주주의의 발상을 빌려다가 문제를 해결할 수 없다. 중국에는 높은 비용이 들어가는 서구식 정치를 들여올 객관적인 조건이 준비되지 않았다.

과거 백년의 급진이 남긴 정치적 발상을 냉철하게 되돌아봐야 한다. 서구에서 1971년 금본위제 폐기 선언 이후 끊임없이 발생한 금융 위기는 객관적으로 보면 그 본질이 정치적 신용의 위기이다. 새로운 세기 이후, 서구국가의 정부가 짊어진 부채는 전 세계 정부 부채의 70퍼센트 이상까지 급등했다. 채무 위기는 정부의 파산과 정치적 동란(근래 그리스, 프랑스, 영국 등의 사례)을 유발하고 있다. 이는 사실상 정치의 위기이다. 선진국의 정치체제가 만들어낸 외부효과(external effects)의 최대화가 과도한 부채를 초래한 것이다. 오늘날 서구국가에서 '체제의 우위'를 유지해주는 과도한 부채로 인해 생겨난 위기는 사실상 정치체제의 위기이고, 또한 서구가 확산시키는 보편적 가치의 위기이다. 따라서 이렇게 위기가 빈발하는 정치체제를 중국에서 정치 개혁의 모델로 삼을 수는 없다.

* 이 글은 2011년 저자 블로그에 실린 「백년의 급진에서 벗어나다: 근래 중국에서 발생한 역사적 단계의 변화」(改出百年激進: 近期中國發生的歷史階段變化)와 2010년 12월 칭화대학에서의 강연 「백년의 급진과 이별하다」(告別百年激進)의 내용을 저자의 동의를 얻어 편집·번역한 것이다. 『역사비평』 2011년 겨울호(97호)에 번역 소개한 글을 보완하여 다시 실었다.

중국이 겪은 여덟 차례의 위기

이데올로기가 아니라 경험 위에서 분석하자

오늘 내가 여러분에게 말씀드리는 내용은 교과서에 실린 관점과는 아마도 차이가 클 것이다. 나는 고전적 정치경제학을 분석의 틀로 삼아, 오랫동안 사람들이 논의해온 '중국 특수론'을 '중국 보편론'으로 상승시키고자 한다. 즉 '개별'을 '보편'으로 상승시키고, 그 '보편'적 분석의 틀이 진정한 의미의 국제적 담론을 형성할 권리를 갖게 할 것이다. 만약 우리가 계속해서 중국적 특수성만을 주장한다면, 국제적 담론의 토론에 참여하는 것은 불가능하다. 내가 지금부터 이야기할 내용은 국내보다도 오히려 외국에서 더 큰 반향을 불러일으키고 있다.

중국 경제 발전의 경험적 과정에 대해 이성적인 분석을 하기 위해서는 논리 구성의 출발점을 경험적 과정 위에 두어야 한다. 몇 가지 예를 들어보겠다.

사람들은 흔히 1978년에 개혁의 봄바람이 조국의 대지에 불었다고 말하거나 또는 지도자 '모모'가 개혁개방의 나팔을 불었다고 이야기한다. 그러나 진지하게 직접 자료를 정리하고, 1978년의 어느 문건에 '개혁개방'이라는 네 글자가 쓰여 있는지를 살펴보는 사람은 거의 없다. 만약 여러분이 직접 문건을 정리해본다면, 1978년의 어느 문건에도 이 네 글자가 없다는 것을 곧 깨닫게 될 것이다. 많은 사람들은 중국의 1978년의 개혁이 농촌 개혁에서 시작되었다고 하고, 농촌 개혁을 끊임없이 증량增量[1]을 창조하는 점진적인 개혁의 과정이라고 말한다. 이에 따라 국제사회도 중국의 개혁을 점진적인 과정이라고 여기게 되었다. 중국 농촌의 개혁이 사실상 전혀 점진적인 과정이 아니었다는 점을 인식하는 사람은 거의 없다. 그러나 중국 농촌의 개혁은 그 시작부터 농촌의 가장 중요한 자산인 토지를 분할했으니, 결코 점진적으로 증량을 창조한 것이 아니다.

중국은 개혁을 왜 했는가? 1978~1979년에 심각한 재정 적자 위기에 직면했기 때문이다. 위기가 폭발하자 중앙정부는 이미 더 이상 잉여를 생산하지 못하게 된 농업자원을 돌아볼 겨를이 없어졌다. 우리는 농촌 개혁을 정부의 퇴장이라고 설명하고, 또 어떤 이들은 농

---

1 증량 개혁增量改革: 기존의 계획경제 체제 내에서 시장 메커니즘이 자산의 증량에 적극적인 역할을 하도록 배치하여 증량 부분을 끊임없이 확대시킴으로써, 전체적으로 계획경제의 비중을 점차 축소시키는 개혁 방식.

민의 퇴장이라고 설명한다. 내가 농촌 개혁을 정부의 퇴장이라고 설명하는 이유는, 농민에게는 퇴장할 권리가 없기 때문이다. 기존 체제 내에서 퇴장할 권리를 가진 유일한 주체는 정부뿐이다.

나는 이런 설명을 통해서, 이성적인 분석을 위한 기본 원칙을 세우고자 했다. 이론을 구성하는 논리적 출발점을 경험적 과정 위에 두어야만 분석이 이성적으로 될 수 있다. 역사를 함부로 재단하거나, 이데올로기를 가지고 출발점으로 삼아서는 안 된다. 그렇게 한 뒤 경험적 분석을 하게 되면 결국에는 다시 이데올로기로 돌아오게 된다.

나는 지난 60년 동안의 기본적인 경험을 대략의 틀로 정리하여, 네 차례의 대규모 외자 도입이 여덟 차례의 위기를 유발했다고 주장해왔다. 모든 경제체經濟體가 경제 발전, 특히 공업화를 추구하는 과정에서는 주기적인 경제 위기가 나타날 수 있는 법이니, 이것을 가지고 새로운 이론을 제시했다고 할 수는 없다. 그저 전통적인 고전적 정치경제학 이론을 원용했을 뿐이다.

내가 이론적으로 혁신을 한 것은 '위기의 전가'에 관한 부분이다. 모든 위기에는 대가가 따르게 마련인데, 그 대가는 어디로 보내지는가? 중국은 전형적인 '도농이원구조' 사회이다. 그러므로 여러 차례의 위기에서 초래된 대가가 순조롭게 향촌사회[2]로 전가되어야만, 도

---

2 '농촌'과 '향촌'은 의미상으로 유사하지만 약간 다른 느낌을 준다. '향촌'에는 '전통적인 공동체'라는 의미가 좀 더 강조된다.

시 산업자본의 위기는 연착륙이 가능해진다. 향촌사회로 전가되지 못하면 그것은 도시를 무너뜨리는 경착륙으로 나타나게 된다.

경착륙의 결과를 조정이라고 부르건 개혁이라고 부르건 본질에는 차이가 없다. 그저 위기에 대응하는 정책 체계의 차이일 뿐이다. 어떤 이데올로기로 포장을 하건, 결국은 정치가가 좌우하는 것이다. 나는 정치가가 아니다. 그러므로 탈이데올로기적 분석을 통해, 1960년대의 조정과 1980년대의 개혁이 사실상 본질적으로 차이가 없는 것임을 여러분에게 말해주고자 한다.

이론적 혁신은 연착륙에 집중되어 있다. 그런데 사실은 더 많은 위기들이 연착륙되지 못하고 경착륙으로 이어졌다. 게다가 모두가 열망하는 도시화율이 현재 이미 51퍼센트를 넘어섰다. 중국은 장차 도시화율이 70퍼센트에까지 이를 전망이다. 도시와 농촌이 반반이 되었을 때, 위험은 이미 시작되었다. 향촌사회가 훼손되면, 위기를 연착륙시킬 기본적인 조건은 더 이상 존재하지 않는다고 보아야 한다. 왜 그런가? 향촌사회에는 외부성(externality)을 내부화(internalization)해서 처리하는 특수한 메커니즘이 있기 때문이다.

내가 지금 연구하는 것은 중국 또는 동양의 경제 발전 경험이 서구의 경제학과 다른 점이다. 전 세계에서 위기를 극복하려고 발전에 매진하다가 더 큰 위기를 초래하는 이른바 발전의 함정으로부터 탈출한 국가를 찾기는 거의 불가능하다. 대부분의 개발도상국은 발전의 함정에 깊이 빠져서 헤어 나오지 못했다. 지난 10여 년의 국제화 과정에서 대부분의 중국 대학들이 추구한 것은 미국 모델이다. 결국

이는 유럽조차도 추구할 대상으로 삼지 않는 단일하고 협소한 국제화 과정으로, 사실상 미국화의 과정이었다. 그러나 진정한 국제화라면 마땅히 개발도상국에 주목해야 하고, 여타 비주도적 국가에도 주목해야 한다.

1950년의 위기:
신중국 자신의 위기가 아니라 민국 위기의 연속

1949년 신중국 건국으로부터 시작해서, 경제 발전의 경험적 과정을 정리해보자. 중국에서 1949~1950년은 높은 인플레이션과 대규모 실업 및 위기의 폭발로 특징지어지는 시기이다. 그러나 나는 분석을 하면서 1949~1950년의 이 위기를 '여덟 차례의 위기' 가운데 하나로 간주하지 않았다. 만약 그런 위기로 간주했다면, '아홉 차례의 위기'라고 했을 것이다. 왜 여기에서 제외했는가? 이 위기는 민국 시기인 1920~1930년대에 발생한 위기의 연장선에 있는 것이지, 신중국에 진입한 이후 공업화에 따라 발생한 내생적 위기는 아니라고 여겼기 때문이다. 나는 경험적 과정이라는 출발점 위에서, 그리고 신중국이 공업화에 진입하려고 한 경험이라는 출발점 위에서 논리를 구성했지, 단순히 시간에 따라 구성하지는 않았다.

왜 이 위기를 민국 위기의 연장선이라고 하는가? 역사에서 민국 시기 1920년대에서 1930년대에 이르기까지를 일컫는 '황금의 10년'

이라는 개념을 모두 알 것이다. 이 황금 같은 성장기에 민국 경제는 연평균 8.4퍼센트 성장했다. 세계적 범위에서도 높은 성장률이다. 이 시기에 외생성과 내생성이라는 두 가지 중요한 요소가 나타났다. 1920~1930년대에 서구에는 생산 과잉의 위기가 폭발했는데, 이 위기를 자본주의 스스로는 해결할 수 없었다. 생산 과잉이란 자본주의에 보편적인 내생적 모순이기 때문이다. 따라서 제2차 세계대전의 발발로 이어졌다.

외생적 위기는 오늘날도 대동소이하다. 현재 서방세계에는 다시금 위기가 발생했는데, 다만 생산 과잉이 문제였던 이전과 달리 지금은 금융 과잉이 문제일 뿐이다. 따라서 오늘날도 서구 금융자본 스스로는 모순을 해결할 수 없다. 그러다 보니 금융자본이 파시스트화의 길을 걷게 되고, 이른바 일련의 불가피한 전략적 배치 등이 나타나는데, 이것이 당대의 추세인 듯하다. 이전에도 산업자본이 과잉의 위기에 직면하여 파시스트화의 길을 걷게 되자, 세계대전이 일어나 수많은 인명 희생을 대가로 치렀고, 그런 이후 위기는 비로소 잠잠해졌다.

그렇다면 이는 중국에 어떤 영향을 미쳤는가? 이 크나큰 위기는 귀금속 가격의 폭등을 불러일으켰다. 당시 중국은 백은白銀으로 화폐를 제조하던 국가로, 북쪽에는 '위안따터우'가 있고 남쪽에는 '쑨따터우'가 있었는데, 해외의 은 가격이 상승하면서 기존에 중국과 '백은공급보장협정'(白銀穩定協議)을 맺은 4개 은 생산국이 중국과의 약속을 저버렸고, 결국 중국 국내의 은이 해외로 대량 유출되었다.

그리하여 1930년대에는 중국 은의 외부 유출로 말미암아 은 위기가 발생했고, 이 은 위기는 통화 부족을 초래하여 한창 고성장을 지속하던 민국 경제에 심각한 타격을 주었다. 이것이 우리가 말하는 외생적 변수이다.

그렇다면 내생적 변수는 무엇인가? 중국은 식민화된 반식민지 국가였기 때문에, 공업화를 위한 원시적 축적이 내향적으로 일어날 수밖에 없었다. 도시의 공업이 빠르게 발전함에 따라 지주들은 대부분 부재지주不在地主로 변모했고, 이들 부재지주는 소작료를 본래 추수 뒤에 양곡으로 거두던 것에서 봄이 되기 전에 화폐로 거두는 것으로 바꾸었다. 이렇게 농촌에서도 화폐화가 추진되기 시작하자, 농민들은 고리대 금융자본과 공상업 자본의 이중적인 착취에 직면했다. 농촌의 소농들은 대거 파산하고, 사회의 안정도 깨지기 시작했다. 향촌사회가 쇠락하자, 비적의 형태로든 유격대의 형태로든 농민혁명이 일어났다. 이렇게 내생적 변수는 민국의 자본주의 공업화와 도시화에 크나큰 영향을 미쳤다.

그리하여 민국은 1935년을 전후하여 불가피하게 지폐제도를 시행하게 되었다. 그런데 곧바로 일본 제국주의가 화베이華北 지역을 침공했고, 일본은 점령지역에서 높은 가격에 대규모로 은을 사들였다. 민국 경제를 무너뜨리고, 실시된 지 얼마 되지 않은 화폐제도를 무너뜨리기 위해 일본은 중국 은의 외부 유출을 한층 더 가속화했다. 1937년에 일본이 중국에 대한 침략전쟁을 전면화하자, 중국은 남아 있던 귀금속을 부득불 해외에 팔아서 무기를 사들였다. 따라서 대규모의 인플레이션이 발생했고, 이는 1937년부터 1950년까지 줄곧 이어졌다. 즉 1949~1950년의 위기는 신중국 자신의 위기가 아니라, 민국의 외부적 문제와 내부적 문제라는 두 변수가 동시에 작용한 결과의 연장선상에 있었다.

위기에 대한 대응: 농민을 전통으로 회귀시키고, 현대 경제와의 연계를 차단한 토지개혁

신중국은 국민당이 남긴 경제적 난맥상 앞에서 어떻게 했는가? 토지개혁을 시행했다. 토지개혁이란 무엇인가? 88퍼센트의 농민을 전통으로 돌아가게 하는 것이다. 역대의 새 왕조들은 모두 균전면부均田免賦[3]를 구호로 내세웠다. 신중국은 '균전'均田은 시행했지만, '면부'免賦는 하지 않았다. 이것이 토지개혁이다. 토지개혁은 중국의 거의 90퍼센트에 육박하는 인구를 전통적 소농경제로 회귀시켰고, 현대적 도시경제와의 연계를 차단했다. 사미르 아민Samir Amin [●]의 표현에 따르자면 '탈종속'을 한 것이다.

대다수의 인구가 농촌으로 회귀해서 자급자족을 함으로써, 정부는 그들이 어떻게 사는지 신경 쓸 필요가 없게 되었다. 그저 12퍼센

---

3 명말 이자성李自成이 이끄는 농민반란군이 지주의 토지 소유와 국가의 약탈적 부역제도에 반대하여 내세운 구호. 토지를 고르게 분배하고, 부역을 면제하자는 것이다.
● 네오마르크스주의 이론가이자 세계화 문제 전문가. 종속이론을 제기했다.

트의 도시 인구만 신경 쓰면 그만이었다. 이것이 신중국이 경제를 회복할 수 있었던 중요한 조건이다. 민국 시기가 남긴 위기를 연착륙시킬 수 있는 중요한 제도적 기초는 우리 상상 속의 현대적 경제가 아니라, 바로 중국의 향촌이었다. 당시 도시지역의 현대적 경제는 쇠락하여 실업률이 20퍼센트를 훨씬 넘는 상황이었다. 도시의 일반시민들만 실업에 내몰린 것이 아니라, 지식인들도 대규모의 실업 상태에 처해 있었다.

이데올로기에 얽매인 수많은 이들은, 새로운 정권이 세워짐으로써 전국의 인민들이 기대를 드높이고 의지를 불태워서 새로운 승리를 향해 나아갔다고 당시의 상황을 설명한다. 그러나 당시에 여전히 급선무였던 것은 크나큰 위기에 어떻게 대응할 것인가 하는 문제의 해결이었다. 해결을 위한 첫 번째 조건은 농민이 전통적 향촌으로 회귀하는 것이었고, 두 번째 조건은 1950년 6월에 발발한 한국전쟁이었다. 전쟁으로 말미암아, 본래 쇠퇴해 있던 공업이 생산에 박차를 가하게 되었고, 따라서 도시경제가 일어났다. 게다가 1950년 10월경에 중국이 참전을 함으로써, 소련은 중국을 전략적인 동맹국으로 여기고 중국 영토 내에 대규모로 군사공업을 도입하기 시작했는데, 이는 중국 공업의 부흥으로 이어졌다.

1950년대는 '극좌'가 아니라, 공업화와 친자본을 추구한 시기

공업화에 진입한다는 목표 하에서 중국이 직면한 최대의 도전은 정치제도나 지도자에서 기인한 것이 아니라, 자본이 제로에 가까울 정도로 부족하다는 점이었다. 현대의 서구 경제학이 세운 논의의 전제는 요소의 상대적 희소성이다. 시장의 작용 하에 최적의 배분을 실현하여 결국 자원 배분의 최적화를 이룬다는 것인데, 그렇다면 이것이 개발도상국에도 적용되는가? 전혀 그렇지 않다. 개발도상국이 직면한 도전은 요소의 절대적 부족, 즉 자본이라는 요소가 제로에 가까울 정도로 부족하다는 것이기 때문이다.

1950년대에 공업화에 진입하려고 시도하던 중국의 상황을 놓고 볼 때, 일반적인 의미에서의 자본 요소만 절대적으로 부족한 것이 아니었다. 국고에 있는 황금 모두를 이전 정부가 타이완으로 가져가 버린 상태였다. 대다수 개발도상국은 외부 자본의 도입을 추구하게 마련인데, 그렇게 도입한 대규모의 외부 자본은 외채가 되고, 그렇게 외채로 변모한 외부 자본은 위기의 발생을 초래한다. 또한 중국은 1990년대에 글로벌화로의 진입을 가속화했기 때문에, 90년대 이후 발생한 위기는 명확하게 글로벌화로 인한 부담이 중국으로 전가되는 형태를 띤다. 따라서 1990년대 말 이후 근래에 발생한 두 차례의 위기는 외생적 변수가 초래한 위기로 분류할 수 있고, 그 이전에 중국이 스스로 산업자본의 발전 과정에 진입할 때 생긴 여섯 차례의 위기는 내생적 위기로 분류할 수 있다.

정치경제학의 기본적인 상식에 따르면, 공업화를 추구하는 이상 반드시 자본을 지향하게 된다. 그 어떤 체제나 이데올로기나 지도자의 영도에 따르는 정부라도 친자본적이 될 수밖에 없다. 오늘날 우리는 이데올로기에 얽매여서, 지난 1950년대를 '극좌'의 시대로 규정한다. 그러나 세상 어디에서 자본의 원시적 축적 단계를 '좌左로 구분하는가? 정부가 자본의 원시적 축적 단계에서 친자본적이 되지 않는다면, 자본이 축적될 가능성은 전혀 없다.

1950년대를 '좌편향적 오류'의 시대로 규정하는 사람들은 분명 고전적 정치경제학의 기본적인 관점조차 망각한 것이다. 친자본적이고 자본의 원시적 축적을 추구하는 경제적 토대 위에 '좌편향적' 상부구조가 들어설 수 있는가? 관료주의를 '좌'라고 말하면 안 된다. 관료주의는 사실 전형적인 극우이다. 교조주의 역시 '좌'가 아니다. 그저 형식적으로 그렇게 보일 뿐이다.

1949~1953년에 중국에는 민간자본의 원시적 축적이 이루어졌다. 1953년 이후 소련의 투자가 국가자본을 형성하여 방대한 생산능력을 공업 주도로 변모시켰는데, 이를 국가자본주의라고 한다. 1953년에 중국공산당 중앙은 기존의 민간자본을 어떻게 국가자본주의로 대체할 것인가를 놓고 정식으로 토론을 시작한다.

1956년에 들어서 완성된 것은 민간자본주의에 대한 국가자본주의적 개조이다. 이 점은 당시에는 비밀이 아니라 공개된 것이었다. 예컨대 1957년에 국가의 '제1차 5개년계획' 보고서에는, '제1차 5개년계획'이 세운 것이 국가자본주의라고 분명하게 명시하고 있었다. 1950년대의 실제 과정을 꼼꼼히 살펴보면, 앞의 3년은 민간자본의 원시적 축적 과정이고 뒤의 6년은 국가자본의 원시적 축적 과정이라는 것을 알게 된다.

자본이 과잉된 상황이라야 친자본적 정책 체계가 친자본적이 아닌 것으로 전환할 수 있다. 현재 우리에게는 어떤 차원에서 자본 과잉이 나타났는가? 중앙의 차원에서는 자본 과잉이 나타났기 때문에, 중앙은 민생으로 전환했다. 지방에서는, 특히 중서부에는 아직도 자본이 부족하기 때문에, 여전히 친자본적이다. 동부 연해지역은 산업자본의 과잉이 나타났기 때문에 친환경으로 전환하기 시작했고, 부분적으로는 친민생으로 전환했다. 상이한 지역의 지방정부 간의 갈등 또는 중앙과 지방 간의 갈등을 단순히 정치적 우호관계의 문제로 생각해서는 결코 안 된다. 이는 상당 부분 자본의 부족이 영향을 미친 것이다.

농민을 산업노동자로 만드는 일은 진보인가 퇴보인가?

1949년에 중국에 세워진 국가가 도대체 어떤 성격의 국가인지에 대해 국제사회는 줄곧 논쟁을 벌여왔다. 전체 인구의 88퍼센트를 차지하는 전국의 농민들에게 토지를 나눠준다면 그들은 소규모 토지소유자, 즉 소자산계급이 된다. 마오쩌둥은 일찍이 중국을 '소자산계급의 바다'라고 했는데, 이는 농민이 모두 소규모 토지소유자가 된 상황을 가리켜서 한 말이다. 1949년 토지개혁 이후로 발생한 여러 가지 사회문제는 모두 소자산계급의 분산성 및 소자산계급이 자각적 계급이 되지 못하는 점과 직접적인 관련이 있다. 소자산계급은 고도로 분산되어 있고 자신의 계급적 요구를 집중적으로 표출할 가능성도 별로 없었기 때문에, 정부가 소자산계급을 다루는 방식으로 농촌에서 시행한 촌락공동체 제도(村社制)와 도시에서 시행한 딴웨이 제도(單位制)는 모두 두드러진 효과를 거두었다.

그러나 수십 년이 지난 후, 세계에서 가장 방대한 중산층이 중국에서 부상했다. 5억 명으로 추산되는 이 인구는 미국 중산층의 2.5배이고, 유럽연합 국가 중산층의 두 배이다. 정부는 중산층을 '다루어본' 경험이 없는데, 현재 인터넷 등을 통해 중산층이 다양하게 부각되고 있는 현상은 사실상 일정 정도 딴웨이의 해체 또는 파괴를 의미한다고 볼 수 있다. 현재 소자산계급이나 중산층의 존재가 다양하게 부각되고 있지만, 그것이 집중적으로 어떤 통일된 방식을 통해 표출되는 것은 아니다. 이런 현대 중국사회의 혼란상은 사회구조가 변화하는 데 따른 결과이다.

중국은 본래 소자산계급 사회로, 다이아몬드형이 아닌 피라미드형 구조를 이루고 있었다. 즉 맨 아래 기층이 60퍼센트나 되고, 전체 인구의 70퍼센트가 토지를 소유한 소자산계급인 초안정구조의 사회였다. 그런데 지금 그들의 토지를 빼앗아서 그들을 억지로 무산계급으로 만들고, 급진적인 정책을 통해 그들이 돌아갈 뿌리를 잘라버리며, 도시로 일하러 온 농민들을 산업노동자로 만들고서 이것을 역사적 진보라고 여긴다. 그들은 본래 소자산계급이었는데 소자산계급이 무산계급으로 변하는 것이 역사적 진보인가, 아니면 역사적 퇴보인가? 이것이 도시에서 기껏 머리를 굴려서 짜낸 아이디어이다.

도시에 와서 일하는 농민들에게 직접 가서 한번 물어보라! 그 자리에서 산업노동자로 계속 일하겠다는 사람이 몇 명이나 되는가? 대부분은 여전히 소자산계급의 꿈을 간직하고 있다. 도시로 온 것은, 돈을 좀 벌면 작은 가게라도 내보겠다는 희망 때문이다.

인도는 왜 사회가 불안정한가? 세계에서 가장 큰 민주국가라고 자부하지만, 인도는 사실 세계에서 가장 큰 빈곤국가이다. 인도의 빈곤 인구가 아프리카의 빈곤 인구 전체보다도 많은데, 민주民主가 이 빈곤을 해결해주는가? 인도에는 농촌에 토지를 갖지 못한 농민이 30퍼센트 이상이나 된다. 소유 재산을 기준으로 보면 역피라미드형 구조로,[4] 기층을 이루는 것이 토지가 없는 프롤레타리아이고, 도시로 대량 유입되어 빈민굴을 이룬 집단이다. 도시의 빈민굴과 농촌의 토지 없는 농민이 기층을 이루니, 이렇게 거꾸로 선 피라미드가 안정적일 수 있겠는가?

현재 중국은 개인 주택 보유율이 세계 최고인 국가이다. 왜 그런지 아는가? 여전히 소자산계급 국가이기 때문이다. 중국의 개인 주

---

4 인구 기준으로는 빈곤한 하층민이 다수이고 부유한 상층민이 소수인 피라미드형이지만, 소유 재산 기준으로는 인구가 소수인 상층민이 가장 많은 재산을 보유하고 다수인 하층민은 재산을 거의 갖지 못하므로 역피라미드형이 된다는 의미다.

택 보유율은 거의 90퍼센트에 가까운 89퍼센트이다. 어떤 계층은 보유율이 100퍼센트에 이르기도 한다. 바로 농민이 그들이다. 소자산계급이 중산층이 된다면 이 경우 그들은 기뻐할 것이다. 소자산계급이 소자산계급으로 남는다면 그들은 이 경우를 받아들일 것이다. 그러나 소자산계급이 무산계급이 된다면 그들은 이를 거부할 것이다. 지금 중국의 수많은 정책은 농민의 토지를 빼앗아 그들을 무산계급으로 만드는 것이니, 이것이 곧 사회적 모순이 된다.

중국은 본래 소자산계급 사회이고, 지금도 소자산계급과 중산층이 여전히 인구의 대부분을 차지한다. 맨 꼭대기의 대자본은 인구의 1퍼센트도 되지 않는다. 그러나 소자산계급은 자각적인 계급이 아니다. 그렇다면 지금 누가 자각을 한 계급인가? 마르크스주의적 의미에서의 무산계급이 존재하지 않는 상황에서, 남은 것은 대자본뿐이다. 대자본은 어떻게 안정을 이루고 이익을 확대하는지 가장 잘 아는 존재이고, 좌우의 정책 모두를 통해 자신의 이익을 확보하는 법을 가장 잘 아는 존재이기도 하다. 중국 내에서 이런 정책은 대자본으로서 자각을 한 이익집단이 주도한다. 이것이 중국의 현재 상태이다. 사람들이 모두 개혁을 외친다지만, 개혁의 대상은 무엇인가? 개혁의 동력은 무엇인가? 대체 누가 누구를 개혁한다는 말인가? 이런 기본적인 문제들이 명확해지지 않는 이상, 모두에게 따라서 외치라고 하기는 힘들다.

최근에 하이난海南에서 강연을 한 적이 있는데, 2013년의 거시적 형세에 대해 분석해달라는 요청을 받았다. 나는 우선 중국 경제

체제의 ABC가 무엇인지 잘 알아야 한다고 말했다. 중국의 경제체제가 무엇인지 생각해본 사람이 있는가? 중앙정부가 위험에 대한 최종 책임을 지는 조건 하에서, 지방정부들이 기업화하여 악성 경쟁을 펼치는 것이다. 지방정부가 기업화하여 경쟁을 펼치면, 위험에 대한 최종 책임을 지는가? 아니다. 위험을 층층이 위로 전가하여, 결국은 중앙정부가 다 지게 된다. 1990년대 후반 중국의 금융 개혁에서도 중앙정부가 책임을 지고 대가를 치러서, 지방정부가 만들어낸 모든 은행 악성채무를 한시적으로 4대 국영 금융자산관리공사*로 하여금 인수하게 했다. 이 불량 자산들은 모두 지방정부가 지난 20년 동안 만들어냈다. 그러면서도 위험에 대한 책임은 전혀 부담하지 않는다. 지방정부가 위험에 대한 책임을 부담하지 않는 조건에서 기업화하면 필시 악성 경쟁을 펼치게 되어 있다. 더 '나쁜' 쪽이 이기는 경쟁이 되는 것이다. 위험에 대한 최종 책임을 중앙이 질 수 있는가? 불가능하다. 그저 화폐의 발행을 확대하고 국채의 발행을 늘려서, 그 책임을 사회로 전가할 뿐이다. 이것이 지금 중국의 실제 경제체제이다.

---

* 중국화룽자산관리공사中國華融資産管理公司, 중국창청자산관리공사中國長城資産管理公司, 중국신다자산관리공사中國信達資産管理公司, 중국둥팡자산관리공사中國東方資産管理公司를 가리킨다.

1960년대: 지식청년의 하향은
자본의 원시적 축적의 대가

중국은 자본의 원시적 축적 과정에서 두 차례에 걸쳐 대규모로 외자를 도입했고, 이것이 네 차례의 대규모 위기를 불러왔다. 첫 번째는 1960년대로, GDP가 마이너스 성장하고 경제의 지출이 감소하며 재정이 적자로 돌아서 큰 위기가 폭발했다. 이에 중국은 제1차 상산하향上山下鄕 운동을 전개했다. 1960년대의 위기 폭발로 인해 발생한 막대한 비용은 사회로 전가되었다. 이는 자본의 원시적 축적 과정에서 필연적으로 치러야 하는 대가였다.

외부 자본이 도입되지 않는다면, 대규모의 노동력을 투입해야 비로소 자본의 부족을 상쇄할 수 있다. 절대적으로 부족한 자본을 개별적인 수준의 노동력으로는 결코 대체할 수 없다. 노동력을 상당한 규모 이상으로 집중하고, 게다가 그것을 준군사화해서 투입해야만 대체할 수 있다. 따라서 각 인민공사人民公社[5]를 민병단民兵團으로, 대대大隊를 민병영民兵營으로, 소대小隊를 민병련民兵連으로 하는 준군사화 편제를 시행했다.[6] 노동력을 집중하여 국가의 기본적인 건설을

---

5 중국이 사회주의화를 앞당기기 위한 목적으로 1958년부터 농촌의 생산협동조합인 합작사合作社를 합병해서 만든 조직. 생산조직이면서 정치·사회·행정조직의 성격을 동시에 가지고 있다.
6 인민공사는 조직 편제가 인민공사 산하에 생산대대(大隊), 생산대대 산하에 생산대(小隊)로 이루어졌다. 민병民兵고 정규군이 아니라 예비군에 해당하는 준군사조직으로, 조직은 정규군의 편제를 따라서 단團 - 영營 - 련連으로 되어 있다.

수행한 것이다. 당시에는 이른바 인해전술을 구사할 수밖에 없었다. 자본이 없는 상황에서, 노동력이 아니면 무엇에 의지할 수 있었겠는 가? 농업 잉여는 집중하여 상당한 규모가 되어야 비로소 공업 현장 으로 보낼 수 있었기 때문에, 당시에는 선동의 노래를 부르면서 현 장으로 노동력을 동원했다.

국가가 농민의 잉여를 집중해서 국가의 기본적인 건설 현장에 보 내는 일은, 나귀 앞에 홍당무를 매달아놓고 따라가는 것과 마찬가지 의 방식으로 진행되었다. 비하하려는 뜻이 아니다. 노동력을 현장에 나가도록 동원하기 위해서는, 배불리 먹이는 것을 통해 유인할 수밖 에 없었다는 말이다. 당시 농촌에서는 대부분 배불리 먹을 수가 없 었다. 원시적 축적의 과정을 우아한 것으로 여겨서는 곤란하다. 모 두가 홍기를 휘날리고 노래를 부르면서 일하러 갔겠는가? 모두가 레이펑雷鋒[7]을 배워서 모범적으로 일했겠는가? 그들의 적극성을 이 끌어내지 않았다면, 현장에 일하러 가려고 했겠는가? 우리의 원시 적 축적 과정은 바로 이런 것이었다.

당시 대략 4000만~5000만 명의 지식청년들이 앞다투어 청춘을 바쳤다. 자신의 가장 화려한 시절에 국가를 위해 노동력을 바쳐 방 대한 국유자산을 형성했다. 그런데 지금에 와서 그들의 몫은 없다고 하면서, 국유자산을 국유자산감독관리위원회(國資委: 國務院國有資産監

---

7 후난湖南 출신의 인민 영웅. 인민해방군에 입대해 트럭운전병으로 일하다가 1962년에 사고를 당해 22세의 나이로 순직했다. 직무에 헌신적인 면모를 보여주는 일기가 발견되면서, 마오쩌둥의 주 도로 그에 대한 학습운동이 벌어지는 등, 사회주의의 모범적인 영웅으로 추앙되었다.

督管理委員會)에 넘기고, 그런 뒤에 이것을 소수의 이익집단이 점유하고 있다. 이를 통해 그들은 대자본으로 변모하고, 이를 개혁이라고 말하며 사람들에게 자신을 따라오라고 한다. 이런 식으로 사람을 기만해도 되는가? 우리는 바로 그렇게 청춘과 노동력을 바친 당사자들이다.

이 과정에서, 본래 1억 3000만여 개이던 일자리가 순식간에 4000만여 개로 줄어들었다. 얼마나 많은 사람들이 일자리를 잃은 것인가? 이 수치에 따르면, 8000만 명이 일자리를 잃었다. 그런데 어떤 교과서가 이런 사실을 기록하고 있는가?

이 기간에 지식청년 1000만 명 이상이 상산하향을 했다. 그리고 도시의 지청知靑과 다른 귀향지청回鄕知靑도 있었다. 도시의 지청이나 귀향지청이나 모두 중고등학교를 다녔지만, 지청이 도시의 학교를 다녔다면, 귀향지청은 현縣이나 농촌의 학교를 다닌 이들이다. 도시 출신 지청은 하향지청下鄕知靑이라고 부르고 근무경력(工齡)을 환산해주었지만, 귀향지청이라 부르는 이들은 근무경력조차 환산해주지 않았다. 당시 귀향지청은 2000만 명 이상이었다. 도시청년이 하향한 숫자는 1000만 명인데 농촌의 귀향청년은 도시청년의 두 배로, 1950년대에 국가의 공업 건설을 지원하기 위해 투입되었던 미숙련 노동자들이 모두 돌아간 것이다. 따져보면 도시에서 농촌으로 축출된 노동력의 총수는 대략 5000만 명에 이르렀다. 이는 자본의 원시적 축적으로 말미암아 치러야 했던 전형적인 대가로, 모두가 자본의 악행 때문이었다.

한 가지 질문을 던져보자. 이런 위기에서 왜 농민만 죽게 되는 가? 도시민은 왜 죽지 않는가? 그것은 당시에 산업자본이 도시에 집 중되어 있었기 때문이다. 산업자본이 자신이 만들어낸 위기를 농촌 으로 전가했기 때문인 것이다.

1966년과 1968년에 또 다시 큰 위기가 폭발하여, 여러 지표가 마이너스로 떨어졌다. 나는 1968년의 지청이었다. 당시 수많은 도시 민이 농촌으로 보내졌다. 우리 부모님은 모두 중국인민대학中國人民 大學의 교수였는데, 인민대학도 해산되었다. 부모님 모두 전공이 과 학기술이 아니라 쓸모없는 사회과학이어서, 같이 해산되었다. 아버 지는 장시江西로 가서 소를 키우셨고, 어머니는 베이징에서 벼농사를 지으셨다. 우리 가족 여섯 명이 각각 여섯 개 지방으로 뿔뿔이 흩어 져 하향했다.

이때는 1700만여 명의 지청이 하향했다. 당시 농촌 인구의 비중 이 전체의 80퍼센트를 넘었으니, 이 1700만여 명 가운데 농촌 귀향 지청이 얼마나 되었는지 따져보면 답이 나올 것이다. 이 1968년의 큰 위기에도 수천만 명의 실업이 발생했는데, 어떻게 연착륙을 시켰 겠는가? 농촌으로 전가할 수밖에 없었다. 만약 서구에서 이렇게 대 규모의 실업이 발생했다면 어찌 되었겠는가? 길거리마다 벽돌을 깨 서 경찰을 구타하는 일이 벌어졌을 것이다. 그런데 중국에서는 어떠 했는가? 마오쩌둥 주석이 손을 휘두르자 모두 하향을 했다.

1960년대에 이르러 왜 제2차 위기가 발생했는가? 1960년에 처 음 위기에 직면했을 때부터, 서방세계 전체가 중국 봉쇄를 시도했을 뿐 아니라, 공격을 가하려고 준비를 했다. 심지어 중국을 겨냥해 핵 공격을 준비한 사례도 다섯 차례나 있었다. 중국이 아무리 가난해도 핵무기를 보유하려고 한 이유는, 이렇게 여러 차례에 걸쳐 핵 위협을 당했기 때문이다. 1960년대 내내 미국은 비행기와 군함으로 800여 차례나 중국의 영해와 영공을 침범했다.

1960년대에 마오쩌둥과 류사오치劉少奇의 대립이 불거졌다. 류사오치, 리푸춘李富春, 천윈陳雲 등 경제 분야를 담당하던 이들은 1950년대의 공업구조가 지나치게 중공업 위주라는 점을 인식하고 있었다. 그래서 농업과 경공업과 중공업의 비중을 합리적으로 조정하고자 했다. 그로 인해 나오게 된 것이 '제3차 5개년계획'이다. '제2차 5개년계획'은 나오지 못했다. 소련이 투자를 중지했기 때문이다. 투자가 없는데 무슨 '5개년계획'인가? 그런데 '제3차 5개년계획'도 사실상 나오지 못했다. 왜 그런가? '제3차 5개년계획'을 통해 준비한 것은 농업과 경공업과 중공업 비중의 적절한 조정이었다. 그런데 주변국과의 지정학적 대립과 충돌이 갈수록 격화되면서, '제3차 5개년계획'을 당분간 하지 않는 쪽으로 방향이 바뀌었다. 대신에 서부 건설, 삼선三線 건설[8], 연해지역 공업의 내지 이전을 추진했다. 그러나 연해지역 공업의 내지 이전으로 새로운 부가가치가 창출되지는 않았다. 오히려 공업이 분산됨으로써 공업화의 비용이 증가했고, 그리

---

8 중소 관계가 악화되고 미국의 침략 위협이 고조되자, 1964년부터 중국 중서부 지역 13개 성 및 자치구에 국방, 과학, 공업, 교통의 기반시설을 전쟁 대비를 목적으로 집중 건설한 일을 말한다. 주로 기존에 연해 공업지역에 있던 시설들을 옮기는 형태로 진행되었다.

하여 제2차 대위기가 폭발하게 되었다.

연해지역 공업을 내지로 옮겨서 산골짜기에 숨겨두고, 대삼선大
三線과 소삼선小三線을 2000억여 위안이나 들여서 건설했지만,[9] 그 결
과는 효율 면에서 상당히 부정적인 것으로 나타났고, 심각한 채무
위기가 초래되었다. 이는 곧 문화대혁명 기간인 1967년과 1968년의
위기 폭발로 표출되었다. 우리 세대가 상산하향을 하는 계기가 된
것이다.

1970년대: 외자 도입이 초래한 재정 적자 위기

1970년대부터 중국은 산업구조를 조정하려 했다. 이전에 남겨진
산업구조가 군사 편중, 중공업 편중이 심했기 때문에, 저우언라이가
직접 이른바 '43방안'을 제정했다. 43억 달러의 서방 설비를 도입하
여, 공업구조를 개조하려는 것이었다. 이는 마오쩌둥이 직접 지휘하
고 저우언라이가 직접 제정한 것으로, 역사에서 '43방안'이라고 부
른다. 여러분의 교과서에는 아마 나오지 않을 것이다.

---

9 1960년대에 중국을 가장 심각하게 위협한 나라는 미국과 소련이었기 때문에, 소련과 대치하는
싼베이三北(東北, 華北, 西北) 지역과 미국·일본·타이완을 경계하는 화둥華東 지역이 중국의 최전
선인 셈이었다. 따라서 그로부터 가장 먼 시난西南 지역이 삼선 건설의 총지휘부가 있는 대후방大
後方, 즉 국가의 대삼선大三線이 되었다. 이 밖에 각 전략지역은 그 자신의 후방인 소삼선小三線을
두었는데, 예를 들어 상하이上海의 소삼선은 완난皖南 지방이었다.

서방의 자본을 도입하기 위해서는 서방과의 외교관계를 회복해야 했다. 탁구를 통해 교류를 시작하여 미국으로 하여금 봉쇄를 풀게 함으로써, 중국은 서방의 자본을 도입하기 시작했다. 1950년대에 도입한 소련의 자본이나 1970년대에 도입한 서방의 자본은 본질적으로 다를 게 없다. 모두 외자이다. 소련의 자본도 중국의 상부구조를 바꿀 것을 요구했고, 미국의 자본도 역시 중국의 상부구조를 바꿀 것을 요구했다. 이것 역시 본질적으로 다를 바가 없다. 즉 누가 '좌'이고 누가 '우'인가를 따질 것 없이, 모두 경제적 토대가 상부구조를 결정한 것이다. 소련 공업화의 경제적 토대를 도입하려면 소련 정부의 모델에 따라 상부구조를 건설해야만 했다. 대학에서도 소련에서 파견된 교수들이 소련식 교재를 편찬했다. 지금 우리가 미국의 영어 원서 교재를 쓰는 것이 그보다 진보한 것이라고 할 수 있는가? 진보라고 생각하든 진보가 아니라고 생각하든 그것은 여러분의 판단이다. 나는 그저 문제를 제기할 뿐이다.

1970년대에 40억여 달러를 도입한 것이 곧 70년대의 채무 위기를 불러왔다. 그리고 이는 1974년의 재정 적자로 폭발했다. 당시에 마오쩌둥은 경제 위기가 무엇인지도 몰랐다. 그저 경제의 조정이 필요한데 덩샤오핑이 경제 관리에 유능하니 그를 다시 불러들인다고 했을 뿐이다. 그래서 덩샤오핑의 이른바 두 번째 입각入閣이 이루어졌다. 덩샤오핑은 복직하자마자 정비 작업을 시작했다. 정비란 위기에 대응하는 것이었다. 사실 덩샤오핑도 경제법칙을 잘 몰랐다. 1974년의 제3차 상산하향에는 1200만 명이 동원되었고, 그에 대응하여 두 배의 귀향청년이 움직였다. 이 위기 때는 3000만 명 이상이 일자리를 잃었다. 이 상산하향 운동은 1976년 이후에 기본적으로 중지되었다. 마오쩌둥이 사망했기 때문이다. 손을 휘두르며 수천만 명의 도시민을 하향시킬 사람이 없어진 것이다.

그러나 이때도 위기는 아직 멈추지 않았다. 마오쩌둥의 후계자는 화궈펑華國鋒이었다. 화궈펑은 '82방안'을 제기했다. 저우언라이의 '43방안'이 이미 위기를 불러왔는데, '82방안'은 '43방안'보다 더 큰 규모로 외자를 도입하려는 것이었다.

1977년에 제정된 '82방안'으로, 1978년에 재정 적자가 100억 위안을 돌파했다. 1979년에는 베트남과의 국경 분쟁에 군비를 지출하느라 재정 적자가 200억 위안을 돌파했다. 1974년에 외자 도입으로 초래된 재정 적자가 100억 위안을 넘었는데, 화궈펑 시대에 제2차 외자 도입으로 초래된 재정 적자가 200억 위안을 넘었으니, 더 이상 지속할 방법이 없었다.

1980년대: 짐 보따리를 내던지는 것이 곧 개혁

이 시기에 개혁의 나팔소리가 울렸다. 개혁개방이란 무엇인가? 사실 큰 위기가 폭발해도, 이때는 마오쩌둥이 없었기 때문에 향촌으로 사람들을 내려보낼 수도 없었다. 뿐만 아니라 이미 내려보낸 사람들도 휴양을 시키는 정책을 펴야만 했다. 하향된 지청들을 도시로 복귀시키는 조치에 따라, 우리 모두가 속속 돌아왔다. 돌아와보니 어느새 모두 노총각 노처녀가 되어 있어서, 호르몬 과잉인 상태로 길거리를 하염없이 배회했고, 그러다보니 각양각색의 사건들이 벌어졌다. 게다가 정부는 두 가지 '엄히 처벌'하는 조치, 즉 형사 범죄를 엄히 처벌하고 경제 범죄를 엄히 처벌하는 조치를 시행했다. 따라서 당시에는 길거리에서 포옹만 해도 잡혀가서 노동개조 같은 일을 당하기도 했다.

부패는 왜 일어나게 되었는가? 당시에는 각 정부기관이 3차 산업에 해당하는 사업을 하도록 요구했다. 예를 들면 오늘날 매우 유명한 부동산업계의 거물 한 사람은, 당시 시청西城구 구위원회가 대문 앞에 개업한 사발차(大碗茶)를 파는 가게의 사장 출신이다. 그런 과정에서 수많은 간부들이 자신이 속한 기관의 원자재나 재료들을 자기 자녀가 하는 회사에 넘겼다. 편법으로 승인을 해준 것이다. 당시는 모든 물자가 부족하던 시절이고, 철강 하나에 열 사람의 승인이 필요하던 때이다. 결국 질서가 심각하게 흐트러졌고, 인플레이션이 갑자기 심해졌다.

개혁은 이런 위기에 대한 대응의 산물이었다. 정부 재정이 급격히 악화되어 지출을 감당하지 못할 상황이 되자, 정부는 짐 보따리를 내던지기 시작했다. 가령 농촌 개혁의 시작은 재정적으로 농촌을 감당할 수 없게 된 것과 무관하지 않다. 당시 경제 공작을 담당했던 책임자는 어느 원로에게 이렇게 말했다. "깨끗하게 손을 놓아버립시다!" 농촌을 짐 보따리로 여겨서 내던지자고 한 것이다.

정부의 퇴장이란 무엇을 말함인가? 왜 정부의 퇴장이라고 하고 농민의 퇴장이라고 하지 않는가? 재정이 심각하게 적자인 상황에서 정부가 문제를 감당하지 못했기 때문이다. 본래 정부는 전체 재정 가운데 10여퍼센트만 농촌에 투입하고 있었다. 전체 인구 가운데 농민이 80퍼센트를 차지했지만, 10여퍼센트만 투입하는 것으로도 유지될 수 있었던 것이다. 그런데 농촌 개혁은 정부가 10여퍼센트의 재정 지출 부담마저도 던져버리는 것을 의미했다.

　　그다음으로 내던진 것은 기업이다. 과거에는 기업에 대해서도 재정에서 지출을 하고, 수익 전부를 다시 재정으로 가져갔다. 이것이 바로 국유제이고 전민소유제이다. 그런데 개혁이 시작되자 '지출이 대출'로 바뀌었다. 이후로 기업은 은행에서 대출을 받아야 했고, 정부는 더 이상 기업에 재정 지출을 하지 않았다. 기업이 은행에 가서 대출을 받아야 하는 마당에, 거기서 생긴 수익을 처리하는 방식도 바뀌어야 하지 않겠는가? 그리하여 이익을 남겨 세금을 납부하는 방식으로 바뀌었다. 기업의 성격 자체가 바뀐 것이다. 그런 다음 지방정부의 짐 보따리를 내던졌다. 중앙과 지방이 재정을 나누는 재정 분권이 이루어진 것이다.

　　1979년에 심각한 재정 적자에 직면했을 때부터 1983년과 1984년에 이르기까지 이렇게 대규모의 개혁이 추진되었다. 개혁은 큰 위기 상황 하에서 정부가 재정의 무거운 부담을 감수할 수 없게 되어, 끊임없이 짐 보따리를 내던진 결과에 다름 아니다. 따라서 개혁은 듣기 좋게 이야기하자면 '권한 이양과 이익 양도'(放權讓利)이고, 귀에 거슬리는 대로 솔직하게 이야기하자면 정부 재정의 짐 보따리를 내던진 것이다. 즉 위기에 대한 대응정책의 일환이었다.

개혁이 1980년대에 이르자, 80년대 후반의 위기가 나타났다. 물가가 폭등하여 물가지수 상승률이 30퍼센트까지 육박하는 상황이 벌어졌고, 1980년대 전체로는 18.6퍼센트에 이르렀다. 물가를 조정하자 1989년에 시장의 정체가 나타났다. 스태그플레이션 형태의 위기가 1988년과 1989년에 폭발했다. 1989년의 여타 정치적 문제들은 사실 이 위기에서 파생된 상황에 불과하다.

1990년대: 화폐화의 가속은 구소련의 교훈 덕분

1990년대 덩샤오핑의 남순강화南巡講話[10]는 회복되지 않는 경제에 충격을 가하는 조치였다. 1992년과 1993년에 경제의 고조 국면이 나타났지만, 이는 사실 자본시장에 대한 개입 덕분이었다. 1992년에 중국은 경제에 대한 모든 조정 수단을 포기하고, 화폐화를 앞당기기 시작했다. 화폐를 대량으로 확대 발행했으며, 화폐를 통해 실물경제를 화폐화했다. 이 단계에 나타난 고성장은 사실상 화폐화를 통한 지표의 제고였다.

---

10 덩샤오핑이 1992년 1~2월에 중국 남부의 우한武漢, 선전深圳, 주하이珠海, 상하이上海 등을 시찰하고 발표한 담화. 1989년 천안문 사건으로 주춤했던 개혁개방을 가속화하는 계기가 되었다.

이 시기에 확대 발행된 화폐를 흡수하기 위해 중국은 주식시장, 선물시장, 부동산시장을 개방했다. 이 3대 자본시장은 화폐를 가장 잘 흡수할 수 있는 시장이었다. 화폐의 증가 속도는 1992년부터 급작스럽게 빨라졌고, 이로부터 중국은 이른바 화폐화의 시대에 접어들었다.

이런 행보는 중국이 구소련의 교훈을 받아들인 결과였다. 구소련의 붕괴는 오늘날 말하는 것처럼 이데올로기의 붕괴가 결코 아니었다. 오랫동안 실물경제 단계에 머물러 있으면서 화폐화를 추진하지 않았기 때문에 발생한 일이었다. 왜 화폐화를 추진하지 않았는가? 구소련은 오늘날 미국이 금융자본을 선도하듯이, 당시 물물교환 무역의 전체 시스템을 장악하고 있어서 부등가교환을 통해 동유럽경제상호원조회의(COMECON)* 국가 전체 가운데 가장 좋은 위치를 독점하고 있었기 때문이다. 그래서 화폐화를 추구할 생각을 하지 않았다. 중국은 1992년에 화폐화의 속도를 올리기 시작하면서, 모든 증표제도를 폐기했다. 이 조치야말로 공산당 2세대 지도부의 핵심으로서 덩샤오핑이 수행한 역할 가운데 가장 자격에 걸맞은 일이었다. 이로써 그는 중국이 소련과 동유럽의 전철을 밟지 않게 했다.

1992년에 중국은 시장경제를 인정했다. 당시 이미 자본시장이 개방되었기 때문에, 이는 사실상 자본경제를 인정한 것이었다. 문서로 기록되는 것은 항상 실천보다 늦을 수밖에 없다. 참된 지식은 실

---

* 구소련 중심의 사회주의 국가로 구성된 정치경제 협력 조직. 1991년 6월 28일에 해산되었다.

천에서 나오고, 문건에 기록되는 것은 이미 행해진 일에 대한 사후 인정일 뿐이다. 이 단계에서도 역시 그러했다. 1992년에 화폐의 대규모 확대 발행이 시작되었고, 1993년에는 투자 과열이 나타나기 시작했다. 그리고 1994년에는 소비자물가지수(CPI)가 24.1퍼센트 상승했다.

나는 1992년을 화폐 원년이라고 부른다. 중국의 인민폐가 바로 이때 마침내 제대로 된 화폐가 되었기 때문이다. 이전까지 인민폐는 화폐가 아니었다. 그저 증표의 보조 수단이고, 계산을 위한 기호일 뿐이었다. 일반 상품의 교환에서 중개 역할조차 하지 못했다.

중국에 은행은 언제 생겨났는가? 1998년에 금융 개혁을 추진하면서 3년의 시간을 들임으로써, 2001년에 비로소 진정으로 상업화되고 시장화된 은행이 생겼다. 2008년에는 모든 국유은행의 주식시장 상장을 통한 개혁이 완성되었다. 이른바 주식시장에 상장된 기업형 은행이 중국에도 존재하게 된 것이다. 그러므로 중국의 금융업은 1992년에야 비로소 화폐를 화폐가 되게 만들었고, 2002년에야 비로소 은행을 진정으로 은행이 되게 만들었다고 할 수 있다. 그러기까지 10년의 시간이 걸린 것이다.

1990년대의 위기는 3대 적자와 함께 폭발한 것으로 본다. 첫째는 대규모 외자 도입으로 인해 초래된 외환 적자이다. 둘째는 재정 적자이다. 그리고 심각한 재정 적자가 은행의 적자까지 초래했다. 모든 국유은행이 자기자본금을 모두 까먹어버렸다. 당시는 재정과 금융이 분리되어 있지 않았다. 마오쩌둥은 리셴녠李先念(1909~1992)[11]

에게 이렇게 말한 적이 있다. "재정은 뭐고 금융은 뭐요? 리셴녠의 두 호주머니 아니요? 오른쪽에서 빼서 왼쪽에 넣고, 왼쪽에서 빼서 오른쪽에 넣으면 되잖소!" 마오쩌둥의 이 발언은 매우 상징적이다. 재정 적자가 발생하자 은행의 호주머니를 털었고, 은행의 호주머니에 구멍이 나자 은행의 예금까지 써버렸다. 중앙이 이렇게 했을 때는 아무도 뭐라고 하는 이가 없었다. 그러나 광둥廣東에서 이렇게 하자 일이 터져버렸고, 중앙에서 은행의 난맥상을 바로잡도록 사람을 파견할 수밖에 없었다. 결국 은행에도 심각한 적자가 발생했다. 은행은 전형적인 자본금 잠식 상태에 처해 있었다.

이처럼 외환, 재정, 금융의 3대 적자가 1993년과 1994년에 동시에 폭발했다. 이 위기는 1920년대의 세계 경제 위기와 비교할 때, 그리고 오늘날의 유럽연합(EU) 위기와 비교할 때, 전혀 차이가 없다. 유럽연합의 위기는 어떤 것인가? 역시 3대 적자가 문제 아닌가?

그러면 중국은 어떻게 이 위기를 헤쳐 나왔는가? '철완 총리' 주룽지朱鎔基를 보아야 그 답을 알 수 있다. 3대 적자가 동시에 폭발했을 때, 중국은 화폐화와 자본화 경쟁의 속도를 올리고 있었다.

1994년 1월 1일에 몇 가지 중대한 정책이 발표되었다. 첫 번째 중대한 개혁은 인민폐 환율을 한 차례에 국한해서 57퍼센트 평가절하한 것이었다. 환율 조정은 환율 개혁을 향해 한 걸음 궤도 전환을

11 중국의 혁명가, 정치가. 문화대혁명 이전에는 국무원 총리와 재정부장을 역임했고, 1976년에는 사인방을 제압하고 문화대혁명을 끝내는 데 주도적인 역할을 했다. 문화대혁명 이후에는 중국공산당 중앙정치국 상임위원, 국가 주석, 전국 정치협상회의 주석 등을 역임했다.

한 것이라고 말하지만, 사실 환율 조정을 하지 않는다면 출구를 찾을 수 없고 외환 적자를 해결할 길이 없었다. 외환 적자는 달리 해결할 길이 있는 게 아니었다. 대부분의 개발도상국은 외환 적자의 함정에 빠져서 헤어 나오지 못한다. 여기서 빠져나오려면 중국은 화폐를 크게 절하할 수밖에 없었다. 한 번에 57퍼센트를 절하한 것은 유례가 없는 일이다. 여러분의 교과서에 이에 관해 소개된 바가 있는가?

두 번째 정책 역시 1994년 1월 1일에 발표된 것으로, 분세제分稅制 개혁이라고 부른다. 분세제 개혁이란 무엇인가? 1984년에 재정의 분급청부(分級承包)¹² 제도가 시행되었는데, 이는 최초로 시행된 재정 및 세제 시스템 개혁이다. 그리고 10년 뒤인 1994년에 제2차 재정 및 세제 개혁이 이루어졌다. 중앙과 지방이 세수를 나누어서, 징수하기 좋은 세수를 중앙이 가져가버린 것이다. 이전에 지방의 세수가 가장 높은 비중을 차지했을 때는 전체의 거의 90퍼센트까지 이른 적이 있었다. 1960년대와 1970년대에 중국이 가장 무질서하던 시기가 지방 재정이 가장 높은 비중을 차지한 때이다. 1957년 이전에는 중앙 재정이 전체의 80퍼센트 이상을 차지했다. 그러다가 1957년에 소련이 중국에 원조적 성격의 투자를 돌연 중단하면서, 중앙의 재정은 급속히 내리막길을 걸었고 지방의 비중이 순식간에 올라갔다.

분세제 개혁으로 지방 재정은 50퍼센트로 줄어들었다. 20여퍼센

---

12 중앙과 지방정부 사이의 재정수지 범위를 구분하는 것. 중앙정부 산하 기업의 수입 및 관세 수입과 기타 수입은 중앙정부로 귀속시키고, 지방정부 산하 기업의 수입과 소금세, 농업세, 공상 소득세 등은 지방으로 귀속시키는 것이 요지이다.

트가 축소되었다. 이것을 어떻게 보충했는가? 이 단계에서 토지가 돈을 버는 수단이 되었다. 지방정부가 농민의 토지를 탈취하는 일이 다반사가 된 것이다. 이로부터 집단적 시위가 대규모로 발생하기 시작했다. 동시에 지방정부가 농민들에게 손을 뻗어, 농민들의 세금 부담이 과중해졌다. 농민들이 몸에 폭약을 묶고서 세금을 징수하는 간부들과 함께 죽음을 택하는 일이 이 단계에서 벌어졌다. 부담을 사회로 전가한 데 따른 결과였다. 어떤 개혁이든 비용은 없이 수익만 있는 경우는 없다. 다만 그 비용이 전가되었을 뿐이다. 이로써 중앙은 재정 조절능력을 갖기 시작했다. 이것이 두 번째 중대한 개혁이었다.

세 번째 중대한 개혁은 국유기업 개혁이었다. 국유기업에서 무엇을 개혁한다는 말인가? 고용 인력을 줄이고 효율을 높이며, 정리해고 직원을 다른 직장으로 보낸다는 것이다. 고용 인력을 줄이고 효율을 높이기 위해, 국유기업 직원 4500만 명을 감원했다. 이른바 '알몸으로 쫓아내기'(裸體下崗)를 한 것이다. 사회보험이나 실업보험은 물론 의료보험도 제공하지 않았다. 아무것도 제공하지 않고, 근무경력(工齡)까지 퇴직금을 주고 말소시켜버렸다. 만약 이런 일이 서구에서도 가능했다면, 위기는 일찌감치 해결되었을 것이다. 이는 세상에서 중국에서만 할 수 있는 일이었고, 그래서 우리는 이 위기를 벗어날 수 있었다. 1990년대는 수많은 지금의 급진개혁파 인사들이 배를 두드리며 노래를 부르던 시절이었다.

그 시대의 개혁을 진지하게 살펴보려면, 그것을 감당해야 했던 이들이 누구인지 보아야 한다. 그러면 일방적으로 찬가를 부를 수는 없다는 것을 알게 된다. 그에 따른 대가를 치러야 했기 때문이다. 나는 그 비용만을 강조하려는 것이 아니다. 그 시대의 새로운 정치도 강조하고, 개혁이 위기에 대응하는 조치였음도 강조하려는 것이다. 확실히 개혁은 큰 효과를 거두었고, 이로써 중국은 위기를 넘어설 수 있었다.

중국은 이전까지 내수 위주였지만, 이때부터 외수를 통해 발전을 이끄는 시기로 접어든다. 외수를 통해 발전을 추구하는 속도가 얼마나 빨랐는가? 1994년 이전에 외수가 차지하는 비중은 40퍼센트 내외였다. 3년 뒤 외수가 차지하는 비중, 즉 중국 경제의 대외의존도를 살펴보면, 수출입이 GDP에서 차지하는 비중이 70퍼센트 이상으로 늘어났고, 가장 높은 해에는 80퍼센트에 육박했다. 이 시점에서 중국은 글로벌화에 진입한 것으로 볼 수 있다. 외수 위주가 되었기 때문이다. 내수는 왜 늘어나지 못했는가? 농민의 부담이 과중해지고 도시 국유기업의 정리해고가 확대되는 상황에서 내수가 생겨날 수 없었다. 다급하게 외수를 겨냥하는 쪽으로 전환해야 했다. 이것이 바로 중국이 이후 글로벌화에 들어서게 된 내부적 요인이다.

결론적으로 1990년대의 외환, 재정 및 세제, 국유기업의 3대 개혁이 1990년대 후반에 중국이 글로벌화의 속도를 높이는 원인이 되었다고 할 수 있다.

21세기: 생산 과잉의 위기 해결에 필요한 향촌사회

중국이 지금 직면한 주요한 모순은 무엇인가? 일찍이 중국은 노동력이 과잉이었다. 그러다가 1990년대에 들어서 생산 과잉이 나타났다. 우리는 1999년에, 중국에 이미 자본주의의 보편적인 내생적 모순, 즉 생산 과잉이 발생했음을 인식했다. 서구에는 생산 과잉이 나타나자 전쟁이 일어났다. 중국의 생산 과잉도 전쟁으로 이어질 것인가? 그렇지는 않다. 그렇다면 어찌해야 하는가? 위대한 동방문명을 가진 우리는 1998년에 그 과잉을 인식한 이후, 1999년부터 서부대개발西部大開發을 시작했다. 서부대개발의 총 투자액은 3조 6000억 위안으로, 그 가운데 2조 4000억 위안이 국채이다. 주룽지 총리 때부터 대규모 국채를 통한 투자가 시작되었고, 평균적으로 2년마다 대전략이 하나씩 나왔다. 1999년의 서부대개발은 3조 6000억 위안이 들어갔고, 2001년의 둥베이東北공업단지 진흥에는 2조 위안이 들어갔다. 주룽지 시대에만 5조 위안 이상을 사용했다.

원자바오溫家寶 정부 때인 2003년에는 2조 위안 이상을 들여서 '중부 굴기崛起 전략'을 시행했다. 2005년에는 신농촌 건설에 5조 위안을 투입했고, 2008년에는 지진 재난 대비 및 복구 사업에 2조 위안, 2009년에는 증시 및 부동산 대책에 4조 위안을 투자했다. 생산 과잉인 중국으로서는 정부가 보이는 손, 즉 국채를 통한 투자를 이용해서 미래의 과잉으로 현재의 과잉을 덮을 수밖에 없었다. 이것이 정부가 지금 실제로 움직이는 상황이다.

이와 관련하여 많은 사람들이 시끄럽게 떠들어대는 일이 한 가지 있다. 국채 투자가 누구에게 주어졌느냐는 것이다. 상당 부분이 국유기업으로 들어갔다. 15조에서 20조 위안에 이르는 금액이 대거 국유기업으로 투자되어 국유기업이 크게 성장할 수 있었다. 이 시기에 국유기업이 전기를 가설하고 도로를 건설하고 고속철도를 놓는 등 대규모의 기초자본 건설을 수행하여, 토지나 부동산의 가치가 전반적으로 상승했다. 예를 들어 중국의 토지 및 부동산은 본래 수십 조 위안의 가치였으나, 지금은 100조 위안으로 상승했고, 실물적 성격 자산의 총규모는 200조 위안에까지 이르렀다. 금융자산은 작년에 128조였다.

그렇다면 200조 위안의 고정자산과 100조 위안의 금융자산을 보유한 이 국가의 경제구조는 합리적인가? 서구에 비해서 훨씬 합리적이다. 서구는 머리에 해당하는 금융자산이 과도하게 크고, 몸에 해당하는 아래쪽의 실물자산은 매우 작아서, 금융 위기가 폭발할 수밖에 없는 구조이다.

우리가 지금 제일 걱정하는 것은 전쟁이다. 서방이 전쟁이라는 수단으로 우리를 대적하지만 않는다면, 그리고 우리가 이렇게 계속해나가도록 내버려두기만 한다면, 중국의 실물자산은 분명 계속 확장될 것이다. 지금 제기되는 성진화城鎭化를 예로 들자면, 3000개의 현縣급 단위가 존재하는데, 각 현에 3개 내외의 중심진中心鎭이 생긴다면 대략 1만 개의 중심진이 기초자본 건설 투자를 필요로 하게 될 것이다. 이는 얼마나 큰 투자 영역인가? 지금 중앙에서는 왜 성진화를 강조하는가? 성진화는 도시화가 아님을 중앙이 일찌감치 강조한 바 있다. 성진화는 현급 지역경제와 관련이 있다. 현급 지역경제는 블루오션이다. 이 블루오션을 개척하는 법을 배워야 한다.

중국의 내륙은 엄청나게 큰 공간이고, 투자할 영역 역시 매우 넓다. 만약 서향전략西向戰略[13]을 시행하면서 아시아 내륙 방향으로의 경쟁을 지속한다면, 장래 20년은 계속 더 고속성장을 할 수 있을 것이다. 린이푸林毅夫는 중국이 20년은 더 고성장을 할 수 있다고 했는데, 이는 내가 일찍이 오랫동안 해온 말이다. 투자할 공간이 아직 많기 때문이다. 우리는 이에 대해 믿음이 있다.

우리가 21세기의 발전 방향을 어떻게 정할 것인지는 쉽지 않은 문제이다. 주류에서는 그것을 금융화와 글로벌화라고 여기지만, 그것은 주류 인사의 생각일 뿐이다. 그것에 비해 나는 좀 별다른 전략적 사고를 하고 있다.

여러분이 이해하기 쉽게 예를 하나 들어보겠다. 2009년의 위기 때 우리는 어떻게 여전히 연착륙을 할 수 있었는가? 중국은 2005년에 신농촌 건설을 실행하여, 95퍼센트 이상의 농촌 마을에 도로와 전기와 수도와 전화와 인터넷이 들어가게 했다. 위기가 폭발해서 연해지역의 수출경제가 파산하자, 중국 정부는 수출에 대한 세금의 13퍼센트를 환급해주던 것에서 농민 소비에 대해 13퍼센트를 할인해주는 것으로 정책을 전환했다. 그리고 농민에 대한 이 정책을 2010

---

13 자원 확보 및 기타 경제와 외교 측면에서 중앙아시아와 중동 등 중국의 서쪽을 중시하는 전략.

년 연말까지 시행하겠다고 밝혔다. 만약 사전에 95퍼센트 이상의 농촌 마을에 도로를 개통하지 않았다면, 어떻게 자동차를 팔 수 있었겠는가? 만약 전기를 가설해주지 않았다면, 어떻게 TV를 팔 수 있었겠는가? 그런데 농촌에 도로를 개통하고 전기를 가설하는 일을 민간자본이 하겠는가? 민간자본에게 맡겨서 일을 처리한다면 이런 일들을 할 리가 없다. 그러면 큰 위기를 만나서 수출 기업이 파산할 처지가 되었을 때, 어떻게 내수로 전환할 수 있겠는가?

왜 중국만이 V형으로 반등할 수 있다고 하는가? 광대한 농촌이 있고 여전히 향촌사회가 존재하고 있기 때문이다. 이번 글로벌 위기 때 그 부담이 중국으로 전가되었는데, 그것을 중국의 향촌사회가 감당해냈다. 여기에는 긍정적인 측면도 있다. 이로 인해 농촌에 대량으로 기초자본 건설 투자가 집중되었기 때문이다. 2005년과 2006년에 중앙이 신농촌 건설을 위해 대규모 투자를 하겠다고 했을 때, 거의 모든 경제학자들이 반대했던 것을 떠올리기 바란다. 역사는 그들이 틀렸음을 증명했다. 그들은 그저 교과서에 의존해서 판단했을 뿐이다.

근래 성진화에 관한 토론 역시 마찬가지이다. 99퍼센트 이상의 경제학자들이 성진화를 잘못된 선택이라고 말한다. 성진화의 기본적 건설이 투입 대비 산출에서 적절한 수익률을 보장할 만한 규모가 되지 못한다는 것이다. 그들은 적어도 인구가 20만 명 이상은 되어야 기초자본 건설의 합리적 규모라고 본다. 성진城鎭 하나가 좀 나은 경우 인구 3만 5000명, 좀 못한 경우는 1만 2000명이니, 어떻게 기초자본 건설 투자를 감당할 수 있겠느냐는 것이다. 그러나 성진화를 하지 않는다면, 이미 심각하게 과잉이 되어 있는 제조업 생산력을 어떻게 소화할 수 있겠는가?

중국의 도농구조는 사람들이 급진적으로 말하는 것처럼 그렇게 심각하게 불합리한 구조가 절대 아니다. 향촌사회는 산업자본 위기 연착륙의 매개체이다. 만약 우리가 너무 이르게, 그리고 너무 빠르게 향촌사회를 파괴한다면, 다시 위기가 발생했을 때 우리는 더 이상 연착륙을 가능하게 해주는 발판을 찾을 수 없을 것이다.

* 2012년 12월 3일, 베이징대학 강연.

'중국의 경험'과 '비교 우위'

서구 근현대 주류 인문사회과학의 핵심을 이루는 사상은 일원론적 철학으로, 이는 서구중심주의의 이면에서 그것의 형성에 결정적인 역할을 해왔다. 중국은 서구의 입장에서 보면 '극동' 지역에 위치해 있어서 식민지로 만드는 데 매우 큰 비용이 들고, 원주민의 인구도 지나치게 많아서 식민 지배자와 그 후예들이 그 자리를 대체할 수 없었다. 따라서 근현대 국가 체제를 세우는 과정에서 자신의 고유한 전통을 지켜내고 사회적 자원을 통합할 수 있는 효과적인 메커니즘을 형성했다. 이런 메커니즘은 중국이 서구의 식민지 사회보다 더욱 빠르고 손쉽게 공업화를 실행할 수 있는 조건이 되었다. 즉 중국이 공업화를 완수하고 경제의 지속적인 성장을 이룰 수 있는 진정한 '비교 우위'의 원천이 되었던 것이다.

이 글에서 내가 취하고 있는 관점은 전적으로 '중국적' 담론의 배경 속에서 나온 것이고, '중국적' 문제의식과 논쟁에 대한 적극적인 관심을 담고 있다. 또한 기존에 '중국적' 발전 및 그것을 둘러싼 환경 문제에 관한 내부 토론에서 적지 않은 영향을 미친 바 있다. 따라서 이런 담론적 배경과 멀리 떨어져 있는 외부 학자 또는 규범적 이론 연구에 종사하는 아카데믹한 학자들은 굳이 관심을 두지 않아도 상관없다.

이른바 '중국의 경험'은 서구에 의해 주도되는 국제사회가 사회경제적 발전 측면에서 이미 받아들이기 시작했지만, 다른 한편으로 서구의 담론체계에 의해 종종 불가피하게 곡해되어왔다. 나는 개혁 이래로 여러 정책의 실험적 연구에 참여해왔고, 또한 영문으로 의사표현을 할 능력이 있는 학자로서 제3세계 내에 갈수록 늘어나는 대안적 형태의 국제 교류에 부응하여 그 '중국의 경험'의 '중국적 특색'이 어떤 것인지 설명해야 할 책임을 스스로 짊어져왔다. 그래서 그동안 다원론적 '세계관'을 구성하려는 노력을 부지불식간에 조금씩 해왔고, 그리하여 서구중심주의의 일원론적 담론체계와는 다르고 논리적인 설명 능력을 갖춘 대안적 사고를 점차 형성하게 되었다. 그러나 매우 보잘것없는 것에 불과하니, 일원론적 담론을 고수하시는 분들은 개의치 말기 바란다.

현대 중국이 실제로 경험한 것[*]

우선 간략하게나마 밝혀둘 점은, 내가 이른바 '중국의 현대 백년'에 대해 서구의 이데올로기와는 다른 분석을 하고 있다는 것이다. 청나라 말엽 이래로 중국은 제국주의 열강에게 잇따라 침략을 당하면서, 오랫동안 주변의 지정학적 환경이 고도로 긴장된 상황에 놓여 있었다. 이런 와중에 중국은 역사적으로 중요한 의의를 갖는 일을 실행에 옮겼다. 네 차례에 걸쳐 큰 대가를 치르면서 본격적으로 공업화를 추구한 것이다. 청나라 말엽에 상군湘軍과 회군淮軍의 득세와 더불어 성장한 지방세력들이 중심이 되어 추진한 '서양의 복제' 식의 양무운동洋務運動, 민국 시기 전쟁 전 잠시 동안의 민족주의 공업화 및 전쟁의 기회를 이용한 국가주의 공업화, 신중국의 국가 공업화를 위한 원시적 축적, 그리고 개혁개방 이래로 산업자본이 형성된 이후의 고속성장이 그것이다. 그리하여 결과적으로 왕조가 어떻게 바뀌었든, 정당이 어떻게 변했든, 중국은 마침내 인구가 1억 명이 넘는 제3세계의 '원주민 국가' 가운데 공업화를 짧은 시간 내에 전면적으로 완수한 유일한 국가가 되었다.[**]

---

[*] 원톄쥔, 「현대 중국 백년, 네 번의 우여곡절」(百年中國, 一波四折), 『우리가 바라는 것은 대체 무엇인가』(我們到底要什麼), 華夏出版社, 2004 참조.
[**] 아시아의 개발도상국 가운데 인구가 1억 명이 넘는 국가는 중국, 인도, 인도네시아, 그리고 방글라데시다. 그중에 중국만이 온전한 구조의 공업체계를 형성했다. 아프리카에는 지금까지 공업화를 이룩한 국가가 하나도 없다. 라틴아메리카 국가 가운데 인구 1억 명이 넘는 국가로서 공업화를 완수한 곳으로 브라질이 있다. 그러나 브라질은 원주민의 비중이 매우 작다.

다음으로 밝혀둘 점은, 자원이 부족하고 인구가 과도하게 많은 대륙형 국가에서 이런 후발형 공업화는 내향형의 원시적 자본 축적을 통해서 이루어질 수밖에 없었다는 것이다. 거기서 가장 핵심적인 메커니즘은, 사회주의라는 명분과 국가자본주의라는 실질의 결합을 통해 중국에 가장 풍부한 자원인 노동력을 집중적으로 동원한 것이다. 그럼으로써 제로에 가까울 정도로 희소한 자본 요소를 성공적으로 대체했으며, 이렇게 동원한 노동력을 정부가 소유자로서 추진하는 국가 공업화에 필수적인 대형의 기초자본 건설에 대규모로 투입했다.

셋째로, 이런 중국적 특색의 공업화 및 내향형의 원시적 자본 축적 과정에서 형성된 기본적 제도들은 식민주의의 대외 확장에 의존해 공업화를 완수한 서구국가의 자유주의적 제도와는 완전히 다르다. 서구국가들은 혁명을 통해 노동력을 집중적으로 동원하여 국가의 기초자본 건설에 투입하는 것이 불가능했다(노예제 시대와 식민지 노예 노동은 예외). 노동력이 분산되어 있는 조건에서, 애초의 개별 작업장 수공업 단계로부터 출발하여, 점차 지역 집중적 '공장제 수공업' 단계로 나아갔고, 그런 뒤에야 기계제 공업 단계에 진입하기 위한 자본을 점진적으로 축적할 수 있었다. 이처럼 완만하게 공업화에 진입한 서구의 원시적 축적의 세 단계는, 1950년대 초에 전쟁의 압력 하에서 국가자본주의적 대공업 건설로 직접 전환한 중국의 급속한 공업화 과정과 비교하면, 양자 모두 자본주의가 창조한 인류 문명에 속한다는 공통점에도 불구하고 매우 큰 이질성을 보인다. 양자가 형성한 경제적 토대에 존재하는 이런 현저한 이질성은 양자의 상부구조를 다르게 만드는 결정적인 작용을 했다.

서구의 경제학 교과서는 요소의 희소성을 시장경제의 '보이지 않는 손'의 효과가 발휘되기 위한 전제 조건으로 본다. 그런데 그때의 희소성은 '상대적'인 희소성이다. 중국의 경우, 1957년에 종주국인 소련이 돌연 투자를 중단했을 때 직면하게 된 가장 큰 어려움은 자본 요소의 '절대적' 부족이었다.* 외자의 투입을 위주로 한 공업화 과정에서 주도적 작용을 해온 자본 요소가 절대적으로 부족해지는 상황이 발생하면, 시장경제에 따라 그 경제적 토대를 건설하고 자유주의적 이념에 따라 그 상부구조를 건설하던 개발도상국은 대개 공업화의 중단에 직면한다.

그런데 문제는 여기서 그치지 않고 더욱 심각해진다. 종주국이 공업화에 투자하는 기간에 그 투자를 받는 국가는 통상적으로 종주국의 요구에 따라 이런 공업화의 경제적 토대에 부합하는 방대한 상부구조를 건설한다. 그러나 일단 이 상부구조와 그 배경을 이루는 이데올로기가 투자를 받은 국가의 주류 담론이 되고 나면, 설령 투자가 중단되거나 또는 불가피하게 경제적 토대를 바꾸어야 할 상황이 객관적으로 도래해도 능동적으로 자기 변혁을 할 수 없게 된다. 심지어는 그 내재적인 이익의 구조가 고착화되어, 경제적 토대를 마땅히 변혁해야 할 방향과 반대쪽으로 바꾸기도 한다. 따라서 대부분

---

* 1970년대에 소련을 '사회 제국주의'로 규정한 마오쩌둥의 논법을 빌려와 소련을 '종주국'이라고 지칭했다.

의 개발도상국에서는 종주국의 자본 철수에 따라 사회적 혼란이 발생할 수도 있고, 심지어 인도주의적 차원에서 감당하기 어려운 재난이 일어날 수도 있다. 이는 유일한 과잉 자원인 노동력을 '비교 우위'로 삼는 일반적인 개발도상국들이 대부분 지금까지 공업화를 완수하지 못한 주요한 원인 가운데 하나이다.

여타 개발도상국들이 모두 풍부한 노동력 자원이라는 비교 우위를 가지고 있다면, 이런 비교 우위는 중국 경제의 고속성장을 설명하는 이유가 되지 못한다. 즉 중국이 가지고 있는 것은 '이런 비교 우위'가 아니다.

한 걸음 더 나아가보자. 종주국이 자본을 철수한 뒤 중국은 '독립자주獨立自主, 자력갱생自力更生, 각고분투艱苦奮鬪, 근검건국勤儉建國'이라는 방침을 앞세우고, 국가민족주의가 사실상 그 본질인 통속화된 계급 투쟁 및 이론상의 영구혁명론을 지속적으로 이데올로기적 동원 수단으로 삼아, 전체 민중이 참여하는 '지방화'(localization)된 공업화 과정을 효과적으로 추진했다. 그리하여 서방국가에 비해 현저하게 짧은 시간을 들여서 공업화를 완수했다. 그것을 가능하게 한 주요 원인은 '전민소유제'를 명분으로 한 차별화된 원시적 자본 축적 방식이었다.

그러나 이 시기에 서구중심주의의 이데올로기에 스며들어 있는 전형적인 논법은, 중국이 개성을 말살하는 전체주의적인 '인해전술'을 구사했다는 것이다. 물론 당대에 공업화의 성과를 향유하여 그저 배부르고 따뜻한 것만을 제일로 추구하거나 또는 '서구화'가 유일한 답이라고 주장하는 중국인들의 경우, 그 서구화 주장이 이미 백년이나 묵은 것이기는 하지만 그렇다고 그들을 크게 비난할 것까지는 없다. 다만 중화민족 전체가 각고의 희생을 바친 시대를 그렇게 암울한 것으로 만들어버린 책임을 그들이 면하기는 어려울 것이다.

우리는 다음과 같은 기본적인 사실을 직시해야 한다. 중국은 1957년에 구소련이 투자를 중단한 후, 제2차 5개년계획의 실시 중단을 공개적으로 선포했다. 소련식의 계획경제를 중단한 것이다. 이로부터 중국은 사실상 스탈린식 모델에 따라 중앙정부가 주도하여 추진하는 대규모 공업화를 더 이상 할 수 없었다. 따라서 1958년부터 지방의 중소형 기업을 위주로 한 지방 공업화를 추진하기 시작했다. 인민공사人民公社를 설립하고 '다섯 가지 소형 공업'(五小工業)[1]을 육성하는 것은 이 새로운 전략의 내용 가운데 하나였다.

당시 지도부 모두가 동의하고 문건으로 공표하여 추진하려고 한 '지방의 적극성 동원' 방침이 제기된 후, 지방정부가 서둘러 성과를 내기 위해 경쟁적으로 노력하자 공업화 경험이 거의 없는 지방 곳곳에서 모두 실적을 부풀리는 현상이 나타났다. 이런 '대약진' 식의 공업 건설은 중앙정부가 구소련의 투자를 받아서 공업화를 추진하는 것보다 경제적으로나 정치적으로 치러야 하는 대가가 훨씬 더 컸다. 그러나 그 대가를 기본적으로 정부가 치러야 하는 것은 아니었다.

1 　중국의 인민공사가 주로 경영한 다섯 가지 소형 공업 및 광업 공장. 소형 강철 공장, 소형 기계 공장, 소형 화학비료 공장, 소형 시멘트 공장, 소형 석탄 광산이 그것이다.

이른바 '비교 우위'에 관한 중국인의 연구에서 아쉬운 점은, 이런 개발주의적 성장 과정에서 초래되는 제도의 비용 및 수익의 심각한 비대칭성에 대해 주목해서 분석하지 않는다는 것이고, 또한 개발도상국의 수많은 민중이 국가 공업화의 제도적 비용을 사실상 부담해왔다는 점을 정책 연구의 기본적인 전제로 삼지 않는다는 것이다. 나는 이론 연구에 발을 들여놓은 이래로 줄곧 원시적 축적의 방식이 결국 제도를 결정하고, 제도의 비용과 수익도 좌우하며, 이후 '개혁'이라는 명의로 진행되는 제도 전환의 경로 의존성까지 결정한다고 여겨왔다.•

중화민국의 기틀을 놓은 쑨원이 창도한 삼민주의三民主義의 '상상'(imagination)은 서구의 담론체계에 근거한 것으로, 이를 통해 민중을 혁명에 참여하도록 이끌어내기 어려워지자 쑨원은 불가피하게 민족주의 및 비밀결사(幫會)를 이용하는 쪽으로 전환할 수밖에 없었다. 제2차 세계대전 이후 형성된 신중국 역시 마찬가지로 애초에는 서구 사회주의의 '상상'에 근거한 것이었지만, 이후 국가의 원시적 자본 축적을 위한 동원의 도구로 전환되었다. 그 와중에 이 '상상'을 명분으로 한 여러 차례의 정치운동이 벌어졌는데, 이는 '종주국'의 단기 투자로 빠르게 스탈린식 모델을 형성한 관료주의에, 혁명전쟁 기간에 '완고한 반혁명 근거지'였다가 변신한 종파주의가 겹쳐져

• 원톄쥔, 『중국 농촌의 기본적 경제제도 연구: 삼농 문제의 세기적 성찰』(中國農村基本經濟制度研究: 三農問題的世紀反思), 中國經濟出版社, 2000.

서 만들어진 중국적 특색의 혼합형 상부구조가 그 원인이었다.[*] 이런 상부구조는 종주국이 자본을 철수한 후 불가피하게 변화될 수밖에 없었던 경제적 토대에는 기본적으로 맞지 않는 것이었다.

중국의 개혁을 어떻게 볼 것인가

1980년대 이후의 개혁은 상부구조가 아무리 혼란스럽게 변화하든 이데올로기가 아무리 큰소리를 내든 상관없이, 본질적으로는 국가 공업화를 위한 원시적 자본 축적 단계에서 형성된 '조합주의'(corporatism)적 정부가 여러 차례의 재정 위기를 겪으면서 제도의 비용을 전가하고, 경제적 가치가 떨어지는 영역에서 점진적으로 퇴장해온 데 따른 결과이다.

정부가 가장 먼저 퇴장한 영역은 농업이다. 이로써 '통일적 경영과 분산 경영을 결합시킨 가족생산청부책임제'(統分結合的家庭聯産承包制)[2]라는 명분 아래, 중국 향촌의 전통적인 '소농경제+향촌공동체 자치'를 추구하는 농촌의 경제적 토대가 형성되었다. 그런데 이

● 서구의 담론이 주도적 지위를 차지하는 지금의 여론 상황에서 이런 정치운동은 '사회적 동란'으로 간주된다.
2 집단 차원의 통일적 농업 경영과 개별 농가 차원의 분산적 농업을 결합하는 방식. 농민들의 생산 의욕을 높이기 위한 방안의 하나로, 집단 소유인 토지의 일부를 개별 농가가 청부하여 자기 책임 하에 생산하는 제도로 도입되었다.

와 동시에 농촌의 상부구조도 독립채산의 권한을 갖는 지방정부가 들어서는 쪽으로 바뀌었다. 따라서 이처럼 강화된 상부구조가 경제적 토대에 부합하지 않는 기본적인 모순으로 인해, 농촌에서 간부와 대중 간의 충돌은 갈수록 복잡해졌다. 그리고 농촌과 공업화된 도시 사이의 이원대립적인 체제 모순과 도농 간의 차별은 갈수록 심각해졌다.*

정부가 농업생산 부문에서 퇴장함으로써 초래된 제도적 비용은―고도로 분산된 9억 농민과의 거래 비용은 지나치게 높을 수밖에 없다―정부 산하의 농업자원, 유통, 금융 등 농업관련 부문에서 부담할 수밖에 없었다. 그러나 이런 부문들에서도 손실이 대거 발생하자, 정부는 한 걸음 더 나아가 이런 농업관련 부문들에서조차 '2차 퇴장'을 했다. 그리고 자연스럽게 1990년대의 구매판매협동조합(供銷合作社)과 신용협동조합(信用社) 등 농업관련 부문의 구조 개편이 이루어졌다.

그러나 현재 독점적으로 유지되는 금융보험 부문과 자원의 직접적인 자본화를 통해 이익을 얻는 대형 국유경제 부문에서는 여전히 초과이윤을 얻고 있어서 정부가 절대로 퇴장하지 않고 있다. 따라서 나는 지식인이 국가자본 쪽에 서 있건 민간자본 쪽에 서 있건 이론적으로 본질적인 차이가 없다고 말한 바 있다.**

● 원톄쥔, 「'삼농 문제': 세기말의 성찰」('三農問題': 世紀末的反思), 『독서』讀書, 1999년 제12기.
●● 원톄쥔, 「개혁에 관한 네 가지 문제」(關于改革的四個問題), 『봉황주간』鳳凰周刊, 2006년 4월.

인류 사회가 필연적으로 자본주의 문명에 진입하게 된다는 마르크스의 역사관과, 자본주의 경제의 주요 모순의 주된 측면이 여전히 자본이라는 변증법적 관점을 받아들인다면, 21세기에 국제 금융자본이 주도하는 글로벌 경쟁의 거센 압력과 도전에서 출발하여 서구의 발전을 뒤쫓는 국가인 중국이 불가피하게 산업자본 단계에서 금융자본 단계로 도약을 추구할 수밖에 없고, 글로벌 자본화 경쟁에 참여하여 패배하지 않도록 능력을 갖춰야만 한다는 점을 수긍할 것이다. 따라서 서구의 다양한 도전에 직면하여 중국이 국내 및 국외에서 모두 강한 비판을 받는, 강력한 국가민족주의를 내포한 중앙집권적 정치를 통해 국가신용을 떠받쳐서 화폐의 신용을 지속적으로 빠르게 확대하는, 국가가 독점하는 '자립적 화폐화' 및 '자립적 자본화' 체제를 만드는 것을 일방적으로 비난할 수는 없다. 구소련과 동유럽 국가의 금융체계가 자유화 정치개혁 과정에서 붕괴해버리고 철저한 대외개방 정책으로 조성된 기회를 틈타서, 심각하게 과잉된 서구의 버블 금융이 수억의 민중이 이전 수십 년 동안 각고의 노력으로 창조해낸 방대한 실물자산을 '자본화'해버린 일을 생각할 때, 단순하게 시시비비를 따지기는 참으로 어렵다.[*]

---

[*]   원톄쥔, 「종이에서 종이로의 순환: 달러화 주도의 국제 금융자본에 대한 재인식」(從紙到紙的循環: 重新認識美元主導的國際金融資本), 「글로벌 경제 위기와 중국의 비효율적 성장의 경향성 문제」(全球經濟危機與中國粗放型增長的趨勢性問題), 『우리가 바라는 것은 대체 무엇인가』(我們到底要什麼), 華夏出版社, 2004.

소련과 동유럽 해체의 이유

1990년대 초에 소련과 동유럽 진영이 해체될 즈음 현지 조사를 한 경험을 회고해보면, 소련과 동유럽 진영 국가의 전반적인 실패를 단순히 '정치 개혁을 우선한' 탓으로 돌리거나, 무식하게 사회주의나 공산주의의 실패라고 여겨서는 안 된다는 것을 알 수 있다. 사실 이는 스탈린주의적 관료주의의 상부구조와 교조주의적 이데올로기가 산업자본 단계의 경제적 토대에 반작용하여 초래한 실패이다.*

이렇게 분석하는 것이 가능하다. 구소련이 주도한 동유럽경제 상호원조회의(COMECON)에 소속된 국가들은 오랫동안 '물물교환 무역' 체제를 유지했고, 그래서 '경제의 화폐화 수준'을 높이기가 어려웠다. 하물며 미국처럼 저비용 금융의 무제한적 확장을 특징으로 하는 가상 경제(fictitious economy)를 실행하는 것은 더욱 불가능했다. 따라서 소련이나 기타 동유럽 국가 모두 화폐화를 통해 적절한 규모의 금융자본을 형성하지 못했고, 국제 금융자본의 제국주의가 주도하는 글로벌 경쟁에 참여할 수도 없었다.

즉 소련과 동유럽의 경우는, 능동적으로 '자립적 화폐화'(self-monetization)의 속도를 높인 중국의 경험과 비교할 때 근본적인 차이가 있음을 알 수 있다. 세계 자본주의 체제에서 1971년 브레턴우즈

---

* 원톄쥔, 「소련 및 동유럽 7개국의 사유화에 대한 관찰과 사고」(蘇東七國私有化的觀察與思考), 『중화공상시보』中華工商時報, 1992년 9월 30일.

체제의 해체 이후, 달러를 중심으로 한 서구의 화폐금융자본이 고삐 풀린 야생마처럼 날뛰던 때, 소련과 동유럽 국가들은 시종 산업자본 단계에 머물러 있으면서 금융자본 단계로 진입하지 못했다.*

따라서 소련과 동유럽 진영 국가들이 자본주의의 국제적 경쟁 와중에 해체된 것은 사실 마르크스주의의 경제법칙에 제대로 부합하는 일이라고 할 수 있다. 이는 구소련을 대표로 하는 전통적인 산업자본 제국주의가 미국을 대표로 하는 현대적인 금융자본 제국주의와의 경쟁에서 패배한 것이다. 또한 인류가 여전히 마르크스가 분석한 '자본주의가 창조한 문명' 안에 있는 한, 무제한적으로 팽창하다가 결국 붕괴할 수밖에 없는 그 운명을 결정하는 것은 외부의 그 어떤 것이 아니라 자본주의 내부의 모순이라는 사실을 입증해주는 사례이기도 하다.

치열한 듯 보이지만 사이비似而非인 논쟁들

이 글에서 제시한 독자적인 시각을 참고하고 그것을 출발점으로 삼는다면, 중국 내에서 벌어진 수많은 치열한 논쟁들이 사실은 사이비라는 점에 주목하게 될 것이다. 서구중심주의가 빚어낸 담론체계

● 체제 전환 28개 국가에 대한 세계은행의 1996년 연구에 따르면, 1995년에 러시아의 화폐화 정도는 여전히 27퍼센트에 머물러 있었다. 같은 시기 중국은 103퍼센트였다. 세계은행, 『2005년도 세계개발보고서』(*World Development Report*) 참조.

를 모방하여 만들어낸, 신학의 통치를 옹호하는 중세의 '일원론'과 본질적으로 다를 바 없는 당대의 모든 가치관과, 이에 근거하여 중국의 '좌파와 우파'에 관해 내린 옳고 그름의 평가는 서로 보완관계를 이루는 것에 지나지 않는다.

예를 들면, 나는 근래에 마오쩌둥을 이른바 '극좌'라고 보는, 사회적으로 이미 익숙하게 일반화된 관점에 대해 문제를 제기한 바 있다. 1950년대 내내 주로 국가자본주의를 대표하여 국가의 공업화를 위한 원시적 자본 축적을 실행해온 마오쩌둥과 그 시대의 여타 지도자들은, 그렇게 하는 것이 일부의 사람들을 희생시키는 일이라는 것을 모두 알고 있었지만 그럼에도 그런 방침을 포기하지 않았다. 그런데 이들을 '좌파'라고 할 수 있는가? 이와 대비하여, 1957년에 국가의 공업화를 위한 원시적 자본 축적을 노동자의 잉여가치를 착취하는 것이라고 비판한 민주주의적 지식인들은 '우파'라고 할 수 있는가? 예컨대 량수밍梁漱溟(1893~1988)[3]에 대한 '아녀자처럼 나약하다'(婦人之仁)는 비판은 어떤가? 덩즈후이鄧子恢(1896~1972)[4]에 대한 '소심한 여인네 같다'(小脚女人)는 비판은 또 어떤가?

그 밖에도 근본적으로 다시 질문해야 할 문제들이 매우 많다.

---

3 중국의 사상가, 사회운동가, 국학대사國學大師. 현대 신유가新儒家 초기의 대표적 인물. 1920~1930년대에 향촌건설운동에 투신했고, 이후 이른바 민주당파民主黨派의 일원으로 중화인민공화국 건국에 참여했다. 1950년대 초반에 농촌 문제를 놓고 마오쩌둥과 대립했다.
4 중국의 혁명가, 농촌 문제 전문가. 국무원 부총리와 당 중앙 농촌공작부장 등을 역임했다. 1950~1960년대 초에 농촌 정책을 놓고 마오쩌둥과 대립했다.

1957년 반우파운동 때의 우파들이 사실은 우파가 아니라면, 중국의 이른바 '구좌파'들도 좌파라고 해서는 곤란하지 않은가? 서구적 담론 배경 속의 '신좌파'나 '자유주의'는 중국의 담론 상황 속에서는 무엇이라고 이름 붙여야 마땅한가? 누구에게 그렇게 이름 붙일 권리가 있는가? 있다면 왜 그런가? 당대에 동아시아 각국과 거의 모든 개발도상국의 사상계와 학계에서 오랫동안 맹목적으로 답습해온 서구중심주의적 개념에 대해 더욱 깊은 성찰을 해야 마땅하지 않은가?[•]

일찍이 20년 전인 1988년 5월에 나는 공개적으로 '위기론'을 발표하고, 신중국 수립 50년 동안 주기적으로 발생한 경제 위기에 대해 거칠게나마 분석을 시도했다. 이는 이전까지 신중국의 이론적 문건에서 거의 찾아볼 수 없는 내용이었다. 당시는 이미 전면적으로 세력을 회복한 관료주의와 종파주의가 국가자본 체제를 통제하는 데 따른 내부 모순이 경제 위기라는 조건 하에서 폭발했지만, 중국의 사상계와 학계가 이를 전혀 직시하지 않고 이데올로기적으로 사회주의적 계획경제 체제의 성격만 강조하고 여전히 '도그마'를 설명하는 데 몰두하던 시기였다. 이어서 1988년 연말에는 18.6퍼센트의 물가지수 상승이 나타났으며, 정부가 이를 조절하는 조치를 취하자 1989년에는 전형적인 '스태그플레이션 위기'와 '정치적 풍파'가

[•] 원톄쥔, 『현대화의 해체』(解構現代化), 廣東人民出版社, 2004.

밀어닥쳤다. 그리고 그 이후 2~3년의 '불황 단계'가 이어졌다.[*]

물론 이전에 나 자신이 독선적이고 단순하게 그랬듯이 이런 문제를, 중국이 구소련보다 먼저 가격제한 해제를 내용으로 하는 시장화 개혁을 시행한 데 따른 제도적 비용 때문이라고 말할 수도 있을 것이다. 그러나 국내외 사상계가 모두 과거에 비해 진보한 현재 시점에서는, 그런 시대의 진보를 반영하여 이렇게 말해야 한다. 즉 상부구조가 어떻게 변했든, 중국이 공업화 단계에 진입한 이후의 제도적 변화는 줄곧 수익과 비용이 대칭을 이루지 않는 특징을 보였다고 해야 한다.[**]

이어서 5년 뒤인 1993년에 나는 1991년에 초안을 잡아두었던 '국가자본의 재분배와 민간자본의 재축적'이라는 글을 공개 발표하여, 중국의 개혁 이전의 경제체제가 기본적으로 '국가자본주의'적 성격에 속하는 것이었다고 주장했다. 그리고 이후 중국의 경제 개혁 이래 주기적으로 발생하는 경제 위기에 관한 분석을 연달아 발표했다. 또한 1996년에는 '국제 금융자본 시스템의 총체적 위기와 중국

---

[*] 당시에 이 부담을 불가피하게 짊어질 수밖에 없었던 국민들의 경우, 위기가 폭발한 후 전가된 인플레이션의 대가를 강제로 받아들일 수밖에 없게 된 것은 불행한 일이었지만, 대담하게 직언을 일삼던 나의 경우는 이것이 오히려 '큰 다행'이었다. 더 이상 전형적일 수 없는 이 '스태그플레이션 위기'의 폭발로 인해, 나에 대한 비판이 잦아들었기 때문이다.

[**] 1957년에 반우파운동을 벌이기 전에 당 중앙은 전 사회적 동원을 통해 '관료주의와 주관주의와 종파주의에 반대'하는 운동을 전개했다. 그러나 이 세 가지 과오적 경향에 대한 대중의 비판이 반우파운동으로 인해 완전히 뒤집히면서, 1958년에 경제 위기가 시작되었다. 그러자 불가피하게 계급투쟁을 이데올로기적 도구로 삼아 다시금 민중을 동원하게 되었다. 이런 역사적 교훈은 지금도 여전히 참고할 만하고 또한 특별히 중시할 만하다.

의 개혁'이라는 글을 발표하여, 글로벌 경제 위기가 중국에 미치는 영향을 검토했다. 이런 거시적 형세에 대한 분석은 당시 연달아 발생한 경제 위기, 특히 1997년에 국제 금융자본이 동아시아를 공격함으로써 초래한 금융 위기를 통해 검증된 바 있다. 비록 이런 글들이 전문적인 분석가들의 글과 비교하면 거칠기는 하겠지만, 후일을 위해 증거로 남겨 보존할 만한 가치는 충분하다고 할 것이다.•

중국 향촌에 대한 실험적 연구

중국은 전형적인 도농이원구조 사회이다. 이원구조 체제 내에서 도시와 농촌 사이의 대립적 성격의 모순은 인구 대비 자원이 넉넉지 않은 조건에서 짧은 기간에 급속도로 공업화를 완수하려다가 초래된 것으로, 장기적으로 중국의 사회경제적 발전을 좌우하는 주요한 체제 모순이 되고 있다.

이런 주요한 체제 모순이 발전을 좌우하는 상황에서 시장경제를 통해 요소가 안배된다면, 결과적으로 농촌의 토지, 노동력, 그리고 자금 등의 요소가 장기간 순유출되는 현상이 나타난다. 공업화와 도시화가 빨라질수록 순유출은 더욱 늘어난다. 따라서 이런 체제 모순

• 이 글들은 모두 원톄쥔, 『우리가 바라는 것은 대체 무엇인가』(我們到底要什麼), 華夏出版社, 2004 참조.

이 존재하는 거의 모든 개발도상국은 '삼농 문제'를 안게 된다.

　나는 20여 년 동안이나 농촌을 조사 연구하는 데 종사한 사람으로서, 서구 담론의 배경 속에서나 성립되는 단순한 농업 문제는 중국과 일본과 한국을 포함한 동아시아 어느 곳에도 애초에 존재하지 않았다고 본다. 우리에게 존재하는 농업 문제란 사실상 농민의 생계, 농촌의 지속가능성, 농업의 안정성으로 요약되는 '삼농 문제'였다. 그래서 1996년에 '삼농 문제를 좌우하는 두 가지 기본 모순'이라는 글을 공개 발표하여, 당시 중국이 한동안 미국 위주의 서구 농업정책의 사상을 답습한 일이 필연적으로 심각한 결과를 초래할 것임을 경고한 바 있다. 근래에는 '중국의 문제는 근본적으로 농민 문제'라는 글을 통해, 한 걸음 더 나아가는 주장을 펼쳤다. 동아시아 국가가 미국에서 수백 헥타르의 토지를 소유한 농장주를 말하는 'farmer'를 겸업이 보편화된 소농경제라는 우리 상황 속의 영세적인 '농민'으로 잘못 번역한다면, 이런 기본적인 개념상의 오류는 필연적으로 이론과 정책 측면에서 심각한 오해로 연결될 것이라고 지적했다.*

　이런 독자적인 조사 연구와 성찰을 바탕으로, 나는 중국 안팎의 사상계에서 뜻을 같이하는 여러 인물들을 규합하여, 수많은 청년 지원자들을 지도하고 육성했다. 사회의 점진적 개량이라는 사상을 구

● 　이 글들은 모두 원톄쥔, 『삼농 문제와 세기적 성찰』(三農問題與世紀反思), 三聯書店出版社, 2006 참조.

현하는, 광범위한 내용의 '신향촌 건설'을 중국 각지에서 실험적으로 시도하기 위해서였다. 수없이 많은 사람들이 여기에 적극 참여했다. 이 사회운동을 중국의 매스컴에서는 1920년대 중국 신유가의 대표 인물인 량수밍과 세계 평민교육의 아버지 옌양추晏陽初(1890~1990)[5], 실업實業을 통한 구국救國을 자신의 임무로 여긴 애국적 기업가 루쭤푸盧作孚(1893~1952)[6] 등이 발기한 '향촌 개혁'(rural reconstruction) 운동의 뒤를 잇는 제2차 '신향촌 건설' 운동이라고 불렀다.*

사실 우리가 이렇게 움직였던 것은, 삼농 문제를 해결하러 가는 길 앞에 '시장의 실패'(market failure)와 '정부의 실패'(government failure)라는 이중의 곤경이 도사리고 있다는 사실을 알았기 때문이다. 우리는 그저 '글로벌 자본화'가 초래하는 급격한 변동의 와중에도 우리가 주장하는 온건한 개량을 통해 중국 향촌이 안정을 유지할 수 있기를 바랄 뿐이었다. 그 향촌은 다름 아니라 대부분의 중국인들이 의존해서 살아가는 곳이기 때문이다.**

---

5 중국의 평민교육자, 향촌건설운동가. 1920~1930년대 향촌개혁운동 과정에서, 평민학교를 세워 농민을 중심으로 하는 민중을 교육시켜 '신민'新民으로 거듭나게 하자고 주장했다. 1949년에 국민당과 함께 타이완으로 건너갔고, 이후 해외에서 주로 활동했다.

6 중국의 기업인, 교육자, 사회활동가. 중국의 근현대 교통운수업의 선구자로, 중국 최대 기업집단 중 하나로 성장한 민생공사民生公司의 창업자이다. 중화인민공화국 건국 이후에도 홍콩과 중국을 잇는 사업을 계속하다가, 1952년 '5반' 운동 때 '불법적 자본가'로 몰려서 자살했으나, 1980년 이후 명예가 회복되었다.

• 이는 권력도 없고 돈도 없는 조건에서, 수많은 학생과 농민의 협력에 의지하여 추진한 독특한 실천 활동이었다. 따라서 중국 안팎 매체들의 광범위한 보도가 이어졌고, 중국 CCTV에서는 우리에게 주류인 '시장파'市場派와 구별하여 '향촌건설파'(鄉建派)라는 별칭을 붙여주기도 했다.

•• 원톄쥔, 「개량 사상, 향촌 건설 그리고 NGO의 조직 비용」(改良思想, 鄉村建設與NGO的組織

중국이 지닌 '비교 우위'의 실체

지난 수십 년 동안 나는 중국 전역을 돌아다니면서 중국 근현대사의 발전 법칙에 대한 나름대로의 분석을 시도했다. 그런 뒤 발걸음을 여타 제3세계 국가들로 향했다. 내부의 제3세계인 중국 향촌에 대해 깊이 있게 연구를 하면 할수록, 외부 제3세계의 문제에 대한 관심이 커졌기 때문이다. 나는 여러 기회를 최대한 이용하여, 중국과 여타 개발도상국을 비교 연구하는 데 몰두했다. 그 과정에서 멕시코와 인도의 게릴라 근거지 및 방글라데시와 브라질의 빈민굴도 여러 차례 방문했고, 쿠바와 북한 등 뜨거운 이슈의 중심에 있는 국가들과 금융 위기 이후의 아르헨티나 등에 대해서도 조사를 실시했다.

중국에서 20년 동안 정책 연구에 종사한 학자의 시각으로 비교하여 관찰하고 종합적으로 분석한 뒤, 거기에 40여 개 국가에 대한 현지 조사 연구를 더하자, 근현대 백년 이래 중국이 서구에서 도입한 대립하는 양대 주류사상, 즉 러시아인이 개조한 사회주의와 미국인이 개조한 자본주의와는 다른 독자적인 사고가 점차 형성되었다.

조사 연구 과정에서 나는 모종의 감성적인 인식을 갖게 되었기

成本), 2001년 7월 10일 베이징에서 홍콩의 NGO인 '중국사회발전연구서비스센터'(中國社會發展研究服務中心)와 '지역공동체 동반자 프로젝트'(社區伙伴計劃)가 개최한 '돈, 생계, 그리고 발전'(金錢, 生計及發展) 좌담회의 발표 원고: 「우리에게는 아직도 향촌 건설이 필요하다」(我們還需要鄉村建設), 원톄쥔(주편), 『신농촌 건설/이론적 탐색』(新農村建設/理論探索), 『신농촌 건설/실천적 제시』(新農村建設/實踐展示), 文津出版社, 2006 참조.

때문에, 강연을 할 때마다 늘 농업 현대화가 규모의 경제에 의존할 수밖에 없다는 주장에 대해 질문을 제기했다. 현재 세계에 존재하는 유수의 대농장 국가 가운데, 식민지를 점령하여 약탈과 학살 및 토지 강탈을 하지 않고서도 대농장 경제와 대규모 플랜테이션 경제를 형성한 국가가 어디 있는가? 지금 학자들의 몽상 속에나 존재하는, 토지의 시장거래를 통해 대규모 농업경제를 형성한 국가는 세상에 또 어디 있는가?

일찍이 뉴욕의 메트로폴리탄 박물관, 파리의 루브르 박물관, 런던의 대영박물관, 멕시코시티의 국가박물관, 로마의 이탈리아 박물관 등에 있는 유명한 문명 유적을 접했을 때, 여러 번이나 만사를 잊고 몰두한 적이 있다. 세계 인류가 몽매한 상태에서 문명으로 진입할 때 걸었던 각각 다른 경로를 비교하고, 그런 상이한 경로가 어떤 변화의 궤적을 그리는지 숙고하느라 그랬던 것이다. 장장 10여 년에 걸친 관찰과 생각을 통해 마침내 나는 모종의 깨달음을 얻었다. 인류의 운명은 어떤 자원으로 구성된 환경 속에 처해 있었는지에 따라 좌우되었기 때문에, 인류가 문명에 진입하는 경로도 애초 어떤 환경 속에 있었는지에 따라 각각 현저한 '이질성'을 띨 수밖에 없다는 것이다. 상이한 생산양식은 필연적으로 상이한 사회정치적 형태를 낳는다. 만약 동아시아의 학자가 지금 이후로 더 이상 마르크스 역사 유물론의 '사회 발전 5단계론'을, 수천 년의 역사를 지닌 고대 마야 문명, 잉카문명, 그리고 고대 중국문명에 대한 설명에까지 교조적으로 무리하게 적용하려 하지 않는다면, 그것은 우리가 적어도 세계관의 측면에서는 마르크스가 일찍이 강조한 '아시아적 양식'에 대해 어느 정도 이해하게 되었음을 의미하는 것이라고 할 수 있다.

어떤 '주의'를 이름으로 내세웠는가와 별개로, 근현대의 담론을 구성할 권력을 장악하고 있고 그 '정치적 정확성'을 겉으로 포장하는 역할을 하는 주류 인문사회과학은 그 지도적 사상이 여전히 서구 중심주의를 내부에서 결정하는 일원론적 철학임을 알 필요가 있다. 이 일원론적 철학은 애초 출발부터 내부에 초기 유럽 지중해 연안의 해적문명의 특징과 중세의 정교일치적 유일신 사상의 통치철학을 내포하고 있었고, 지금도 여전히 의심의 여지없이 글로벌 패권주의를 위해 움직이고 있다.[7]

근대에 식민주의가 전 세계를 휩쓰는 가운데 동방문명은 상대적으로 비주류였고, 거의 주변으로 밀려나거나 또는 스스로 주변화되는 길을 택했다. 유럽에 비해 상대적으로 '극동'에 치우쳐 있어서 식민지화를 완성하기에 비용이 너무 많이 들고, 또한 원주민의 인구도

---

7 원톄쥔, 「글로벌화, 주변화, 파시즘」(全球化, 邊緣化, 法西斯主義), 인도 케랄라Kerala주의 경험에 관한 토론에서의 발언 정리. 2001년 초에 중국·홍콩·필리핀·인도의 경제학, 사회학 및 비교문화를 연구하는 학자와 작가 십여 명이 답사팀을 조직해서 인도의 케랄라주를 방문했다. 그로부터 몇 달 뒤, 케랄라주를 방문한 일부 중국학자들이 모여서 서로 의견을 교환하다가, 논의를 글로벌화와 세계의 파시즘에 대해서까지 확대했다. 당시 토론에 참여해서 발언한 사람으로는 중국사회과학원 사회학연구소의 부소장인 황핑黃平 연구원, 베이징대학 비교문학 및 비교문화연구소 따이진화戴錦華 교수, 홍콩 링난대학嶺南大學 문화연구학과 류젠즈劉健芝 박사 등이 있다. 그 내용은 기록하여 정리한 뒤 각 당사자의 교정을 거쳐서 2001년 여름에 『개혁내참』改革內參, 『천애』天涯, 『독서』讀書 등의 간행물에 발표했다. (『개혁내참』은 1983년에 국무원의 승인으로 설립된 중국 경제체제개혁연구회에서 발간하는 『경제체제개혁참고자료』經濟體制改革參考資料의 바뀐 명칭의 간행물이다. 1993년에 명칭을 바꾸면서 비공개 간행물이 되었다. '내참'內參은 내부 참고자료라는 뜻.)

지나치게 많았기 때문이다. 그러나 그 결과 중국인은 식민화 시대에 서구 열강에게 대규모로 학살되거나 또는 식민 지배자와 그 후예들에게 밀려나는 것을 피할 수 있었다. 또한 근현대 국가를 건설하는 (state building) 두 가지 측면의 노력, 즉 고난의 민족독립전쟁 및 국내 혁명전쟁과 전후 열강의 통제에서 벗어나려는 주권수호투쟁을 통해 강력한 중앙집권적 체제를 건설하는 과정에서, 자신의 수천 년 전통의 관개농업으로 형성한 집단문명을 지켜낼 수 있었고, 동방의 특색을 갖춘 중앙집권적 체제 내부에서 사회적 자원을 통합할 수 있는 다음과 같은 두 가지 효과적인 메커니즘을 만들어낼 수 있었다.

그것은 첫째, 장구한 역사적 유산의 핵심인 집단문화를 통해, '시장경제의 심각한 외부성(externality) 문제를 내부화(internalization)해서 처리'할 수 있는 메커니즘이다. 둘째, 수천 년 이어진 농가경제에 내재하는 '대가를 따지지 않는 노동력을 자본을 대신해서 투입'하는 메커니즘으로서, 갑작스럽게 발생한 극도의 자본 부족 문제를 이를 통해서 완화시킬 수 있었다.

이 두 가지 메커니즘이 작용하는 가운데 중국은 '서구인들이 완전히 식민지로 점령을 해서 설령 독립을 하더라도 여전히 서구인들이 만들어놓은 상부구조를 계승할 수밖에 없는 일반적인 제3세계 국가들'과 비교할 때 훨씬 빠르고 손쉽게 공업화 단계로 진입했다.

그런 점에서 보면, 거시적인 정치경제 체제에서 미시적인 경제 주체 내부의 메커니즘까지 포괄하는 이런 이른바 중국적 특색이야 말로 중국이 공업화를 완수하고 경제의 장기적인 성장을 유지할 수 있었던 '비교 우위'의 진정한 실체이다.

　통상적으로 이상주의적인 특징을 지니고 있게 마련인 학자들의 개별적인 시각으로 볼 때 나는 자본주의가 등장한 이후 글로벌 경쟁으로 인해 비로소 광범위하게 중시되기 시작한 이른바 '비교 우위'에 대해 긍정적인(positive) 측면으로 토론하려는 사람으로는 절대 보이지 않을 것이다.* 그러나 내가 이런 입장을 가지는 데는 명확한 이유가 있다. 설령 중국이 자국의 화폐 주권을 보장받고 금융을 마음대로 움직인다는 전제 하에 '자립적 자본화'를 완성한다고 해도, 세계 금융자본이 이미 심각하게 과잉인 상황에서 21세기의 버블화된 주류의 경쟁에 뛰어든다면, 둥지가 깨져버린 이상 계란이 멀쩡하기를 바라는 것은 어리석은 일이기 때문이다.

　　* 2007년 10월, 푸단대학에서 열린 제4회 개방시대포럼(開放時代論壇)과 제2회 사상사포럼(思想史論壇)에 발표한 글.

● 인간은 '정글의 법칙'에서 벗어나야 비로소 하늘이 준 양심과 지혜를 회복할 수 있다. 나는 스스로 구성한 이런 이론적 설명에 대해 뼈아프게 성찰했으며, 이 글에서 세운 이론적 체계가 하루속히 와해되기를 간절히 바라고 있다.

개혁 이래 대외개방 과정의 변화와 그 내재적 논리

　　중국 근현대사에서 '대외개방'은 장기간 자본이 부족한 상황에서 어떤 정치적 지향의 집권자라도 선택할 수밖에 없었던 전략으로서, 그 시작은 최소한 1860년대의 양무운동洋務運動까지 거슬러 올라간다. 이후 신중국 시대인 1950년대에 소련과 동유럽 국가로부터, 그리고 1970년대에 서방국가로부터 중앙정부 차원에서 부채를 짊어지면서 제조업 설비를 들여왔고, 1980년대 이래로는 지금 사람들이 '개혁개방'이라고 통칭하는, 지방으로의 권한 양도를 통한 외자 도입을 시행함으로써 국가 전반에 거대한 변화가 생겨났다. 비록 개혁개방 이전과 이후로 나뉘지만, 양자는 서로 밀접하게 연관되어 있는 연속적 과정이므로 비교해서 연구해볼 만한 가치가 있다.*

* 원톄쥔, 「현대 중국 백년, 네 번의 우여곡절」(百年中國, 一波四折), 원래는 『독서』讀書 2001년

이 글은 개혁개방 이래 중국의 대외개방 정책의 변화과정과 그 안에 내재한 논리의 변화를 중점적으로 분석한 것이다. 거시경제에 파동을 일으킨 배경을 시간에 따라 네 단계로 나누어본다면, 각각의 시작 시점은 1980년, 1988년, 1994년, 2002년이 될 것이다. 성격을 기준으로 분류를 하자면, 21세기 이전 대외개방의 세 단계는 일반적인 후발국가의 경우와 유사한 형태라고 할 수 있다. 즉 자본이 극도로 부족한 상황에서 외부 자본을 유인하기 위해, 그들이 들어와 이익을 얻는 데 유리하도록 조건을 마련한 임시방편의 성격을 띤다. 새로운 세기에 들어선 이후의 네 번째 단계는 일반적인 후발국가의 경우와 현저하게 다르다. 3대 차별[1]이 심화됨으로써 심각한 내수 부족 현상이 초래되고 산업자본 과잉의 압력이 두드러지게 나타나자, 세계무역기구(WTO)에 가입하는 것을 계기로 중국 내 생산능력 과잉의 압력을 국제시장을 통해 해소하려 한 것이다. 한편 이 시기에는 이미 빌붙어 사는 처지로 전락한 국제 산업자본도 금융 버블의 압력에 밀려서 중국으로 대거 확장해 들어왔다.

제3기에 수록했다가 이후 거시적 문제를 다룬 연구서 『우리가 바라는 것은 대체 무엇인가』(我們到底要什麼), 華夏出版社, 2004에 재수록했다. 필자는 청말의 양무운동을 근현대 중국의 제1차 '대외개방'으로 본다. 그러나 지방세력들이 해외의 설비와 원자재를 대량으로 도입해오고 당시 중국 내의 재정 위기, 외환 위기, 화폐 위기가 서로 맞물려 악영향을 미치면서 국내적 모순이 격화되었다. 결국 중앙은 쇠퇴하고 지방세력들이 굴기함으로써 공업이 각지에 점처럼 분산되는 국면이 전개되었다.

1 공업과 농업의 차별, 도시와 농촌의 차별, 정신노동과 육체노동의 차별을 말한다.

1980년: 미완의 개방, 그리고 적자의 압력에 따른 개혁

개혁개방에 대한 주류학계의 설명

학계에서는 일반적으로 1980년대 이래 중국의 개혁개방을 평가할 때, 중국이 점진적인 방식을 택한 것이라고 간주한다. 린이푸林毅夫 등은 일찍이 중국 개혁의 특징을 '파이 키우기', '증량 개혁'增量改革[2], '실험 후 확대'(試驗推廣)[3], '급진적이지 않은 개혁'이라는 네 가지로 정리한 바 있다.● 21세기 초에 국제 주류사회는 중국의 개혁과 발전에 대한 관심과 판단의 방향을 '중국붕괴론'에서 '중국위협론'으로 전환했다. 그리고 그동안 복잡하게 확대된 서구의 시각을 귀납하여 설명하려는 시도가 나타났다. 예를 들면 미국의 중국 문제 전문가 조슈아 쿠퍼 라모Joshua Cooper Ramo(1965~)[4]는 중국이 개혁 이후 걸었던 발전의 길을 '간고한 노력, 능동적 혁신, 대담한 실험', '국가의 주권과 이익에 대한 결연한 수호', '순차적·점진적 추진, 에너지의 축적'이라는 세 측면으로 귀납하여 '베이징 컨센서스'라고 이름 붙였다. 이후 미국의 서브프라임 모기지Sub-prime mortgage 사태로 인해

---

2 62쪽 역주 참조.

3 시장화 개혁을 일정 지역, 산업, 기업 범위 내에 한정하여 실험한 뒤, 더욱 넓은 범위 또는 전국적 범위로 확대하는 방식을 말한다.

● 린이푸·차이팡蔡昉·리저우李周, 『중국의 기적: 발전전략과 경제개혁』(中國的奇迹: 發展戰略與經濟改革), 三聯書店, 1994.

4 현재 키신저협회(Kissinger Associates Inc.) 상임이사. 가장 젊은 나이에 시사주간지 『타임』의 편집자로 활동했고, 이후 골드만삭스의 고문과 칭화대학 방문교수 등을 역임했다. 2004년에 '베이징 컨센서스'라는 개념을 제기하여 중국 안팎에서 큰 주목을 받았다.

2009년에 세계 경제 위기가 촉발되자, '베이징 컨센서스'의 뒤를 이어 이른바 '중국 모델'이 서구사회의 뜨거운 관심의 대상이 되었다.

　중국의 개혁과 발전에 관한 중국 안팎의 이런 탐구는 분명 어느 정도 참고할 만한 가치가 있다. 그러나 객관적 사실에 대한 견강부회 또는 이익집단에 예속된 이론가들의 궤변으로 표출되는 이데올로기화된 이론을 배제하고,* 1980년대 이래 진퇴유곡의 상황에서 발생한 구체적인 사건들을 진지하게 분석한다면, 아마 그것과는 다른 관점을 갖게 될 것이다.

　일반적으로 볼 때, 정부가 개혁개방과 고속성장의 과정 중에 선보인 수많은 정책들은 결코 '선험'적인 혁신의 결과가 아니었다. 그것은 그저 긴급한 문제에 직면해서, 인식론의 기본적 법칙에 부합하게 대응한 것일 뿐이었다. 즉 당시에 이루려고 했던 조정의 목표는 대부분 매우 현실적이었고 또한 상당히 직접적이었다. 상부구조와 이데올로기와 관련된 수많은 문제 제기도 있었지만, 현실적으로 필요한 조정정책을 방해하는 경우, '쟁론하지 말라'는 지시에 따라 배제되었다.

　중국은 연해지역 중심 경제 발전 전략을 추구함에 따라, 그에 수

---

* 그렇다고 중국 안팎의 수많은 연구자들이 '중국의 경험' 또는 '중국 모델'에 대한 탐구 과정에서 들인 노력을 부정하자는 것은 아니다. 그러나 사실 모든 사람이 이른바 하나의 '중국의 경험' 또는 '중국 모델'을 인정하는 것은 절대 아니다. 그렇지 않다면, 오직 성공한 것처럼 보일 때만 '경험' 또는 '모델'이 제기되고, 개혁의 과정 중에 여러 차례 직면한 위기의 시기에는 예외 없이 모두 '붕괴'나 '실패'를 운운한 것을 설명할 길이 없다.

반된 외향형의 경제 발전 과정을 걸어왔다. 그런데 국가의 거시적 정책 제기의 복잡한 배경에 대해 잘 이해하지 못하는 지금의 학계는 이런 과정에 대한 응용적 연구에서도 여전히 핵심을 포착하지 못하고 격화소양隔靴搔癢의 양상을 보이고 있다.

개혁개방의 국내 경제적 배경과 그 경험적 논리

여기서는 1980년 전후 중국 내의 정치 및 경제적 배경을 사실 그대로 복원하여, 그 논리적 연관을 아래와 같이 정리할 것이다.

1970년대 초반에 마오쩌둥은 중국과 소련 간 국경 분쟁으로 인해 안보의 위협이 가중되자 서방세계와의 외교관계 회복을 주도했다. 그리고 저우언라이가 제기한 '43방안'을 받아들여서, 43억 달러 상당의 서구 플랜트 설비를 도입하여 중국 공업의 구조조정을 실시했다. 이는 1950년대에 소련과 동유럽을 향해 제1차 개방을 한 이후, 그것을 이어서 시행한 신중국의 '제2차 대외개방'이었다. 그런데 그 과정에서 1차 때와 마찬가지로 대규모로 도입한 사업과 그와 관련된 값비싼 서비스로 말미암아,* 이내 '제1차 5개년계획'이 완수되었을 때와 유사한 문제가 나타났다. 재생산을 확대할 수 있는 국

---

* 저우언라이가 제기한 '43방안'의 실시 상황은 통계를 통해 확인된다. 중국이 1960년대 중후반부터 1970년대까지 지불 연기 및 중국은행의 외화예금을 이용하는 등의 방식으로, 대규모로 도입한 기계 설비의 가치는 42.4억 달러에 이른다. 수치의 출처는 스린石林, 『당대 중국의 대외 경제협력』(當代中國的對外經濟合作), 中國社會科學出版社, 1989, 320쪽. 추이신젠崔新健, 『중국의 30년간의 외자 이용』(中國利用外資三十年), 中國財政經濟出版社, 2008에서 재인용.

가의 투자능력이 심각하게 부족해진 것이다. 1974년 이후로는 재정 적자가 연속해서 100억 위안을 넘어섰다.[*] 당시는 재정의 총규모가 800억 위안에 못 미치던 때였다. 그리하여 도시의 과잉된 적령기 노동력을 대규모로 몰아내는 제3차 '상산하향'上山下鄉 운동이 일어났다. 도시 위기의 거대한 부담을 '삼농'으로 전가했던 것이다.

1970년대 말에 외자를 도입한 것은, 1970년대 초반 마오쩌둥이 주도한 개방 전략의 연속이었다. 1978년에 중국은 화궈펑과 덩샤오핑 등 지도자들의 집단적 결정을 통해, 이전보다 훨씬 대담한 새로운 대외개방을 시작했다. 서방국가의 경제 위기를 틈타 구미와 일본에서 기계 설비를 도입하여 국가 공업의 구조조정을 지속한 것이다. 1978년에만 외국과 22개 대형 사업을 계약했는데, 그 금액이 78억 달러에 달했다. 그 가운데 20여억 달러의 계약은 1978년의 마지막 열흘 사이에 이루어졌다. 그 밖에 50억 달러 상당의 협력 사업도 추진했으나, 최종적으로 계약이 성사되지는 못했다.[**] 당시의 실제 상황을 놓고 보면, 중국은 외자 도입 계약에서 즉시 지급이 가능한 현물환(spot exchange) 지급 방식을 약속했으나, 도입한 외자의 규모가 너무 커져서 현물환 방식의 지급이 곤란해지자 결국 중앙의 승인을 얻어서 중국은행으로 하여금 외자 현물환 75억 달러를 차용하게 하

● 원톄쥔, 「신중국의 세 차례 대외개방의 수익과 비용」(新中國三次對外開放的收益和成本), 『우리가 바라는 것은 대체 무엇인가』(我們到底要什麽), 華夏出版社, 2004, 77쪽.
●● 리정화李正華, 「1978년 국무원 무허회의 연구」(1978年國務院務虛會研究), 『당대 중국사 연구』當代中國史研究, 2010년 제2기.

여 22개 사업의 시행을 뒷받침했다.

이 외자 도입 규모는 한때 계획했던 외자 도입 총규모인 500억 달러에 비하면 한참 모자란 것이었지만, 그럼에도 실행되는 순간 외환 지불능력과 국내 재정의 감당 능력에 심각한 문제를 야기했다. 1978년 말에는 너무 빠른 국내 투자로 인해 국민경제의 혼란이 나타나기 시작했다. 그래서 1978년 말에 중국공산당 11기 3중전회에서 '정비(治理)·정돈整頓·개혁改革·제고提高'라는 긴축 방침이 제기되었다. 경제 과열의 분위기는 1980년까지 줄곧 이어졌다. 그 이전 2년 동안 누적된 재정 적자는 이 시점에서 이미 300억 위안을 넘어섰다. 1978년은 중국의 재정 수입이 1132억 위안에 불과하던 때이다. (이 단계에는 재정 지출이 지나치게 늘어났다. 도입한 사업과 설비를 가동하는 데뿐만 아니라, 농산물 수매 가격을 올리는 것과 도시와 농촌의 주거를 개선하는 일 등의 복지부문에도 지출이 크게 늘어난 것이 그 원인이었다.) 이런 심각한 적자의 위기에 직면하여, 1980년과 1981년에는 재정 적자를 줄이기 위해 기초자본 건설에 대한 투자를 축소했으나, 그러자 거시경제가 과열에서 갑자기 불황으로 급전직하했다.

재정 위기의 압력에 따른 대외무역 개혁

개혁개방 이전에 발생한 재정 위기 상황에서, 지식청년을 상산하향시키는 방식으로 농촌에 위기를 전가하는 것이 상대적으로 효과적인 '연착륙'의 방안임이 경험을 통해 드러났다. (일반적으로 후발국가들은 모두 향촌사회에 위기를 전가한다.) 그러나 이는 농민에게 막대한 희생을 치르게 하는 일이었다. 1980년대에 폭발한 적자의 위기가 1950년대에 최초로 소련과 동유럽 국가를 향해 대외개방을 해서 초래한 1960년과 1968년 두 차례의 재정 위기 및 그것이 유발한 1960년대의 전면적 조정의 경험과 비교하여 가장 크게 다른 점은, 마오쩌둥이 죽고 없다는 것이었다. 마오쩌둥이 부재한 상황에서 '양약진'洋躍進[5]이라고 불리는 70년대 후반의 외자 도입으로 인해 재정의 구성과 외환 지불에 문제가 생겨서 재정 적자 및 외환 적자가 발생하자, 이는 곧 위기로 이어졌다. 그러나 농촌에서 가족생산청부제(家庭聯産承包制) 개혁을 실시하게 됨으로써,[*] 정치가들은 더 이상 농촌의 집단화를 이용하여 부담을 농촌으로 전가할 수 없었다. 그래서 불가피하게 재정과 대외무역 등 도시 경제체제에서 개혁을 진행하게 되었다.

1978년 9월, 국무원 무허회의(務虛會)[6]에서 리셴녠李先念은 '가급

---

5 문화대혁명이 끝난 후 1970년대 말에 국외에서 설비와 기술을 대규모로 도입하여 경제의 고속 성장을 꾀한 조치. 감당할 능력을 고려하지 않은 채 대규모로 설비와 기술을 도입했다고 하여, 1950년대의 대약진에 견주어 '양약진'이라 부른다.

* 필자는 다른 글에서, 1978년 이후 농촌에 대한 정부의 정책이 비록 부담을 줄이고 원기를 회복시키는(休養生息) 쪽으로 바뀌었다고 하지만, 전국적인 범위에서 전면적 청부생산제(大包干)의 일률적 시행은 사실상 정부가 재정 적자의 압력에 따라 농업에서 '퇴장'하는 것으로서, '짐 보따리를 내던지는' 식의 제도 변화를 의미한다고 지적한 바 있다. 둥샤오단董筱丹·원톄쥔, 「거시경제 파동과 농촌의 '통치 위기'」(宏觀經濟波動與農村'治理危機'),『관리세계』管理世界, 2008년 제9기.

6 '무허회의'(務虛會)란 '무실회의'(務實會)에 대비되는 개념으로, 중국에서 각급 정당, 정부기관, 군대 및 각 사업단위의 의사결정을 담당하는 간부들이 정치·사상·정책·이론 등 각 방면으로 향후의 방침을 정하기 위해 조직하는 토론이다. 대개 새해 초반이나 어떤 사업의 시작 전에 목표와 방향을 정하기 위해 개최하며, 그와 반대로 어떤 사업이나 단계의 마무리를 위해 개최하는 회의는 '무실회의'라고 한다.

적 보상무역(compensatory trade)[7]을 최대한 늘려서, 관련 사업부문에 대한 국내 투자의 부담을 줄여야 한다'고 말한 바 있다. 그리고 덩샤오핑은 9월 16일에 '마오쩌둥 사상의 기치를 높이 들고, 실사구시의 원칙을 견지하자'(高擧毛澤東思想旗幟, 堅持實事求是的原則)라는 연설에서, 그동안 외자 이용을 가로막아온 '차관 도입'과 '합자 경영'이라는 두 금지영역을 사실상 개방해버렸다. 중외합자中外合資 방식을 통한다면 위험도 공동으로 부담할 수 있고 원금을 상환하거나 이자를 물어야 할 필요도 없어서, 중국이 상환능력의 부족과 자금조성능력의 부족으로 외자 이용에 한계를 보였던 것을 해결할 수 있었기 때문이다. 같은 해 12월 15일에 중국의 대외무역부 부장[8]인 리창李强은 홍콩에서 세계를 향해 외국정부의 차관과 외국기업의 중국 투자라는 두 가지 금지영역을 해제한다고 선포했다. 국제무역에서 일반적으로 통용되는 행위는 기본적으로 모두 해도 좋다는 선언이었다.

지방분권을 통한 대외개방으로 발생하는 비용, 그리고 그것의 '체제 내 전가'

이 개혁은 분명 중국 경제의 축적과 건설의 속도를 높였다. 그러나 개혁의 또 다른 측면은 제도의 비용이 발생한다는 것이었다. 금지영역을 해제하게 되면, 중앙정부가 재정을 통해 책임져온 국가 채무가 지방정부와 기업들의 외자 이용으로 인해 현저하게 증가할 수

---

7 외국에서 원자재나 기계 또는 설비를 수입했을 때, 그것으로 생산한 생산물을 수입품에 대한 보증으로서 그 나라에 수출함으로써 그 원자재나 기계 또는 설비의 수입대금을 지불하는 방식.
8 한국의 장관에 해당하는 직책.

밖에 없었다. 당시는 아직까지 '중앙정부가 단일 재정을 통합적으로 관리하는' 체제였기 때문에, 적시에 문제점을 제대로 파악하고 책임과 권리와 이익의 소재를 명확하게 가리기가 어려웠다. 도대체 정부의 어떤 층위, 어떤 부문, 어떤 지도자에게 국가가 책임지는 부채의 대폭 증가에 대한 책임을 물어야 할지 판단할 수 없었던 것이다.

중앙과 지방정부 사이에 내재하는 이런 책임과 권리와 이익의 불명확함으로 인해, 지방에서 생겨난 채무는 결국 중앙정부가 최종적으로 책임을 질 수밖에 없었다. 이는 전국의 연해지역에서 경쟁적으로 개발구開發區를 만드는 열풍이 불었던 것의 무시할 수 없는 배경이었다. (1979~1980년에 중앙의 승인으로 선전深圳, 주하이珠海, 산터우汕頭, 샤먼廈門 등 4개의 경제특구가 문을 열었고, 1984년과 1985년에는 한 걸음 더 나아가 상하이上海, 톈진天津, 다롄大連, 칭다오青島, 광저우廣州 등 14개 연해 항구도시가 개방되었으며, 창장長江 삼각주, 주장珠江 삼각주, 그리고 민난閩南 지역의 샤장취안廈漳泉[9] 삼각지구도 연해 경제개방구가 되었다.)

중국 대외개방의 내용과 발전과정만을 놓고 보면, 중앙집중적인 통합적 단일재정 체제 하에서 책임과 권리와 이익의 소재를 명확히 구분하지 않은 채로 '국제무역에서 일반적으로 통용되는 행위는 기본적으로 모두 해도 좋다'는 식으로 대외경제 및 무역 영역에서의 금지영역을 '해제'한 것은 그로써 초래되는 비용을 전가할 방식을 부득불 체제 내에서 찾아야 하는 결과로 이어졌다. 그러나 집단경제

---

9 샤먼廈門과 장저우漳州와 취안저우泉州.

가 해체된 이후 국가는 과도하게 높은 부채의 부담을 삼농에 직접적으로 전가하기 어렵게 되었고, 따라서 불가피하게 도시의 체제 내에서 '경착륙'을 촉발하는 내생적 개혁을 할 수밖에 없었다. 그렇게 보면 여론이나 학계에서 말하는 '개방이 개혁에 우선하고 개방이 개혁을 이끈다'라는 주장도, 우리가 겪은 객관적인 경험을 반영한다는 점에서는 어느 정도 일리가 있는 것이라고 할 수 있다.

개혁의 배경에 대한 보충 설명: 20세기 후반의 국제적 산업 이전

구체적인 동력의 메커니즘이라는 측면에서 볼 때 20세기 후반 서구산업의 해외 이전은, 선진국 제조업 자본의 범람효과(spillover effects)[10]로 인해 요소의 가격이 상승하자 자국의 제조업을 외국으로 이전시킨 결과라고 할 수 있다. 그 구체적인 과정은 다음과 같다.

1940년대 중반에 제2차 세계대전이 종결되고 냉전이 시작되자, 미국과 구소련의 지정학적 전략 재편이 본질인 쌍두마차식의 제1차 산업 이전이 일어났다. 미국은 유럽과 일본으로, 소련은 동유럽과 중국으로 이전을 했다.

1960년대 이래로, 산업자본의 부흥에 따라 필연적으로 생겨날 수밖에 없는 노동과 자본 간의 모순이 끊임없이 격화되고 사회운동과 과학기술 발전이라는 두 가지 조건의 영향 하에서 선진국의 사회적 지출과 노동력 비용이 끊임없이 상승하자, 선진국이 주도하는 세

---

10 어떤 요소의 생산활동이 다른 영역으로까지 파급되어 영향을 미치는 현상.

계적인 범위의 제2차 산업구조조정이 일어났다. 그 특징은 선진국이 노동집약형 산업을 개발도상국으로 이전하고 자신은 기술집약형 및 자본과 기술 이중집약형 산업을 발전시키는 데 치중하여, 산업구조의 고도화를 실현하는 것이었다.

미국과 소련이라는 양대 초강대국이 주도하는 1960~1970년대의 냉전 시기에 서방 진영에 속해 있으면서 이데올로기나 제도적인 측면에서의 마찰이 거의 없던, 냉전의 최전선에 처해 있던 국가/지역들이 이런 산업 이전의 우선적인 대상이 되었다. 타이완과 싱가포르 및 홍콩처럼 유교문명권에 속해 있던 지역은 일본의 산업 이전을 받아들여, 이른바 '수출지향형' 전략을 실행했다. 그 중점은 노동집약형 가공산업을 발전시켜 단기간 내에 경제 성장을 이룩하는 것이었다. 결과적으로 '아시아의 네 마리 용'이 만들어졌다. (한국은 그 이전에 이미 미국의 산업 이전을 받아들여 비교적 완결적인 산업구조를 형성한 바 있다.)

그러나 '네 마리 용'은 영역이 협소하고 면적에 한계가 있었기 때문에, 국제산업 이전을 받아들인 자본의 '범람효과'가 발생하자, 그 국내 자원요소도 급속하게 가격이 상승하게 되었다. 그러자 단기적인 수익을 노린 자본은 이익을 확보하기 위해 '네 마리 용' 주변의 토지와 자원과 노동력 요소 가격이 가장 낮은 국가와 지역으로 다시 흘러나갔다. 그리하여 중국과 아시아의 '네 마리 호랑이'[11]가 짧은 시간 내에 급속한 경제 성장을 이루게 되었다.

---

11 태국, 말레이시아, 인도네시아, 필리핀을 지칭한다.

중국은 1972년에 서방과 외교관계를 회복했고, 같은 시기에 제2차 '대외개방'을 시작했다. 서구의 설비를 대량으로 도입하여, 중공업으로 편중된 국가 산업구조를 조정하고자 한 것이다. 1980년대에 주장 삼각주 지역의 '삼래일보'三來一補[12] 형태의 무역 방식이나, 창장 인근 중화학공업 도시의 구조조정은 바로 이런 국제적 배경에서 나온 것이었다.*

---

12 중국에서 개혁개방 초기에 실험적으로 도입한 위탁가공 무역방식. 삼래三來란 원재료가공 방식(來料加工), 샘플제공 방식(來樣加工), 녹다운 방식(來件裝配)을 뜻하고, 일보一補는 보상무역補償貿易을 의미한다.

* 1970년대 초에 마오쩌둥은 20년 이내에는 세계대전이 일어나지 않으리라는 중국 군사지도자들의 판단을 받아들여서 구미 국가 및 일본과 외교관계를 회복했고, 국가의 공업화가 상대적으로 집중되어 있는 연해의 주요 공업도시로 서구의 자본을 솔선해서 도입했다. 1970년대 중후반에는 국제 정세가 제3세계 국가가 산업의 이전을 받아들이는 데 유리한 방향으로 발전했고, 이와 동시에 중국 동남부 연해지역의 긴장된 상황도 어느 정도 완화되었다. 그래서 본래 경제적 기초가 상대적으로 취약했던 광둥廣東 지역이 중앙정부의 정책적인 지원을 바탕으로, 홍콩과 마카오에 인접해 있다는 지리적 이점까지 살려서 급속하게 중국 내외의 자원을 집중하여 홍콩과 마카오 지역 중심의 노동집약형 산업자본의 이전을 받아들였고, 그에 상응하는 외발형 산업구조를 점차 형성했다. 이로써 광둥은 중국 전체에서 손꼽는 대규모 경제를 자랑하는 성省으로 신속하게 발전하여, 지방정부가 주도하는 신중국의 '제3차 대외개방'의 서막을 열었다. 이보다 앞서 시행된 신중국의 두 차례의 대외개방은 1950년대와 1970년대의 원시적 자본 축적과 제1차 산업구조조정을 가리키는 것으로, 두 경우 모두 국가의 명의로 진행되었다. 서로 다른 점이 있다면, 1950년대에 도입한 것은 소련의 자본이고, 1970년대에 서방국가를 향해 개방하여 도입한 것은 구미 국가와 일본의 자본이라는 것이다. 원톄쥔, 「신중국의 세 차례 대외개방의 수익과 비용」(新中國三次對外開放的收益和成本), 『우리가 바라는 것은 대체 무엇인가』(我們到底要什麼), 華夏出版社, 2004; 원톄쥔 등, 『주장 삼각주 분석: 광둥성의 산업구조와 발전전략의 조정 연구』(解讀珠三角: 廣東省産業結構和發展戰略調整研究), 中國農業科學技術出版社, 2010 참조.

1988년: 도시의 이익집단이 주도하는 '원재료도 국외에서, 판매도 국외에서'[13] 모델

수많은 학자들이 연해지역 중심 경제 발전 전략의 개념과 함의에 대해 오랜 토론을 해왔다. 그러나 만약 그것이 등장하게 된 배경을 분석의 틀에 포함시킨다면, 앞에서 서술한 '적자의 압력에 따른 개혁개방'이라는 논리는 여전히 유효하게 받아들여질 것이다. 1988년의 대외개방 전략 또한 여전히 외환의 압력과 국내 경제 위기를 완화시키려는 정책적 수단으로 수립된 것이었다.

1984~1985년에 설립된 14개 경제특구와 3개 연해 경제개방구는 중국의 경제 성장에 탑재된 강력한 엔진이었다. 그러나 이전에 여러 차례 외자를 도입했을 때와 마찬가지로, 무거운 외환 지급 압력이 이에 수반되었다. 다른 한편으로 중앙과 지방의 관계는 도시와 농촌의 관계, 공업과 농업의 관계, 연해와 내륙의 관계가 겹쳐져서 더욱 복잡해졌다. 1985년에 도시 경제 개혁의 첫 움직임이 일어나자 국가 공업화를 위한 원시적 자본 축적 단계에 이미 형성되어 이익의 구조를 자기 내부에 고착화시킨 도시의 이익집단은 이후 중국의 개혁개방 정책이 제정되는 와중에 갈수록 더 주도적인 역할을 했다. 중앙이 1988년에 내놓은 연해지역 중심 경제 발전 전략 또한 이들이

---

13 원재료 대부분을 국외에서 수입하고, 생산된 제품 대부분을 다시 국외로 수출하여 판매하는 방식(兩頭在外, 大進大出).

직접적으로 추동한 것이었다.

바꾸어 말하면 연해지역 중심 경제 발전 전략은 국가의 종합적 부채에 대한 상환 책임을 떠맡게 된 중앙정부가 불가피하게 내놓은 것이었다. 즉 1970년대 말에 서구의 설비를 도입하기 위해 끌어들인 대규모 부채로 인한 압력, 그리고 1980년대 초에 지방의 투자와 수입이 급증함에 따라 형성된 대외 채무의 압력을 완화시키기 위한 대응적 성격의 정책이었다.

연해지역 중심 경제 발전전략이 제기된 배경: 외채의 압력

1984~1989년에 중국은 경제가 고속으로 성장하지만, 6년 동안 연속해서 무역수지 적자를 경험한다. 통일적으로 외화를 결제하는 외환관리 체제에서 이는 중앙정부에 총계 1581.5억 위안의 외환 적자가 쌓이는 것을 의미했다. 이 수치는 1987년의 수출 총액보다도 많은 것이었다. 수입품 가운데는 거시경제의 형세와 투자의 열의와 밀접한 관련이 있다고 볼 수 있는 철강의 수입이 상당히 큰 비중을 차지했다. 1985년에 중국의 철강 수출 총액은 5185만 달러였고, 수입 총액은 62억 7523만 달러에 달했다. 당시의 환율을 1달러당 2.9366위안으로 계산하면, 당시 철강 수입액은 중국 수입액 전체의 14.7퍼센트를 차지했다.

이는 본래도 많지 않던 중국의 외환보유액을 급격히 감소시켰다. 그러다가 1981년에 중국 경제가 급제동을 하자, 설비의 수입 수요가 사라져서 1982년에는 외환보유고가 다시 69.86억 달러로 늘어났다.

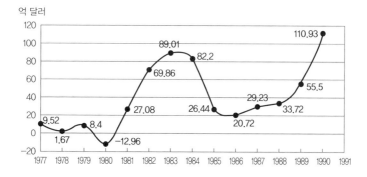

억 달러

표 1_ 1977~1990년 중국 외환 보유 변화 추세 (자료 출처: 국가외환관리국)

1981년에 비해 42.78억 달러나 증가한 수치였다. 그러나 대외개방은 불과 1년 만에 국가의 외환보유고를 다시금 바닥나게 만들었다. 1984년에 외환보유고는 82억 달러에 달했지만, 1985년에는 순식간에 26.4억 달러로 줄어들었다. 그리고 1989년까지 줄곧 40억 달러 밑을 맴돌았다. 외채 채무율은 1985년에 60퍼센트에 이르렀는데, 1988년에는 거의 90퍼센트까지 상승했다. 이는 수출을 해서 1달러를 벌어들일 때마다 거의 90센트를 외채를 갚는 데 써야 함을 의미했다.* 1980년에 국무원 부총리였던 구무谷牧는 국제적인 기준으로 볼 때 수출액의 20~25퍼센트 정도를 부채 상환에 쓰는 것이 적절하다고 말한 바 있다.

● 채무율은 수출액 대비 외채 잔액의 비율을 말한다. 채무국이 외환보유고가 없거나 또는 외환 보유를 고려하지 않을 때, 이는 외채의 부담과 위험을 가늠하는 주요 지표가 된다.

표 2_ 1985~2007년 중국 외채 채무율(퍼센트) (자료 출처: 국가외환관리국)

이는 본래 '경화'(hard currency)가 가지고 있는 양면성이라고 할 수 있다. 자본이 극도로 결핍된 시대에 공업화를 앞당기려면, 재정이 계속 적자이고 설비도 낙후된 상황에서 국가가 할 수 있는 일은 외자의 도입밖에 없다. 그런데 그에 수반해서 대외 채무가 상승하고 외환보유액이 하락하는 등의 변화가 생기는 것은 필연이고, 따라서 국가의 재정 압력과 외채 압력도 심해진다.

연해지역 중심 경제 발전전략의 제기

1980년대 말부터 '원재료도 국외에서, 판매도 국외에서'(兩頭在外, 大進大出)라는 구호는 중국 정부의 연해지역 발전을 장려하는 외향형 경제와 수출을 통해 외화를 벌어들이는 정책을 상징하는 대명사가 되었다. 그것이 제기된 과정은 다음과 같다.

1987년 3월, 제6기 전국인민대표대회 제5차 회의에서 다음의 방침이 정식으로 제기되었다. "경제특구와 연해 개방도시 및 개방지구가 점진적으로 외향형 경제를 형성하게 한다." 같은 해에 개최된 중국공산당 13대에서는 한 걸음 더 나아가서, '경제특구와 개방도시 및 개방지구는 외향형 경제를 발전시키는 데 주력해야 한다'는 방침이 확정되었다. 1987년 11월에는 국무원 총리이자 중국공산당 총서기 서리인 자오쯔양趙紫陽이 장쑤江蘇, 저장浙江, 상하이上海 등지를 시찰하는 자리에서 이렇게 말했다. "연해지역은 시기적으로나 지리적으로 이점을 가지고 있는데, 거기에 내륙의 자원까지 뒷받침되니, 외향형의 경제를 발전시키기에 완전히 적격이다. 국제시장으로 진출하고 국제시장의 경쟁에 참여하며 대외무역을 발전시키는 것을 통해 경제를 발전시킨다면, 연해지역의 발전을 촉진하는 데서 그치는 것이 아니라 국내시장을 내륙지역에 양보함으로써 내륙지역의 발전까지 가속화할 수 있을 것이다."[*] 이는 이듬해 2월 6일에 중앙정치국 제4차 회의에서 정식으로 제기된 '연해지역 중심 발전전략'의 핵심을 이루는 발상이라고 할 수 있다.

이 연해지역 중심 발전전략을 조직적으로 실행에 옮기기 위해, 국무원은 1988년 3월 4일에 상하이에서 '연해지역 대외개방 회의'를 열어서 전략 실행을 위한 구체적인 안배를 했다. 이 회의에서는 이렇게 방침을 정했다. "연해지역 중심 경제 발전전략의 실시에서

---

[*] 톈지윈田紀雲, 『개혁개방의 위대한 실천: 개혁개방 30주년을 기념하여』(改革開放的偉大實踐: 紀念改革開放三十周年), 新華出版社, 2009 참조.

관건은 수출을 통해 외화를 벌어들이는 것이다. 원재료도 국외에서, 판매도 국외에서. 수입도 늘리고 수출도 늘리며, 수출을 통해 수입을 확대하고, 수입을 통해 수출을 성장시켜, 수입과 수출을 서로 결합시킨다." 회의에서는 또한 전략의 구체적 실시를 위한 여러 가지 배치를 시행했다.•

앞에서 서술한 외환보유고의 부족이라는 배경과 연관해서 생각해보면, 중앙정부가 연해지역 중심 경제 발전전략을 실시하여 외향형 경제 발전을 추동할 때 무슨 이유로 계속해서 '관건은 수출을 통해 외화를 벌어들이는 것이다. 원재료도 국외에서 판매도 국외에서, 수입도 늘리고 수출도 늘리며, 수출을 통해 수입을 확대하고, 수입을 통해 수출을 성장시켜, 수입과 수출을 서로 결합시킨다'라고 강조했는지를 이해할 수 있다.

'해외로 진출'(走出去) 정책 배후의 이익집단 간 모순

그러나 '원재료도 국외에서, 판매도 국외에서'라는 이 연해지역의 중요한 대외개방 전략에서 핵심적인 역할을 담당할 책임은, 이제 갓 출범하여 자본의 원시적 축적을 거의 완수하지 못한 연해지역의 향진기업鄕鎭企業[14]에게 맡겨졌다. 1987년 11월에 자오쯔양은 연해지

• 톈지윈의 회고에 따르면, 1988년 1월에 자오쯔양이 덩샤오핑에게 '연해지역경제 발전의 전략 문제에 관하여'라는 보고서를 보냈고, 1월 23일에 덩샤오핑이 이에 대해 '완전히 찬성한다. 특히 속도를 높여서 대담하게 시행하고, 절대 기회를 놓치지 말아야 한다'라고 의견을 표명했다고 한다. 톈지윈, 위의 책 참조.

역 중심 경제 발전전략을 제기할 때, 연해지역이 노동력 자원의 풍부함과 향진기업 체제의 유연성이 갖는 장점을 충분히 발휘하여 '원재료도 국외에서, 판매도 국외에서'라는 형태의 노동집약형 산업을 적극 발전시킬 것을 요구했다. 그는 향진기업이 '국제 경쟁에 참여할 능력이 되므로, 분명 새로운 단계로 진입해서 외향형 경제의 대열에 들어서게 될 것'이라고 보았다. 같은 해 12월에 중국공산당 중앙 공작회의에서는 한 걸음 더 나아가서, 장래 중국의 연해지역에는 향진기업이 주요한 형태가 될 것이고, 저임금의 염가 노동력에 의존해서 생산한 노동집약형 생산품이 국제시장에 수출될 것이라고 강조했다. 그리고 1988년 1월에 중국공산당 중앙은 위와 같은 의견을 정식 공문으로 당 전체에 하달했다.[●]

물론 수많은 이론가들은 이런 발상이 현실에 부합하지 않는다고 여겼다. 향진기업이 현실적으로 일련의 어려움을 겪고 있었기 때문이다. 그들의 반론에 따르면 대부분의 향진기업들은 노동집약형 저가상품을 생산하는 수준에 머물러 있었고, 기술과 장비는 모두 낙후했으며, 해외무역 업무에 대해 거의 문외한이나 다름없었다. 게다가 매도측 시장과 국내의 물가가 끊임없이 상승하는 상황에서 향진기업에는 외향형 발전을 지향할 동력이 부족했다는 것이다.[●●]

---

14   개혁개방 이후 각 지역의 특색에 맞게 육성된 소규모 농촌기업. 향鄕과 진鎭의 주민들이 공동으로 경영하고 이윤을 배분하는 집단소유제 기업이다.
●   장쑤성 지방지편찬위원회江蘇省地方志編纂委員會, 『장쑤성지─향진공업지』江蘇省志─鄕鎭工業志, 江蘇古籍出版社, 1996 참조.

사실 이렇게 뻔히 보여서 누구나 아는 현실적 문제를 정책 결정자들 역시 모르는 것이 아니었다. 그러나 그럼에도 이렇게 행동한 것은, 그 이면에 더욱 현실적인 고려가 있었기 때문이다. 즉 당시 물가 개혁의 실패로 심각한 인플레이션이 유발되고 사회 전반에 사재기 열풍***이 부는 가운데, 연해와 내륙 그리고 향진기업과 국영기업이 원재료와 시장을 놓고 다투는 문제를 해결해야 한다는 것이 이유였다. 그런 점에서 연해지역의 향진기업을 향해 '원재료도 국외에서, 판매도 국외에서'라는 발전전략을 제기한 것은, 도농이원구조 속에서 도시의 이익집단으로 발전하려고 하는 국가 산업자본의 욕망을 보호하려는 의도였다고도 할 수 있다.

정책의 이런 내재적인 배경은 1958년에 도농이원구조 체제가 정

●● 양페이신楊培新, 「국제적 대순환 문제에 관한 논쟁」(關于國際大循環問題的爭論), 『옌타이대학학보』烟台大學學報(철학사회과학판), 1988년 제2기; 량구이취안梁桂全, 「'국가의 상황에 맞지 않는 '국제적 대순환' 구상」(不合國情的 '國際大循環' 構想), 『학술연구』學術研究, 1988년 제4기; 옌취안밍閆全明, 「국제경제의 대순환 이론에 관한 몇 가지 논의」(關于國際經濟大循環理論的幾點商榷), 『광저우대외무역학원학보』廣州對外貿易學院學報, 1988년 제4기; 민젠수閔建蜀, 「'국제적 대순환' 이론에 대한 나의 견해」(國際大循環理論之我見), 『경제관리』經濟管理, 1988년 제7기; 차이원샹蔡文祥, 「국제적 대순환을 말한다」(也談國際大循環), 『대외경제무역대학학보』對外經濟貿易大學學報, 1989년 제3기.

●●● 1988년에 고성장 국면이 전개되고, 권력과 결탁해 폭리를 취하는 이른바 '관다오'官倒 기업들의 매점매석 행위가 자행되는 가운데, '가격 제한의 해제'(價格闖關)가 이루어지자 사회적으로 사재기 열풍이 불어서 물가지수 상승률이 18.5퍼센트에 이르렀을 뿐 아니라, 사람들이 예금을 인출하기 위해 은행으로 쇄도하는 사태가 벌어졌다. 정부가 다급하게 예금 금리를 올렸지만, 그러자 국가의 금융부문이 물가상승률보다 낮은 금리를 재정으로 전가하게 됨으로써 약 500억 위안의 적자가 발생했다. 이 때문에 1990년대에 중앙의 권한을 전면적으로 지방정부에 이양하는 동시에 짐 보따리를 내던지는 일련의 개혁을 시행하게 되었다. 둥샤오단·원톄쥔, 「거시경제 파동과 농촌의 '통치 위기'」(宏觀經濟波動與農村 '治理危機'), 『관리세계』, 2008년 제9기.

식으로 확립된 이후 계속해서 존재해왔다.[15] 그런데 이번의 경우 정책의 최종적인 내용을 놓고 보면, 도시 공업부문이 자신의 기득권적 이익을 지키는 쪽으로 정책을 움직였고, 따라서 기존의 '인민공사 생산대대 기업'(社隊企業)에서 이름을 바꾼 '향진기업'은 '배제'를 당하게 된 것이다. 즉 이른바 '연해와 내륙이 원재료와 시장을 놓고 다툰다'는 것은, 도시의 이익집단이 정책 변혁을 주도하기 위한 구실일 뿐이었다. 외향형의 연해지역 중심 경제 및 국가발전전략에 관한 토론에서 나온 이런저런 문제들은 분명 적극적으로 되돌아볼 필요가 있다. 그러나 어떻게 보든, 이는 결국 중앙정부가 외채의 부담을 상이한 경제 주체 사이의 재분배를 통해 전가하는 전략을 처음으로 제기한 것이고, 비국유기업의 외향형 경제 발전이라는 중국적 특색의 길이 열렸음을 국가 정책적 차원에서 역사적으로 선포한 것이다.

1989년에 들어서 도시와 농촌 간의 제도적 차별을 구현하는 정책적 조정과 거시경제 위기의 영향으로, 향진기업은 이전 몇 년 동안 지속했던 고성장을 마감하고 고통스러운 전환과 분화의 단계에 진입했다. 연해지역의 상당수 향진기업은 지방의 대외무역 부문이나 외국의 투자기업과 공동경영(合營)을 하는 방식을 통해 외향형의 발전을 추구하는 쪽으로 전환을 했고, 수출을 통해 외화를 벌어들이는 주요 역량으로 점차 변모해갔다. 그러나 내륙지역의 향진기업은

---

15 1958년 1월 9일에 '중화인민공화국 호구등기조례'(中華人民共和國戶口登記條例)가 공포된 것을 기점으로, 중국에는 도시와 농촌 사이의 자유로운 인구 이동을 제한하는(사실상 농촌에서 도시로의 인구 유입을 제한하는) 도농이원구조 체제가 확립된 것으로 볼 수 있다.

대부분 쇠락하는 처지가 되었다. 중국대륙에서 1980년대 중반부터 내수를 주요한 원동력으로 하여 구가했던 '황금의 경제 성장'이 이로써 일단락을 고하게 된 것이다.

1994년: 외환 적자 상황에서의 환율 조정

'3대 적자'의 압력에 따른 진일보한 대외개방

1840년 아편전쟁부터 2008년까지로 시간을 한정할 때, 중국의 대외무역에서 마지막으로 심각한 무역수지 적자가 초래된 것은 중앙정부가 3대 적자(재정·외환·금융)에 대한 책임을 떠안으면서 위기가 폭발한 1993년의 경우이다. 중앙정부는 1988~1991년의 거시경제 위기에서 빠져나오기 위해 1992년에 토지와 선물과 주식이라는 3대 자본시장을 개방했고, 이것이 중국의 개혁 이래의 제2차 인클로저 운동과 토지 개발 붐을 일으켰다.[*] 그리하여 1993~1994년에는 1978~1979년의 경제 과열 단계보다 더욱 심각한 재정 위기와 외환 위기가 나타났고, 1988년의 물가 제한 해제 때보다 더욱 심각한 인플레이션이 폭발했다. 그리고 유례가 없는 금융시스템의 신용 위기가 발생했다.[**]

---

[*] 양솨이楊帥·원톄쥔, 「거시경제의 파동, 재정 및 세수 체제의 변천과 세 번의 인클로저 운동」(宏觀經濟波動, 財稅體制變遷與三次圈地運動), 『관리세계』, 2010년 제4기.

[**] 이 재정 위기와 금융 위기의 발생 메커니즘과 대응 조치 등에 관련된 자세한 상황은 이후 다른

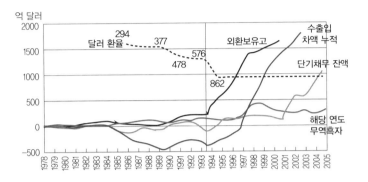

억 달러

표 3_ 1994년 중국 외환체제 개혁의 배경 (자료 출처: 중국통계연감)

1993년에 중국의 GDP는 전년 대비 14퍼센트 성장했다. 고정 자산 투자의 증가율은 61.8퍼센트에 달했다. 이는 수입 수요의 급증을 불러와서, 1993년 한 해에만 700억 위안의 무역 적자가 발생했다. 가장 전형적인 기본 투자품목인 철강의 수출입을 예로 들면, 1991년에 중국의 철강 수입량은 356만 톤이었고 1992년에는 699만 톤으로 증가했다. 그런데 1993년에는 수입량이 2999만 톤으로 급증하여, 수입액이 39.15억 달러에 달했다. 그해 총수입액의 10.5퍼센트를 차지하는 수치였다. 그러나 수출은 반대로 점차 하락하여, 1991~1993년에 수출량이 각각 214만 톤, 191만 톤, 98만 톤이었고, 수출액은 각각 7.29억 달러, 6.65억 달러, 4.47억 달러였다.●●●

글에서 분석할 예정이다.
●●● 앞뒤의 수치를 통해서 1993년에 철강의 순수입이 35억 달러에 달했고, 이것이 그해 무역수지 적자의 30퍼센트를 차지했음을 알 수 있다.

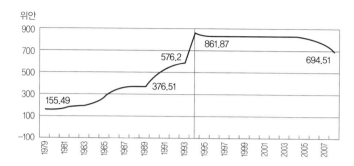

위안

표 4_ 1979년 이래 중국 외환 환율 변화(100달러당 위안화) (자료 출처: 중국통계연감)

갑작스레 증가한 무역수지 적자는 중국의 외환보유고와 외환 지불체계에 심각한 문제를 야기했다. 1993년 말에 중국의 외환보유액은 211.99억 달러였는데, 그해의 단기채무 잔액 135.46억 달러를 제외하면 76.53억 달러밖에 남지 않는 셈이었다. 이는 그해의 무역수지 적자 122.2억 달러를 감당하기에도 부족한 규모였다. 게다가 1980년대가 남긴 누적 무역수지 적자(1993년의 누적 무역수지 적자는 384.6억 달러)와 823.91억 달러의 장기채무까지 있었으니! 이런 상황은 중국에 심각한 외환 적자와 외환보유고 위기가 도래했음을 의미하는 것으로, 조정이 반드시 필요한 국면이었다.

1993년의 무역수지 적자에 종지부를 찍을 수 있었던 것은, 중앙정부가 1988~1991년의 거시경제 위기로 인해 1992년에 국경지역과 창장 인근 및 내륙과 변경 지역의 일부 도시를 추가로 개방할 것을 결정하는 정책적 기초를 놓았기 때문이다. 그러나 더욱 직접적인 원인은 외환 적자의 압력에 따라 1994년 1월 1일에 내놓은 '단일환율제'(滙率并軌: unification of exchange rates)라는 이름의 외환체제 개혁이었다. 이로써 중국은 달러화에 대한 위안화의 명목환율을 한 번에 57퍼센트나 떨어뜨렸다.

'이중적 과잉 상황에서의 악순환'이 초래한 대외의존도 상승

위안화의 환율을 단번에 대폭 떨어뜨림으로써, 중국 내에서 위안화로 가치가 표시되는 에너지, 자원, 환경, 노동력 등 각종 요소들의 국제시장에서의 가치 역시 크게 떨어졌다. 이는 자본이 전 세계적으로 유동하는 상황에서, 요소의 거대한 블랙홀이 만들어진 것이나 다름없는 양상으로 나타났다. 1989년의 정치적 풍파로 서방세계의 제재를 받은 이후 중국 기업들은 국제시장에서 이른바 경쟁의 우위를 전혀 갖추지 못했는데, 갑자기 이런 원가의 우위를 점하게 되자 불과 몇 년 사이에 중국의 대외무역에 중대한 변화가 생겨났다. 1994년 그해에, 경제 과열의 상황에 처한 중국의 무역수지가 적자에서 흑자로 돌아섰다.

1997년에 동아시아 금융 위기가 발생했을 때, 당시 중국의 대외무역을 관할한 고위층의 말에 따르면, 중국에서는 수출 수요가 경제 성장을 이미 3퍼센트 이상씩 초과로 이끌고 있었다.* 통계수치를 보면, 1997년에 수출의 경제 성장에 대한 실질적인 기여도는 4.1퍼센트였다. 그런데 이것이 1998년에는 1.3퍼센트로 하락했다. 이는 바꾸어 말하자면 중국 내에서 3대 차별의 시정을 위한 전략적 조정을 실시하지 않은 상황에서 만약 국제시장으로만 향해 있는 방향을 전환하지 않는다면, 중국 국내의 수요와 공급은 금방 심각한 불균형의 상태에 빠지게 되리라는 것을 의미했다.

1998년에 중국의 수출 수요가 갑작스레 하락하자, 학계 인사들 가운데 일부는 공급이 수요를 못 따라가던 것에서 공급이 수요를 초과하는 것으로 향하는 중대한 전환이 중국에 일어났다고 주장했다. 비교적 일찍부터, 중국이 생산능력 과잉의 단계에 진입했다고 주장한 경제학자가 마훙馬洪과 린이푸林毅夫이다. 1998년에 마훙은 어떤 보고에서, 중국에 이미 공급 과잉 상태가 발생했다고 주장했다. 1999년에는 린이푸가 어떤 소규모 토론에서 발언을 통해 이렇게 지적했다. "인구 대국인 중국은 '노동력 과잉'으로 인해 임금이 낮아지고 구매력도 부족하게 되어, 필연적으로 '생산 과잉'이 생겨난다. 이것이 다시 노동 수입의 증가를 가로막아서, '이중적 과잉 상황에서의 악순환'이 일어나게 된다."

1998년을 기점으로 그 이전 10년을 돌이켜볼 때, 사람들의 얼굴빛을 변하게 만드는 단어를 하나 꼽는다면 아마 '인플레이션'이 될 것이다. 이 기간에는 두 차례에 걸쳐 심각한 인플레이션이 발생한

● 1998년 초의 정책 토론에서, 당시 대외경제와 무역을 관할하던 리란칭李嵐淸 부총리가 장쩌민江澤民 총서기에게 한 보고를 인용한 바 있다. 이 보고에서는 '1997년에 중국의 대외무역이 GDP의 3퍼센트를 넘는 공헌을 했지만, 동아시아 금융 위기의 영향으로 이것이 1998년에 1퍼센트에도 못 미치는 수치로 하락할 것이다. 따라서 중앙정부는 서둘러 내수를 확대하고 수출에 대한 과도한 의존을 바로잡는 대대적인 정책의 조정을 시행해야 한다'고 언급했다. 이 보고에는 장쩌민 총서기가 의견 표시를 했고, 1997년에 막 거시적 조정을 완수하고 '연착륙' 실현을 선포한 주룽지 총리가 이를 기섬으로 움직여서 대규모 국채 투자를 위주로 한 1998년과 이후 몇 년 동안의 적극적인 재정정책을 만들어냈다. 이로써 정책 담당자들이 '7상8하'(7~8퍼센트)라고 부르는 경제성장률이 유지되었다.

바 있다. 그런데 1998년 이후 5년의 시간 동안, 중국 거시경제의 추세를 표현해주는 단어는 어느덧 일반인들로서는 도저히 이해하기 어려운 '디플레이션'으로 바뀌었다.

중국은 개방이 개혁을 촉진한 것으로부터 시작해서 20년도 안 되는 시간 동안, 산업자본의 확장 단계에서 요구되는 시장의 구조조정을 완수했다. 그러나 대단히 중요한 이 경제구조의 변화로 인해, 그에 상응하는 경제 위기의 구조에도 변화가 생겨났다. 즉 중국 경제는 외부경제 파동의 영향을 더욱 직접적으로 받게 되었고, 이 '수입형 위기'가 새로운 위기의 형태로 자리 잡게 되었다.

21세기: 국제경제의 새로운 순환 속의 대외개방

전 세계 산업자본의 새로운 배치

21세기에 들어선 이후 중국의 대외개방 형태는 1990년대 이래의 글로벌 산업 이전이라는 배경과 밀접한 연관이 있다. 이 글로벌 산업 이전은 한편으로는 서방국가가 500여 년 전에 세계를 대상으로 식민지를 확장할 때부터 고수해온 글로벌 지정학에 따른 새로운 전략적 배치의 산물이고,* 다른 한편으로는 2002년 이래로 전 세계에

---

* 예를 들면 중화학공업 영역에서 선진국은 시장의 수용능력이 이미 포화상태에 이르렀고, 이윤율도 지속적으로 하락하는 추세이다. 그러나 동아시아 지역의 경우 세계 제조업에서 차지하는 신흥 공업국의 지위가 빠르게 상승하면서 중화학공업의 이윤율 또한 끊임없이 상승하여, 일부 업종은 심지

서 새롭게 버블화가 심해지고 원가가 상승함에 따라 실물경제 부문이 산업 가치사슬(industrial value chain)[16]을 모색하게 됨으로써 일어난 글로벌 산업 재배치의 결과이다.

1990년대 초에 소련과 동유럽이 해체되고 세계가 포스트냉전 및 금융자본이 주도하는 글로벌 경쟁 시대에 접어들면서, 일극 헤게모니를 장악한 금융제국이 이익을 얻는 방식에도 본질적인 변화가 생겨났다. 자본의 유입을 통해 자본시장이 상승하면 할수록, 가상 경제 영역에서 유동성을 통해 이익을 추구하는 금융자본은 더욱 산업자본에서 이탈하게 되었다.

예를 들면 미국은 1973~1985년에 금융부문의 이윤이 국내 기업 이윤의 16퍼센트를 넘은 적이 없다. 그런데 1986년에 이 수치가 19퍼센트에 이르더니, 1990년대에는 21~30퍼센트 사이를 움직였다. 전쟁 이후의 역사상 최고 수준을 넘어선 것이다. 최근 10년 동안

어 이윤율이 공업 분야의 최고 수준을 차지하고 있다. 국제 중화학공업 기업과 중국 기업의 경쟁적 협력(Co-competition)은 이 신흥시장을 차지하려는 중요한 시도인 셈이다. 일본과 한국과 타이완의 중화학공업은 보호무역이라는 조건에서 발전했고, 그들이 목표로 하는 시장은 그들보다 낙후된 수준의 수출지향형 산업을 위주로 하고 있다. 그들은 자신의 앞선 공업을 통해 지난 20년 동안, 인접한 중국대륙이 경공업 중심의 발전을 해온 데 따른 과실을 충분히 가져갔다. 그러나 전체적인 역량을 놓고 보면, 그들은 세계에서 '2류 선수'(일본의 자동차는 제외)이다. 진정한 '1류 선수'는 구미의 중화학공업 기업이다. 지금 구미의 이 500대 기업이 대대적으로 중국에 들어오고 있다. 그들은 중국 기업과의 경쟁적 협력을 통해, 요소 가격이 상대적으로 높은 일본과 한국과 타이완의 동종 생산품을 수입 대체의 방식으로 밀어낼 것이다.

16 기업에서 가치를 창출하는 본원적 활동(primary activities)과 그것을 지원하는 보조적 활동(support activities) 간의 상호작용을 체계적으로 살펴서 기업의 경쟁 우위를 파악하는 분석 방법.

은 41퍼센트까지 도달했다.* 미국 상무부 경제분석국(U.S. Bureau of Economic Analysis)이 발표한 분석에 따르면, 1996년에 미국의 제조업 증가 대비 금융업과 보험업의 증가 비율은 43.9퍼센트였다. 이것이 2001년에는 51.9퍼센트가 되었고, 2006년에는 다시 70.6퍼센트로 상승했다.** 미국의 대형 제조업 기업이 주로 이윤을 벌어들이는 곳은 미국 내의 가공제조 부문이 아니고, 실물산업의 수직 또는 수평적인 사슬에서도 아니다. 그들은 주로 미국 밖이나 산하의 금융자산 운영 부문을 통해 금융자본 수익의 형태로 이윤을 벌어들인다.***

국내의 금융자본이 주도하는 이런 산업구조 조정은 다국적기업이 대외적으로 추진하는 산업 이전의 직접적인 동력이 된다. 버블화된 금융이 상승기에 매집하고 하락기에 투매하는 식의 모험으로 수익을 거두는 행위는, 진입과 퇴출의 비용 때문에 내부적으로 안정성

● 사이먼 존슨Simon Johnson, 「소리 없는 쿠데타」(The Quiet Coup), 『대서양』(The Atlantic), 2009년 5월. 사이먼 존슨은 MIT 슬론 경영대학원의 교수이고, 2007~2008년에 IMF 수석 경제학자를 역임했다.

●● 리신궁李新功, 「달러 패권, 금융 발전의 격차, 화폐시스템의 문제로 인한 중미 간 경제적 불균형과 그 조정」(美元覇權, 金融發展差異與貨幣體系錯配下中美經濟失衡及調整), 『현대경제탐구』(現代經濟探討), 2009년 제9기.

●●● 예를 들어 2009년에 정식으로 파산을 선포한 미국의 제너럴모터스(GM)는 금융자본의 수익에 과도하게 의존했던 대표적인 경우이다. "2005년 7월에 제너럴모터스는 산하의 금융자회사가 보유한 550억 달러 상당의 자동차대출 채권을 뱅크 오브 아메리카Bank of America에 매각하기로 결정했다. 이는 제너럴모터스가 증권의 단기적 투기 및 금융파생상품의 운영으로 더욱 치우치면서, 자동차를 제작하는 본연의 사업에서 점점 더 멀어질 것임을 예시한다. 2006년에 제너럴모터스가 벌어들인 이익 가운데 대부분은 산하의 금융자회사가 벌어들인 29억 달러였다. 2007년에 신용 위기의 진흙탕에 빠져버린 제너럴모터스는 387억 달러의 손해를 입었다. 그리고 2009년에 결국 파산을 신청했다. (자료 출처: 「자동차 기업의 이윤은 어디서 오는가?」(車企的利潤來自哪个環節?), 『중국자동차신문』(中國汽車報), 2009년 8월 28일.

이 요구되는 실물경제에 대해 분명한 일종의 '구축효과'(crowding out effects)로 작용한다. 원유나 금속 등의 생산요소는 버블화된 금융자본이 가격 책정을 주도하는데, 실물 요소의 투입에 의존하는 제조업은 이로 인해 보편적으로 원가 상승의 압력에 직면할 수밖에 없다.

이 시기의 산업 재배치는 1970년대의 글로벌 산업 재배치와는 달랐다. 이전의 경우에 선진국에서 이윤율이 비교적 낮은 전통적 산업부문이 우선적으로 개발도상국에 이전되었다면, 이 시기의 새로운 산업 재배치 과정에서 선진국으로부터 이전된 것은 현대의 제조업 가운데 주로 가공제조 '부문'이었다. 즉 산업 전반이 이전된 것은 아니었다.

산업의 종류를 놓고 보면, 선진국은 자국에서 이미 경쟁의 우위를 상실한 노동집약형 산업을 계속해서 개발도상국에 이전하는 동시에, 자본집약형과 자본 및 기술 이중집약형 산업도 개발도상국으로 이전하기 시작했다. 산업 이전의 중점이 본래의 원재료 공업에서 가공공업으로, 그리고 제조업에서 서비스업으로 옮겨진 것이다. 고급신기술 산업, 금융보험업, 무역서비스업과 자본집약형인 강철, 자동차, 석유화학 등 중화학공업은 갈수록 더 국제적 산업이전의 중점 영역이 되었다.

그러나 산업 가치사슬의 이윤 분포를 보면, 이 새로운 시기의 산업 이전 역시 연구부문은 선진국에 그대로 두고, 생산부문은 시장에 가까운 곳으로 옮기는 전략적 조정임을 알 수 있다. 후발국가의 시장을 선진국의 자본 및 기술과 바꿈으로써 자국의 공업화를 가속화하는 거래이자, 선진국과 후발국가 각자의 상호선택의 과정인 것이다.

중국의 대외개방 메커니즘의 변화

새로운 국제 산업자본 이전 과정에서 대량으로 옮겨진 자본집약형 또는 기술 및 자본 이중집약형 산업은 자본의 규모나 외부 융자 비용 그리고 효율 등의 측면에서 요구 조건이 비교적 까다롭고, 따라서 주재국의 금융 발전에 대한 요구나 의존도 비교적 클 수밖에 없다.

이런 산업이 대외 이전되기 시작했을 때, 중국은 산업구조가 상대적으로 온전하게 갖추어져 있고 기초시설도 비교적 잘 구비된 국가였다. 또한 동아시아의 금융 위기가 폭발한 이후 아시아 지역에서 금융시장이 가장 안정된 국가이기도 했다. 따라서 미국의 산업이 중국으로 이전되었을 뿐 아니라, 아시아 여타 국가의 산업도 중국으로 이전되었다. 중국이 점차 세계 산업 이전의 주요한 수용자가 된 것이다.[*]

이런 요소들이 종합적으로 작용하여, 21세기를 전후한 시점에 중국의 대외경제와 무역 관계에서의 동력은, 국내 생산능력의 과잉에 따른 원심력 위주에서 외부의 수요에 따른 구심력 위주로 바뀌었다. 같은 시기에 주로 연해지역에 집중된 '외향형' 경제의 내용에도 변화가 생겨났다. 전통적인 가공제조업 생산 위주에, 이윤이 주로

---

* 리신궁. 앞의 글.

지역화된 산업 내부에서 분배되던 일반적 무역에서, 비록 생산품이 업그레이드되기는 했지만 브랜드나 판매 이윤이 주로 외국에 남는 신흥 산업과, 원재료와 시장이 '모두 외국에 있는'(兩頭在外) 고급신기술 영역의 가공무역으로 변화했다.

그래서 한편으로 '미소곡선'微笑曲線[17]이 국내 기업의 이윤과 노동수입을 억누르는 메커니즘이 국내에 점차 보편화되었고, 다른 한편으로 원재료와 생산품의 가격결정권과 관련 제도의 제정권이 '모두 외국에 있어서' 사실상 국내의 제도 및 이와 관련된 이론의 변화가 제약되는 상황이 벌어졌다. 후자는 사실 더욱 심각한 문제이다.

수입과 수출이 연동된다는 점을 생각한다면 이번 대외개방 메커니즘의 변화는, 중국이 아직 산업자본 단계에 놓여 있어서 개방경제라는 조건에서 외부 금융자본의 위기(1997년에 국제 핫머니가 동아시아를 공격해서 발생한 금융 위기)가 초래한 '수입형 경제 위기'의 폭발에 긴급하게 대응해야 했던 1998년에 시작된 것으로 볼 수 있다.

1998년 이전의 중국은 산업구조 조정이 실질적으로 산업자본의 확대를 촉진하는 단계였다. 경제의 대외의존도가 그리 높지 않았고, 대외개방이 주로 국내 산업자본의 확대를 위한 것이었으며, 국내외

---

17 타이완의 컴퓨터 업체 에이서Acer의 회장 스전룽施振榮(Stan Shih, 스탠 스)이, 공급 사슬을 따라 발생하는 부가가치의 곡선이 U자형을 띠는 것을 보고 '미소곡선'이라 이름 붙이고, 타이완의 산업이 높은 부가가치를 얻기 위해 추구해야 할 중장기 전략적 방향으로 강조했다. 가로축을 순서대로 보면 각각 'R&D', '부품 생산', '조립', '판매 및 마케팅', 'A/S'인데, 양쪽 끝으로 갈수록 부가가치가 높아진다.

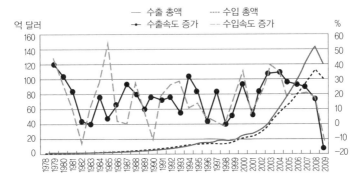

표 5_ 1978년 이래 중국의 대외무역 형세의 변화

의 두 가지 자원과 두 가지 시장이 서로 대체성이 매우 큰 관계에 있었다. '수입이 늘면 수출이 줄고', '수출이 늘면 수입이 주는' 식으로, 수입속도 증가와 수출속도 증가라는 두 곡선이 거의 상반되게 움직이는 시기였다.* 이는 서방국가에서 산업의 대외 이전과 동시에 가상적 금융자본의 확장이 일어나던 단계에, 수입이 장기적으로 수출보다 많아지고 무역수지 적자와 자본수지 흑자가 동시에 늘어나던 것과는 완전히 달랐다.

　그러나 1998년 이후로 중국에서도 수입과 수출의 증감이 거의

---

* 표 5를 통해서, 수입속도 증가와 국내 거시경제의 활기 사이에 상관성이 매우 높음을 알 수 있다. 예컨대 1984~1985년과 1992~1993년에 두 차례의 산업자본 확대가 유발한 거시경제의 고조는 모두 수입의 대폭 증가를 야기했고, 같은 시기에 수출은 감소했다. 수출의 변화는 인센티브 정책에 비교적 민감하게 반응한다. 예를 들면 1987년과 1994년에 국가의 대외무역정책 조정에 따라 수출이 급속도로 증가하는 현상이 나타났다.

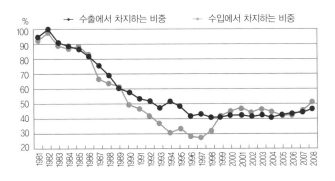

표 6_ 일반적인 무역 방식이 중국 수출입 총액에서 차지하는 비중

나란히 움직이는 경향을 보였다. 특히 2002년에 세계 경제가 바닥에서 빠져나오기 시작한 뒤 2008년에 미국의 금융 위기가 일어나기 전까지, 중국은 원재료와 시장이 모두 외국에 있는 가공무역 위주로 전환을 하여 '수입이 늘면 수출도 늘어나는' 전형적인 모양새를 보이게 되었다.

2002년 이후 중국이 국제무역에 참여하는 방식은 주로 가공무역이었다. 일반적인 무역 방식의 수출입액이 전체 수출입에서 차지하는 비중은 40~50퍼센트 사이를 유지했다. 이는 해외자본이 1980년대에 중국에 들어오기 시작했을 때부터 주로 매력을 느낀 것이 중국 국내의 방대한 소비시장이었기 때문이다. 당시 수출을 통해 외화를 벌어들이는 주력은 내자기업이었다. 1990년대에 중국이 과잉된 생산능력을 국제시장에서 해결하려고 방안을 모색하자 외자기업의 수출 비중이 대폭 늘어나기는 했지만, 여전히 내자기업에 미치지는 못

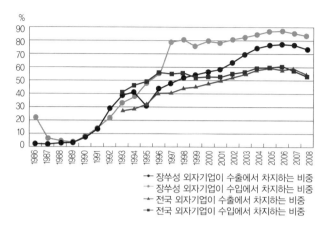

표 7_ 장쑤성과 전국의 외자기업이 수출입 총액에서 차지하는 비중 비교

했다. 21세기에 들어선 이후에야 외자기업이 중국 수출입 무역에서 차지하는 비중이 50퍼센트를 넘어섰다. 이는 가공무역 수출입액의 80퍼센트 이상이었다. 2001~2010년에는 외국 투자기업의 가공무역 수출입이 차지하는 비중이 전국적으로 평균 81.57퍼센트에 이르렀다.● 쑤난蘇南[18]처럼 외자기업이 이미 창장 삼각주 지역의 산업자본과 조합을 이루어 제조업 구조를 형성한 지역에서는 외향형 경제의 특징이 특히 현저하게 나타나서, 외자기업이 전체 수출입액에서 차지하는 비중이 심지어 70퍼센트에 달했다.

● 「중국 가공무역 수출입액의 80퍼센트 이상이 외자기업의 산물」(中國加工貿易進出口額八成以上 爲外資企業所創), 新華網, 2011년 9월 27일. (자료 출처: 로이터통신 존 캠프John Kemp 칼럼)
18 장쑤江蘇성 남부 지역. 난징南京, 쑤저우蘇州, 우시無錫, 창저우常州, 전장鎭江 등지를 포함.

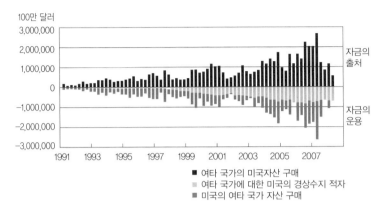

100만 달러

3,000,000

2,000,000

1,000,000

0

-1,000,000

-2,000,000

-3,000,000

1991　1993　1995　1997　1999　2001　2003　2005　2007

자금의
출처

자금의
운용

■ 여타 국가의 미국자산 구매
■ 여타 국가에 대한 미국의 경상수지 적자
■ 미국의 여타 국가 자산 구매

표 8_ 1991∼2007년 미국의 대외 자본거래

　이제 중국은 실물경제가 글로벌 산업 배치의 유기적 구성부분이
되었을 뿐 아니라, 그 가상자본까지도 글로벌 자본 순환에 편입되었
다. 전 세계 외환수지의 분포 양상을 볼 때, 1990년대 이래로 미국의
산업 이전은 주로 동아시아 지역과 중국으로 향했고, 무역수지 적자
또한 동아시아 지역과의 관계에서 발생했다. 미국의 무역 적자가 동
아시아의 무역 흑자에 거의 대응할 정도로, 미국이 동아시아에 의존
하는 형세가 만들어졌다.

　미국의 해외자금 전체의 수입과 지출을 나타내는 그림을 통해 알
수 있는 것은, 미국이 해외에서 벌어들이는 자산 수입이 주로 외국
투자자에게 증권과 채권, 은행대출을 매각하거나 또는 기업 및 부동
산을 매각하는 데서 생겨난다는 점이다. 자산 지출 가운데는 무역수
지 적자로 인해 초래된 경상수지 적자 이외에 상당히 큰 비중을 차

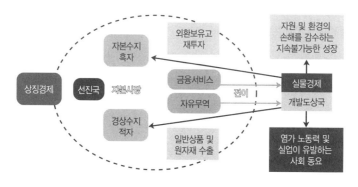

표 9_ 선진국과 개발도상국의 경제 관계

지하는 것이, 해외에서 미국의 개인과 기관의 자산 구매이다. 베이징대학 천핑陳平 교수는 이것을 다음과 같이 요약한 바 있다. "개발도상국은 수출을 통해 외화를 벌어서 선진국의 금융파생상품 시장에 다시 투자한다. 그리고 선진국의 투자은행은 이 수입을 가지고 거꾸로 개발도상국의 전략적 산업을 사들인다. 이로써 글로벌 차원의 전략적 통제가 이루어진다."

국제경제의 새로운 순환에 편입된 중국의 수익과 비용

필자는 지난 몇 년 동안 줄곧 '표 9'를 통해, 현행의 국제 정치경제 질서 속에서 일반적인 개발도상국으로부터 금융자본경제국가에게로 향하는 이중적인 공급 구조(두 개의 기다란 굵은 화살표) 및 그것으로부터 초래되는 악성적인 순환 구조를 설명한 바 있다.

미국이 달러의 발행을 확대하여 그것이 세계에 범람하게 되면,

글로벌 금융자본의 과잉은 더욱 심화될 수밖에 없다. 그러면 선진국은 경제의 버블화를 통해 전 세계에서 이익을 얻을 수 있고 비금융영역에서도 자본의 범람효과를 누릴 수 있지만, 중국을 포함한 개발도상국은 금융자본에 대한 주도권을 가지고 있지 못하기 때문에 별수 없이 자국 내에서 전 국민이 달러의 버블화와 자국 화폐의 인플레이션으로 인한 이중의 부담을 감수해야 한다.

현재 세계의 화폐 거래액은 매년 700~800조 달러에 달한다. 그 가운데 상품 생산이나 유통과 관련된 부분은 1퍼센트밖에 안 된다. 세계의 금융상품 거래액은 매년 2000조 달러를 넘어선다. 세계 GDP가 50조 달러이니, 상품 생산이나 유통과 관련된 금융활동은 전체의 2.5퍼센트밖에 안 되는 것이다.[*] 새로운 세기에 접어든 이래 미국은 대략 6조 달러 내외의 누적 무역 적자를 기록하고 있다. 이를 주로 화폐 발행 확대와 자본수지 흑자를 통해 해결하고 있는 상황이다. 그러나 개발도상국은 외환에 대한 관리를 하건 안 하건 장기적인 수출 초과로 인해 국내의 화폐 공급이 상품과 서비스 공급보다 많아질 수밖에 없다. 따라서 불가피하게 국내 인플레이션 압력이 커진다.

2011년 2월에 중국인민은행中國人民銀行 부행장이자 국가외환관리국(國家外滙管理局) 국장인 이강易綱이 어떤 공개장소에서 이렇게 언

● 왕젠王建, 「미국이 화폐의 헤게모니가 바뀌는 것을 달가워하겠는가?」(美國會甘願讓貨幣霸權易手嗎?), 『경제참고보』經濟參考報, 2009년 6월 3일.

급한 바 있다. "개혁개방 초기에 중국은 외환보유액이 적었기 때문에 '수출을 장려하고 수입을 제한하는'(獎出限入) 정책을 쓸 수밖에 없었다. 지금도 많은 지방정부들이 수출을 통해 외화를 벌어들이는 것을 장려한다. 그러나 이제 수출을 통한 외화벌이는 국제수지를 매우 불균형적으로 만들고 있다. 현재 국제수지 불균형의 주요 모순은 더 이상 외화의 부족에서 기인하는 것이 아니다. 과도한 무역수지 흑자와 지나치게 빠른 외환보유고 증가에서 기인한 것으로 이미 바뀌어 버렸다. 경상수지나 무역수지의 흑자가 과도하게 커지면, 위안화에 대한 절상 압력도 커진다. 위안화 환율을 상대적으로 안정적으로 유지하기 위해서 중앙정부는 달러화를 사들여야 하고, 따라서 불가피하게 본원통화(monetary base)의 공급을 늘리게 된다. 그러면 늘어난 화폐는 인플레이션을 유발하고 결국 물가도 상승한다. 2010년 말에 중국의 외환 보유 누적액은 2.85조 달러이고, 중앙은행은 거의 20조 위안을 풀어서 이에 대응했다. 즉 '과도한 무역수지 흑자가 인플레이션의 주요 원인'이 되고 있는 셈이다."•

이로써 외향형 경제 지향과 인플레이션 악화 사이에 직접적인 연관이 있음을 알 수 있다. 중국을 포함해서 경제의 대외의존도가 높은 개발도상국은 국내 정책을 통해서 인플레이션을 해결하는 것이 사실상 거의 불가능하다.

• 이강易綱, 「과도한 무역수지 흑자가 인플레이션의 원인」(貿易順差過大系通脹之源), 『신경보』新京報.

중국이 직면한 새로운 과제

이상의 분석을 통해 옳고 그르고 좋고 나쁨에 대한 가치 판단을 하려는 것은 절대 아니다. 전반적으로 보면 새로운 세기에 들어서기 전까지 중국에는 자본이 심각하게 부족했기 때문에 경제의 고성장이 높은 적자와 높은 외채의 압력을 항상 동반했다. 대외개방 전략은 중국에게 사실상 '양날의 칼'이었다. 한편으로 그것은 자본이 부족한 시기에 중국정부가 경제 발전과 정책 조정을 추동하는 중요한 도구였고, 다른 한편으로는 국가의 대외 부채를 과도하게 만들어 이후 여러 해 동안 국내 경제를 곤경에 빠뜨린 주범이었다.

내부적 관계에서 볼 때, 개혁개방 이후 새로운 세기에 들어서기 전까지 중국의 대외개방 과정은, 연해지역의 특구와 개발구에서부터 시작하여 지방정부가 점차 분산적으로 외자를 도입해서 이것이 상이한 외향형 발전의 경험으로 진화한 과정이고, 또한 지방정부가 다양한 방식을 통해 삼농으로 위기를 전가함에 따라 지방과 중앙집중적 체제 사이의 대립적 모순이 심화된 과정이기도 하다. 이상의 두 가지 모순 때문에, 중앙정부의 정책 입안자들은 경제에서 정치로 확대되는 중대한 정책적 조정과 변혁을 시행할 수밖에 없었다.

현재 중국의 대외개방은 새로운 단계에 진입하려 하고 있다. 또한 중국의 대외경제 및 무역 정책에도 중대한 조정이 일어나려 한다. "'제12차 5개년계획' 기간에 중국 경제는 내수를 확대하고, 구조를 조정하며, 흑자를 줄이고, 균형을 확립하는 것을 결코 늦춰서는 안 된다. 그러나 흑자를 줄여야 한다고 해서 수출을 줄여서는 안 된다. 중점은 수입을 늘리는 것이다."* 이 글은 과거 30년 동안 중국의 대외개방이 어떻게 변해왔는지를 정리한 것이다. 그동안 발생한 중대한 정책적 조정에 대한 분석이라고 할 수도 있다. 결론적으로 보자면 중국은 수입을 늘려야 하고, 동시에 수입된 산업자본과 원래 있던 산업자본 사이의 모순도 고려해야 한다. 이는 앞의 두 가지 모순과 별개로, 미래에 새롭게 발생할 가능성이 있는 세 번째 모순이기 때문이다.

* 원톄쥔溫鐵軍·둥샤오단董筱丹·쉐에추이薛翠 공저, 『중국경제사연구』中國經濟史研究, 中國社會科學院 經濟硏究所, 2012 수록.

● 이강, 위의 글.

世界人民大团结万岁

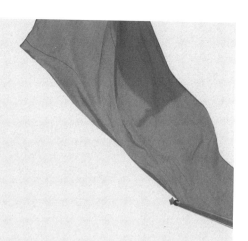

2부   중국의   길을   묻는다

삼농으로 돌아가자: '오바마-김정일 딜레마'를 풀기 위한 토론

제도의 비용 이론: '오바마-김정일 딜레마'

차오진칭曹錦淸(1949~)[1]은 20년 전에 황허黃河 강가에서 돌아와 책을 집필할 당시 나에게 철학적인 자극을 주었는데, 그가 사고하던 문제는 '우리는 어디에 있는가, 우리는 어디에서 왔는가, 우리는 어디로 가는가…'였다.[2] 그리고 지금 우리는 리창핑李昌平(1963~)[3]이 언

---

1 중국의 사회학자. 삼농 문제 전문가. 현재 화둥이공대학華東理工大學 교수.
2 차오진칭은 중국 황허 강변의 농촌에서 장기간의 현지조사를 통해 향촌사회의 현실을 깊이 있게 분석하고 문제를 제기하는 『황허 강가의 중국』(黃河邊的中國)이라는 책을 저술한 바 있다. 일기체 형식으로 된 이 책이 출간된 후 중국 내에서 사회적으로 큰 반향이 일어났다.
3 기자, 농촌 문제 연구자. 2000년 3월에 당시 총리인 주룽지에게 직접 편지를 보내, 삼농 문제에 대한 당 중앙의 관심을 불러일으켰다. 이후 '농민을 동등한 국민으로 대우해달라'는 주장을 펼쳐서, 중국사회에서 큰 주목을 받았다.

급한 다음과 같은 말대로 삼농 문제三農問題를 토론하고 있다. "중대한 전환이나 변화가 발생할 때마다 우리는 서양에서 해답을 찾고 도시에서 해답을 구했는데, 이는 모두 문제를 해결하는 방법이 아니었다. 초야에서 해답을 찾고 농촌에서 해답을 구하는 것이야말로 어쩌면 국가가 전기轉機를 마련하는 중요한 기반일 수 있다."

그들의 생각에 이어서 내가 말하고자 하는 주제를 떠올린다면, '오바마 – 김정일 딜레마'라고 이름 붙일 수 있겠다. 다시 말해서 버락 오바마Barack Obama든 김정일이든, 서양이든 동양이든, 이데올로기가 어떻게 대립되든, 어떤 체제를 유지하든, 결국 '올라가기만 할 뿐 내려오지는 못하는' 곤경에 직면하게 된다는 것이다. 즉 이미 '오르막길로만 움직인' 경제구조를 '바꾸기'는 매우 어렵다. 오바마든 김정일이든 모두, 이전에 '오르막길로만 움직인' 과정이 남긴 막대한 유산에 대한 대가를 치를 능력이 없기 때문이다.

아인슈타인이 상대성이론을 발표한 마당에, 차오진칭의 사고에도 간단한 과학철학의 지식이 덧붙여져야 했다. 그 어떤 영역에서의 수익도, 그에 상응하는 등가의 비용을 수반하지 않는 경우는 없다는 것이다. 단지 가로축과 세로축만으로 사분면을 구성하여 제도 변화로 인한 수익을 표시한다면 아마도 상향의 곡선이 될 것이다. 그러나 가로축을 하나 더 그려서 삼차원의 공간으로 구성한다면, 분명 하향의 곡선이 만들어질 것이다. 이것이 곧 수익에 상응하여 발생하는 제도의 비용이다. 이것이야말로 단순히 X축과 Y축으로 표현되는 평면의 세계가 아니라, 입체감이 있는 실제의 세계이다.

위에서 언급한 것처럼 '오바마 – 김정일 딜레마'는 결코 이데올로기로 인한 문제가 아니고, 또한 정치체제로 인한 문제도 아니다. 그것은 현대화를 추구하는 어떤 경제체經濟體(economy)라도 막대한 '현대화 비용'을 외부나 또는 아래로 전가할 수밖에 없기 때문에 발생하는 것이다. 전가가 잘 되면 이른바 '유발성 제도 변화'(induced institutional change)가 되는 것이고, 전가가 잘 안 되면 이른바 '강제성 제도 변화'(mandatory institutional change)로 나아가게 된다. 신제도주의 경제학은 제도 변화로 수익을 얻게 되는 과정을 강조하지만, 제도의 비용에 대해서는 진지하게 논의하지 않는다. 이 이론을 혁신하고자 한다면, 본래 수익과 비용이 상응할 수밖에 없는 이 과정을 어떻게 바라봐야 할 것인가?

이야기를 '오바마 – 김정일 딜레마'로 시작하는 이유는, 오바마나 김정일 모두 변화를 이룰 수 없기 때문이다. 그렇다면 그들 모두가 바꿀 수 없는 것은 도대체 무엇인가?

첫째, 오바마는 주류학계에서 경제구조의 '고도의 현대화'라고 부르지만 사실은 과도한 버블에 불과한 현재 미국의 금융자본 경제를 제조업 경제로 되돌릴 수 없다. 오바마의 선거 캠페인 구호는 '우리는 바꿀 수 있다'(We can make change)였다. 그러나 임기가 끝나가는 시점에도 바뀐 것은 아무것도 없다.[4] 여전히 군사력에 의존해서 통화 패권을 유지하는 낡은 행태를 답습하고 있을 뿐이다. 같은 시

---

4 원톄쥔이 이 글을 쓴 시점은 오바마가 재선되기 전이다.

기에, 위기에 직면해서 불가피하게 변화할 수밖에 없었던 유럽 국가의 지도자들은 그 '변화'로 인해, 오랫동안 가려져 있던 현대화의 제도의 비용이 겉으로 불거지게 됨으로써 연달아 권력을 잃고 말았다. 서구가 이미 진입해 있는 현대의 금융자본 경제는 그 자체가 버블이기 때문에, 실제 산업으로부터 유리된 독립적인 자본의 힘이 일단 사회에서 분리(disembedding)[5]되어 버린다면 이렇게 분리된 금융자본은 어떤 주의主義나 어떤 제도나 어떤 정부나 어떤 지도자가 있건 상관없이 유동성(liquidity)을 좇아서 이익을 얻는다는 본질이 그 작동 원리를 결정한다는 점에서 모두 마찬가지가 된다. 또한 유동성을 좇아서 이익을 얻으면 얻을수록, 단기적인 유동성을 더욱 높이는 즉각적인 스핀오프spin-off[6] 거래 등을 더 추구하게 된다. 1분 1초 사이에도 이익을 얻는 이 본질은, 그것이 이전의 산업자본 단계에서 생산 자금으로서 이익을 얻던 방식을 바꾸어버린다. 산업자본 형태 하에서 전통적인 채광, 제련, 주조, 설비생산 등이나 일련의 '하류 상품'(downstream product, 소비재) 생산을 통해 산업의 이익을 확보하기 위해서는 상당히 힘겨운 노력이 필요하다. 생산자금은 산업자본으로 복잡하게 구성되어 장기간 운영되는 가운데 얻어진 산업의 이익을 나

---

5 'disembedding'(脫嵌)은 칼 폴라니Karl Polanyi가 『거대한 전환』(*The Great Transformation: The Political and Economic Origins of Our Time*)에서 언급한, 시장이 사회적 제약을 탈피하는 것을 의미한다.
6 기업 분할. 자회사나 특정부문 사업을 분리해서 별개의 회사를 설립하고 그 주식은 모기업이 갖는다. 모기업은 이 주식을 매각해서 차익을 얻을 수도 있다.

누어가질 수밖에 없고, 그것조차도 산업의 평균수익률에 수렴해간다. 농업은 산업자본에 비해서도 유동성이 더 떨어진다. 봄철의 파종에서 여름철의 김매기, 가을의 추수에서, 겨울의 저장에 이르기까지 장장 1년이 지나야 생산과정이 완성된다. 그러니 유동성이 있겠는가? 당연히 없다. 그러면 자본주의가 금융자본이 주도하는 역사적 단계 또는 금융자본 제국주의 단계에 접어든 시점에서, 산업자본 단계의 요소들처럼 평균수익률을 추구하는 것으로 되돌아갈 수 있는가? 불가능하다.

둘째, 김정일 영도 하의 북한은 기근에 직면해 있지만, 이미 앞서서 현대화를 이룬 농업과 도시화를 이룬 인구 구조를 되돌릴 수 없다. 과거 소련이 주도한 동유럽경제상호원조회의(COMECON)의 영향 아래, 북한은 1인당 평균 경지면적이 남한보다 적은 산지山地 농업이라는 조건 하에서도, 일찌감치 기계화를 위주로 한 농업 현대화를 실현했다. 이를 통해 농업부문의 노동생산성을 극도로 높였고, 따라서 농촌 인구가 자연스럽게 도시로 이동하여, 70퍼센트가 넘는 고도의 도시화를 이루었다. 즉 북한은 일찍이 중국보다도 먼저 농업의 현대화를 실현했고, 오래전부터 농민들은 농사를 지을 때 더 이상 호미질을 하지 않았다. 객관적으로 보면 우리가 오늘날 좌파나 우파를 막론하고, 또 학계의 이론가나 현실의 정치가를 막론하고 모두 동경해 마지않는 아름다운 꿈을 북한은 우리보다 20년 전에 벌써 실현한 셈이다. 1989년 무렵 북한은 1인당 평균 식량 배당 380킬로그램, 1인당 평균 소득 900달러에 근접해 있었다. 우리의 지금 1인당 평균 식량 수준보다 높고, 소득도 우리의 1980년대 말보다 훨씬 높은 수준이었다. 그러나 현대화를 앞서 실현한 데 따른 결과는 전혀 예상치 못한 것으로 나타났다. 1991년에 소련과 동유럽 사회주의 체제가 해체되면서, 하루아침에 석유 공급이 끊겼다. 산유국이 아닌 북한은 트랙터를 잠자게 내버려둘 수밖에 없었다. 인구의 30퍼센트에 불과한 농업노동력은 오래전부터 전통적인 농기구를 사용하지 않았기 때문에, 트랙터를 운전하는 것밖에 할 줄 몰랐다. 경제적으로 봉쇄가 되자, 석유도 없고 트랙터 부품도 없는 조건에서 농사를 지을 길이 막연했다. 식량 생산이 대폭 줄었고, 대규모의 기아가 발생했다. 들리는 바에 따르면 수많은 사람들이 기아로 사망했다고 한다. 도대체 이건 누구의 죄인가?

중국의 '가구단위 생산청부제'(包干到戶)를 시행하도록 권했으면 어떠했겠냐고 묻는 사람이 있을지도 모르겠다. 그러나 내가 북한에서 현지조사를 한 결과는 불가능하다는 것이었다. 중국의 가구단위 생산청부제는 80퍼센트의 농민이 20퍼센트의 도시민을 먹여 살리는 구조였기 때문에 가능했다. 두룬성杜潤生(1913~)[7] 노인이 예전에 한 말을 빌리자면, 우리는 네 명의 농민이 한 명의 도시사람을 드는 '사인교'四人轎라서 들 수 있었다. 그런데 북한은 지금 세 명의 농민이 일곱 명의 도시민을 먹여 살려야 한다. 게다가 맨손 노동에 의존해야 하는데, 이것이 가능하겠는가? 김정일은 도시민을 다시 농촌으

---

7 '중국 농촌 개혁의 아버지'로 불리는 원로 경제학자.

로 보내서 맨손으로 삽질, 곡괭이질, 낫질을 하도록 시킬 수밖에 없었지만……. 그래서 '탈북자'脫北者가 생기게 된 것이다. 이들은 사실 '탈농자'脫農者인 셈이다. 도시민들은 농업을 할 줄도 몰랐고, 또 하고자 하지도 않았다. 북한은 일찍부터 농업의 현대화와 도시화를 가속화해왔는데, 김정일이 그것을 하향조정하는 쪽으로 바꿀 수 있겠는가? 불가능하다. 그러니 북한은 장기간에 걸친 농업의 곤경에서 스스로 빠져나올 수 없는 것이다. 이것이 정치체제의 문제인가? 아마도 아닐 것이다. 그보다는 농업의 현대화를 너무 서두르고 도시화를 가속화한 데 따른 엄청난 제도의 비용을 감당하지 못하고 결국 자기 발등을 찍게 된 것이라고 보아야 한다.

이 두 가지 사례가 우리에게 말해주는 것은, 오바마가 미국 GDP의 85퍼센트 이상을 차지하는 금융자본 중심의 현대화 경제를 고작 12퍼센트의 제조업 중심으로 되돌릴 수 없듯이, 김정일도 이미 도시화된 70퍼센트의 사람들을 맨손으로 농업에 종사하도록 바꿀 수는 없다는 점이다. 결국 오바마는 미국의 딜레마를 해결할 수 없고, 김정일도 북한의 딜레마를 해결할 수 없다. 이 두 가지 사례는 철학적인 의미에서 동질성을 갖는다고 할 수 있지 않은가?

이 세상에는 이데올로기를 뛰어넘는 실제 문제들이 무수히 존재한다. 만약 정치가와 학자들이 이데올로기에 얽매인다면, 이는 기본적인 사고능력조차 갖지 못한 것이다. 중국인들은 실제 문제에 관심을 두어야지, 좌우 다툼에 빠져서는 안 된다.

따라서 우리는 차오진칭이 20년 전에 황허의 농촌에서 조사 작업을 하면서 깨닫게 된 문제를 다시 사고해야 한다. 각 지방정부가 모두 '삼화통일'三化統一, 즉 공업화와 도시화와 농업 현대화를 동시에 가속하여 추구하는 상황에서, 이미 겪은 수많은 실패 사례를 결코 잊어서는 안 된다.

세기의 교체기에 중국이 직면한 중대한 도전

최근에 나는 세기의 교체기에 변화가 생긴 두 가지 구조적 문제에 대해 관심을 가지고 토론을 하고 있다. 우선 세기의 교체기에 중국에는 도대체 어떤 중대한 변화가 발생했는지를 분명히 알 필요가 있다. 위에서 거듭해서 강조했듯이, 되돌아올 수 없는 일방통행로에 일단 접어들면 조정을 할 여지는 거의 없어지기 때문이다. 세기의 교체기에 중국에서 일어난 첫 번째 중대한 변화는 국가의 전략적 목표의 변화이다.

오늘날 각 지방정부가 농업 현대화를 목표이자 강령으로 세우고 선전을 하고 있지만, 농업 현대화가 언제 제기되었고 어떤 배경 하에 제기되었으며, 제기될 당시 구체적인 정책 내용이 무엇인지를 아는 사람이 누가 있는가? 분명하게 아는 사람이 없다면 이렇게 다시 물을 수 있다. 농업 현대화를 포함한 '네 가지 현대화'(四個現代化)가 언제 제기되었고, 어떤 배경 하에 제기되었으며, 제기된 구체적인 내용이 무엇인지를 정확히 아는 사람은 있는가?

이것도 제대로 대답할 사람이 없다면, 한 걸음 더 나아가서 이렇게 물을 수 있다. 1980년에 우리가 이른바 개혁개방을 시작할 때, 네 가지 현대화가 20세기 말에 실현해야 할 위대한 목표라고 세상에 선포하지 않았던가? 그런데 21세기가 어느새 10여 년이나 지난 지금 네 가지 현대화는 실현되었는가? 만약 실현되지 않았다면, 시장화를 추구하는 언론이나 교조화를 추구하는 관료층의 문건 가운데 네 가지 현대화가 실현되지 못한 과정과 그에 따른 교훈에 대해 상세하게 토론한 것이 하나라도 있는가? 그것조차도 없다. 그러면 이런 경험과 그 교훈을 정리한 사람이 있는지 없는지 따질 것도 없이, 이렇게 질문할 수 있다. 새로운 세기가 시작하는 시점에서 우리는 목표를 바꾸었는가? 우리에게 좀 더 현실적인 새로운 목표가 생겼는가?

아마도 대답을 듣기는 불가능할 것이다. 그렇다면 모두에게 다시 이렇게 물을 수 있다. 오늘날 그렇게 많은 과제와 프로젝트들은 전부 무엇을 연구하는 것인가? 배경과 내용 가운데 어느 것도 진지하게 토론하지 않는다면, 이는 그 많은 연구들이 모두 엉터리 문제만 다루고 있음을 입증하는 것인가?

중국공산당의 16대가 2002년에 열렸을 때, 목표에 매우 중요한 조정이 생겼음이 사실상 분명해졌다. '전면적인 소강'(全面小康)이라는 목표가 등장한 것이다. 새로운 지도자가 그것에 대해 이렇게 설명을 했다. 향후 20년의 큰 목표가 전면적인 소강이고, 우리는 2020년까지 전면적인 소강을 실현하기 위해 모두 각고의 분투를 해야 한다는 것이다. 전면적인 소강을 실현한 이후 20~30년 동안 또 다시

각고의 분투를 한다면 21세기 중반에는 중진국 정도의 수준에 다다를 수 있고, 그 이후 다시 한두 세대의 각고의 분투가 이어진다면 당연히 21세기 말에는 선진국의 현재 수준 정도에 이를 수 있다고 했다. 즉 그때가 되어야 우리는 비로소 중국의 현대화가 실현되었다고 말할 수 있다는 것이다. 네 가지 현대화라는 위대한 목표는 이렇게 백년을 미루어서, 21세기 말까지 연기되었다. 그래서 세간에는 '우리 생애에는 절대 볼 수 없다'는 우스갯소리가 돌아다닌다.

이렇게 볼 때 국가의 전략적 목표는 이미 2002년에 변화되었다고 할 수 있다. '네 가지 현대화'에서 '전면적인 소강'으로 조정된 것이다. 이어서 중국공산당 17대에는 더욱 큰 단계적 조정이 이루어졌다. 생태 문명이라는 역사 단계적 판단이 제기된 것이다. (이 부분은 인류 문명의 역사적 단계에 대한 저우리펀周立立 교수의 관점을 참고했다. 그는 인류가 문명에 진입한 이후 세 단계, 즉 농업 문명에서 공업 문명으로, 다시 생태 문명으로의 발전을 겪었다고 본다.) 16대의 '전면적인 소강'에서 17대의 '생태 문명'으로의 변화는 중국공산당이 시대와 더불어 발전한다는 것을 보여주는 증거이고, 여전히 생명력을 가지고 끊임없이 자기 조정을 하고 있음을 나타내주는 것이기도 하다.

16대의 목표 조정을 회고해볼 때, 이른바 세기의 교체기에 발생한 국가 전략적 목표의 중대한 변화를 구체적으로 다음과 같이 꼽을 수 있다. 우선 우리가 현재 각 지역에서 추구하고 있는 공업화가 철지난 목표가 되었다는 것이다. 지난 세기말인 1998~1999년에 일찍이 경제학자들은 중국이 이미 공업화 중후기의 '생산 과잉'의 제약에 직면했음을 분명히 지적한 바 있다. 생산 과잉에 대해 인식했을 때, 우리가 직면한 것이 다름 아니라 자본주의에 보편적인 내생적 모순임을 깨달았어야 했다. 이는 사실 고등학생만 되어도 아는 정치학의 기본이다. 그러나 우리는 이런 기본적인 상식도 토론하지 않고, 계속해서 이른바 고속성장의 공업화만을 강조했으니, 알면서도 오히려 과잉을 조장한 것 아니겠는가? 1988년에 국무원 발전연구센터의 주임인 마훙馬洪은 중앙에 제출한 보고서를 통해, 우리가 생산 과잉에 직면해 있음을 알린 바 있다. 1999년에는 현재 세계은행 부총재이자 수석 경제학자인 린이푸林毅夫 역시, 우리가 직면한 것이 '이중적 과잉 상태에서의 악순환'이라고 지적했다. 이렇게 1990년대 말에 생산 과잉의 제약을 받고 있음이 이미 명확했음에도, 각 지역에서는 오늘날까지 여전히 공업화의 속도를 높이고 있으니, 이는 '과잉의 복제' 또는 '당면한 과잉을 더욱 심한 과잉으로 덮는 것'이라 아니할 수 없다. 이에 따른 객관적인 결과는 생산의 과잉이 전면적으로 나타나고, 객관적으로 수요가 공급보다 큰 시장잠재력을 가지고 있는 생산품이 하나도 없게 됨으로써 기업의 생명주기가 대폭 단축되는 것이다. 기업의 평균 생명주기가 3년도 안 되는 상황에서(처음 해는 공장 건설에 투자하고, 다음 해는 생산을 하고, 그다음 해는 파산하는), 기업이 법률적 규범에 부합하는 신용행위를 하기를 기대하기는 거의 불가능하다. 우리의 생산 과잉까지 갈 것도 없이, 서구의 생산 과잉 시기를 돌아보더라도, 합법적인 행위가 얼마나 있었는가? 신용사회가 있었는가? 자본주의의 내생적 생산 과잉이라는 법칙 하에서, 생산 과잉의 모순을 해결하는 것은 불가능한 일이었다. 무엇을 통해 해결할 것인가? 유일한 수단은 파괴적인 것, 즉 전쟁뿐이었다.

중국학자가 1998~1999년에 이미 문제를 제기했고, 지금은 2011년인데, 각 지역에서는 왜 이 문제가 아직도 개선되지 않는가? 한마디로 말해서, 이익집단과 관성 때문이다. 서구가 결국에는 전쟁을 통해 생산 과잉의 문제를 해결할 수밖에 없었듯이, 우리도 산업자본의 관성 하에서는 오류를 피하기 어렵다. 오늘날 사회의 신용 환경에 대해서는 크게 떠들지만, 사회의 신용 환경의 매개체가 기업이라는 점은 별로 중시하지 않는다. 기업의 생명주기가 단축되면 파괴를 피하기가 매우 어려워지는데, 신용의 건설은 떠들어서 뭐하겠는가?

다음으로, 1998~1999년에 생산의 과잉 상황을 명확히 깨달은 후, 세기의 교체기에 우리는 산업자본으로부터 금융자본의 유리를 핵심으로 하는 은행의 시장화 개혁을 그 고유의 법칙에 따라 완수했다. 이로부터 대형 상업은행이 중소기업이나 삼농을 위해 일하는 것은, 말은 쉽지만 현실적으로는 매우 어려워졌다.

생산 과잉이 일종의 추세가 된 상황에서, 정신이 멀쩡한 금융투자자가 과잉인 영역에 투자를 하겠는가? 은행이 왜 부동산에 매달리겠는가? 왜 투기에 매달리겠는가? 유동성을 좇아 이익을 추구하기 때문 아닌가! 이는 마르크스와 레닌이 일찍이 지적한, 자본주의의 보편 법칙이 초래하는 농간이다. 생산 과잉이라는 조건 하에서 금융자본은 필연적으로 산업자본으로부터 유리되어, 토지의 자본화를 통해 부가되는 수익을 노리게 마련이다. 산업경제 단계의 생산자금은 '실물산업으로부터 유리된 금융자본'으로 변질되고, 그 파생적 작동방식은 그에 따라 자연스럽게 유동성을 좇아 수익을 올리는 쪽으로 변하게 마련이다. 지금 중국에서 이런 현상이 보편적으로 발생하지 않는다고 할 수 있는가?

기왕에 이런 법칙이 작용하고 있다면, 금융자본의 신용을 만들어내는 근원은 도대체 무엇인가? 비축해둔 금인가? 법정화폐 발행을 위해 비축해둔 또 다른 국제 화폐인가? 상품 생산인가? 모두 아니다. 좀 더 심층적인 차원에서 보면, 실물경제에서 유리된 금융자본은 기생적인 상태에 놓이게 되고, 그런 기생 상태로 말미암아 결국 부패하고 몰락하는 상태에 이른다.

비축한 귀금속이나 상품이 그 기생적인 특징을 뒷받침해주지 못한다면, 금융자본은 도대체 무엇에 근거해서 신용을 형성하는가? 또는 도대체 누가 그것에 가치를 부여하는가? 당연히 정치권력이다. 따라서 인류의 주류 사회가 금융자본이 주도하는 경쟁을 지향하게 되면, 각 경제체는 금융자본으로부터 수익을 얻으면 얻을수록 더욱 정치권력을 강화하고, 마침내 파시즘으로 나아간다. 이것이 지금 세계의 주류가 움직이는 기본적인 법칙이다.

이런 각도에서 보면, 화폐금융론은 다시 써야 한다. 경제학 교과서 또한 실효성을 잃었다. 금융자본이 갈수록 유동성을 좇아 이익을 추구하고, 부동산이나 주식이나 채권 같은 투기성이 높고 리스크도 큰 경제와 고도로 결합되는 상황에서, 결과적으로 자본이 고도로 집중되는 곳에는 위험 역시 집중될 수밖에 없다. 위험이 집중된다는 것은 곧 위기가 폭발할 것임을 의미한다. 다만 일찍 폭발하느냐 늦게 폭발하느냐의 차이만 있을 뿐이다. 금융자본이 유동성을 좇아 이익을 추구하는 상황 하에서 금융자본주의의 위기가 축적한 위험은 분명 폭발하게 되어 있으며, 그것도 금융업을 중심으로 하는 대도시에서 집중적으로 폭발하게 되어 있다. 이것 역시 인류가 금융자본주의 단계로 진입한 상황에서의 일반적인 상식이다.

오늘날 모두가 미국을 대단하다고 여긴다. 미국 금융경제가 가장 번창하여 전 세계 파생상품의 절반 이상이 미국에서 거래되기 때문이기도 하지만, 미국만이 금융경제와 군사권력의 결합을 중시하고 실현할 수 있기 때문이다. 전 세계 군비 지출의 절반은 미국이 차지하고 있다. 위의 두 '절반'은 각각 별개의 일 같지만, 사실은 고도로 연관되어 있다. 군사정치 측면의 강한 권력이 있어야 비로소 금융자본에 신용을 만들 권한을 부여할 수 있기 때문이다. 세계 각국은 달러화의 신용 남발이 전 세계적으로 인플레이션을 조장한다는 사실을 모두 잘 안다. 또한 달러화가 과도하게 고평가되어 있다는 점도 잘 알고 있다. 그러나 누가 감히 달러 비축을 거부할 것인가? 달러화는 여전히 세계 화폐시스템에서 가장 큰 경화(hard currency)이고, 헤징hedging(위험 분산) 화폐이다. 왜 그런가? 그것이 정말 가치가 있어서가 결코 아니다. 버블이 커지면 커질수록 가장 강력한 군사·정치 권력이 있어야 그것을 지탱할 수 있기 때문이다. 이런 객관적인 사실들은 주류 담론에 대해, 정치권력의 뒷받침으로 만들어진 버블화된 화폐 신용에서 파생되어 나온 이데올로기의 버블을 대단한 것인 양 떠받들지 말라고 경고한다. 이는 사실 오늘날 중국에 흔해빠진 먹물들의 병폐이기도 하다.

세계화의 흐름에 동참한 중국 경제는 이후 필연적으로 화폐의 발행을 확대하고, 자국 자원의 자본화를 추진할 수밖에 없다. 또한 중앙정부는 정치적 권리를 집중하고 강화하여, 신용시스템이 금융 쪽으로 확장될 수 있도록 권한을 분산 이양하게 된다. 만약 근래 20년간의 M2[8]와 실물경제의 증가 속도를 비교한다면, 두 곡선의 격차가 갈수록 커지는 것을 발견하게 될 것이다. 그러나 기왕에 자본의 세계화에 동참한 이상, 규칙대로 패를 내놓는 것 말고는 달리 방법이 없다. 규칙대로 패를 내놓지 않은 이들이 누가 있는가? 소련과 동유럽이다. 그러나 결과적으로 모두 붕괴되었다.

소련과 동유럽은 오랫동안 실물경제 시대에 머물러 있었다. 의식적으로 그랬다기보다는, 이익이 있었기 때문이다. (주도국인 소련이 동유럽경제상호원조회의〔COMECON〕의 물물교환 무역시스템에 의지하여, 실물경제를 위주로 하는 산업자본 단계의 '지역 통합'의 최대 수익을 직접 점유했다.) 예를 들면 소련은 100대의 모스크비치Moskvich 승용차를 우크라이나의 밀과 교환하고, 다시 불가리아의 채소와 교환했는데, 교환의 기준 가격은 국제시장 가격의 3분의 1 수준이었다. 그 가운데 협상가격차가 가장

---

8 광의의 통화. 총통화로 이해할 수 있다. 통화량에 저축성예금이나 거주자 외환예금 등을 포함시킨 것이다.

커서 제일 큰 이익을 보는 것은 소련이었다. 그러니 소련은 자발적으로 나서서 화폐화의 길을 열 이유가 없었고, 따라서 소련과 동유럽 체제는 실물경제를 위주로 하는 산업자본 단계에 머물러 있었다. 비록 생산하는 상품의 총량은 세계 최대였지만, GDP로 계산을 하면 세계 1위가 아니었고, 심지어 서구에 비해 훨씬 못 미쳤다.

1980년대에 서구는 산업을 여타 세계에 대규모로 이전했고, 자신은 금융화 경제 시대로 진입했다. 또한 원래의 GNP와 공농업 생산 가치 계산 체계를 GDP로 바꾸어 산정했다. GDP는 금융화된 경제체에는 '유리한 것'일 수 있지만, 실물경제 단계에 머물러 있는 경제체에는 반드시 '유리한 것'은 아니었다. 서구와 GDP 수치를 비교하면 소련과 동유럽은 확연하게 낙후되어 보였다. 그리하여 체제 낙후설, 제도 낙후설, 사상 낙후설, 심지어는 인종 낙후설까지 등장했고, 이로써 자연스럽게 이데올로기의 포로가 되었다. 소련과 동유럽의 개혁에 정치가 우선이었음을 주목할 필요가 있는데, 서구의 이데올로기에 따라 기생적인 금융화폐시스템이 유일하게 의존할 수 있는 것이 바로 정치권력이었다.

1991년에 소련과 동유럽이 해체되었을 때, 나는 미국에 방문학자로 체류하고 있었다. 그런데 수많은 미국인들이 '중국붕괴론'을 믿으면서, 다음 순서로 중국이 해체될 것이라고 말했다. 이에 나는 과감하게 자비로 소련과 동유럽의 7개 국가를 방문하여, 한 달여 동안 곳곳에서 조사활동을 했다. 당시 받은 가장 큰 충격은, 100달러를 가지고 소련과 동유럽 국가에 가서 현지 화폐로 환전을 했더니 단숨에 '백만장자'가 되었다는 것이다.

당시 중국은 여전히 1전이면 전화를 걸 수 있고 5푼이면 빙과를 살 수 있을 정도로, 화폐의 단위가 낮은 시기였다. 그런데 본래 소련과 동유럽은 심지어 더 낮은 상황이어서, 5코페이카Kopek[9]면 전화를 걸 수 있고, 8코페이카면 빵을 살 수 있을 정도였다. 이런 상황에서 정치 개혁이 경제 개혁보다 먼저 일어났기 때문에, 정권이 해체되자 정권에 의존해오던 화폐시스템이 즉시 완전히 붕괴해버렸다. 그리고 화폐로 표시되는 전체 국민의 재산이 하루아침에 휴지가 되어버렸다. 구소련에서 급진적인 정치 개혁을 시행하기 전에 1루블은 2.38달러로 환전되었다. 그러나 개혁이 시행된 이후, 1달러는 4800루블로 환전되었다. 급진적인 개혁을 펼친 개혁자들, 정치가들, 경제계 인사들은 아마도 돈을 벌었을 것이다. 그러나 그들은 자신들이 초래한 제도 변화의 비용은 전혀 감수하지 않았고, 이는 고스란히 대다수 민중에게 전가되었다. 서민들은 분노를 삼켰다. 온 가족이 평생에 걸쳐 노동하여 모은 돈이 대개 몇만 루블이었는데, 이는 급진적인 개혁이 시행되기 전에는 10여만 달러에 달했다. 그러나 급진적인 변화 이후 화폐시스템이 붕괴하자, 그들의 몇만 루블은 몇 달러가 되어버렸다. 다시 말해 원래 10만 달러에 이르던 재산이 고작 몇 달러로 줄어버린 것이다.

1992년에 귀국한 이후, 나는 소련과 동유럽 해체에 관한 조사 보

---

9 코페이카는 기본 화폐단위인 루블의 100분의 1.

고서를 썼다. 이 무렵에 서구의 제재 하에 있던 중국에서는 중대한 변화가 일어났다. '경제의 화폐화'가 시작된 것이다. 이전까지는 중국도 역시 계획에 따라 분배하고 증표로 공급하는 '비화폐경제'에 속해 있었다. 그러다가 1992년에 중국공산당 14대에서 시장경제를 표방하는 새로운 체제를 통과시킨 후, 중국은 재정에 심각한 부담이 된다는 이유로 증표를 통한 분배를 사실상 철저하게 포기하고, 화폐화의 속도를 높이는 새로운 단계로 나아갔다. 그 이후로 화폐의 발행 증가 속도는 갈수록 더욱 빨라졌다. 그리하여 중국에는 소련과 동유럽과는 다른 질적인 변화가 일어났다.

따라서 지금 중국에서도 금융자본이 산업자본으로부터 유리되는 역사적인 변화가 발생했음을 이야기할 경우, 이전에 소련과 동유럽이 해체된 후 서구인들이 떠들던 것이 중국붕괴론임을 절대 잊어서는 안 된다. 만약 중국이 산업경제 단계에 머물러서 화폐화 경제로 전환하지 않았다면, GDP로 산정되는 경제 총량은 단기간 내에 대규모로 확대되기 어려웠을 것이고, 따라서 서구 이데올로기의 압력과 정치적 침투를 막아내기는 아마도 힘들었을 것이며, 소련과 동유럽처럼 금융이 붕괴되는 운명에서 벗어나기도 매우 힘들었을 것이다.

그러나 다른 한편으로, 중국이 이로부터 본격적으로 화폐화와 자본화의 길로 접어든 것도 사실이다. 중국 정부는 1992년에 화폐를 확대 발행하는 동시에, 3대 고위험 시장을 개방하여 확대 발행한 화폐를 흡수하고자 했다. 그 시장이란 첫째가 주식이고, 둘째가 부동산이고, 셋째가 선물이다. 이 3대 시장은 모두 고위험이고, 투기적 성격이며, 금융의 대도시 집중을 부추기는 자본시장이다. 오늘날 우리가 GDP를 계산할 때면 발견하게 되는 것은, GDP에서 3차 산업이 큰 비중을 차지하는 것이 사실은 대부분 금융자본이 집중 투입되는 고위험 시장 덕분이고, 도농 차별의 확대가 바로 여기에서 기인한다는 사실이다. 바로 이어서 1990년대 말에 중국에는 자본주의의 일반적 모순, 즉 산업자본 단계의 내생적 생산 과잉이 발생했다. 그리고 이 시기에 중국은 화폐화를 계속 추진했다. 국유은행의 시장화 개조에 착수한 것이다.

도시화의 실질이 자본의 집적과 인구의 집중이라는 것은 대부분의 사람들이 다 알고 있다. 그러나 인위적으로 도시화를 앞당겨서 자본이 도시로 집중되는 속도가 빨라지게 되면, 위험이 도시로 집중되는 속도도 덩달아 빨라진다는 사실까지 인식하는 사람은 별로 없다. 그리고 위험이 지나치게 빨리 집중되어 도시 위기의 폭발이 초래되었을 때, 그 위기를 연착륙시킬 매개체가 무엇인지를 아는 사람은 더욱 없다.

나는 근래의 연구를 통해서, 위기에 처해 있는 중국에 여전히 연착륙의 가능성이 존재한다고 주장했다. 중국에 아직도 광대한 향촌 사회가 존재하고 삼농三農이 있기 때문이다. 만약 그것이 없었다면 우리는, 농장주 인구가 불과 2퍼센트밖에 안 되는 오바마 통치 하의 미국이나, 농민 인구가 30퍼센트밖에 남지 않은 김정일 통치 하의 북한처럼, 위기가 발생했을 때 방법을 강구할 여지조차 없었을 것이다. 따라서 단순히 도시화를 앞당기고 공업화를 앞당기는 동시에, 기계화와 화학화를 위주로 한 농업 현대화를 추진함으로써, 우리가 글로벌 자본주의 경쟁에서 승리를 할 수는 없는 일이다. 만약 어느 날 어떤 강대국이 스마트파워smart power[10] 전략을 구사하여 에너지 공급로를 차단한다면, 난방과 취사 등을 모두 석유와 천연가스 및 전력에 완전히 의존하는 현대화된 우리의 대도시에 거주하는 국민들은 어떻게 대응할 것인가? 위기를 준비한 적이 없으니, 그에 대한 대비책이 있을 리 없다. 현재 이런 국가안보전략이 기본적으로 부재한 상황에서, 설령 그런 대도시에 대비책이 있다고 해도, 모두 에너지와 원자재의 공급이 기본적으로 보장된다는 전제 하의 대비책일 뿐이다. 일단 에너지가 끊긴다면, 개별 도시의 위기 대비책이 무슨 쓸모가 있겠는가?

그러므로 현재 외부 환경, 특히 지정학적 여건이 갈수록 복잡해지고, 심지어 끊임없이 마찰이 빚어지는 상황에서, 중국이 할 수 있는 유일한 일은 양보이다. '치욕을 알아야 비로소 용감해질 수 있다'고 하지 않던가! 치욕을 모른다면 어찌 용기를 말할 수 있겠는가! 오늘날의 사람들은 과거의 왕조들이 대외적으로 양보정책이나 유화정책을 택하고, 심지어 머리 숙여 신하가 되기를 감수하기까지 한 일을 탓해서는 안 된다. 한漢나라나 당唐나라의 번성했던 시기에도, 온갖 화려한 비단과 미인과 좋은 술까지 대거 보내면서, 전쟁보다는

---

10 오바마 1기 정부의 국무장관인 힐러리 클린턴이 천명한 외교전략. 이전 부시 정부의 군사력 우선 전략을 대신하여, 상황에 따라 군사력(하드파워)과 외교력(소프트파워)를 적절하게 조화시키는 것을 기조로 한다.

화친의 기회를 모색했다. 그러다가 간혹 전쟁을 하게 되면, 대개는 국운의 쇠락이 초래되었다. 지금 비록 중국의 공업이 규모 면에서 가장 큰 것은 사실이지만, 구조는 병약하고 생산은 과잉이다. 자본주의에 보편적인 내생적 모순에 따라 병태적으로 더욱 큰 과잉을 계속 만들어내는 공업 체제가 자랑스러울 것이 뭐가 있는가?

종합해서 말하자면, 세기의 교체기에 중국에 나타난 중대한 변화 가운데 첫 번째는 생산의 과잉, 즉 산업의 확장이 자본주의의 일반적인 내생적 모순에 직면하게 된 것이다. 그리고 두 번째는 금융자본의 유리―이는 이런 내생적 모순에 따른 것이고, 화폐화가 앞당겨짐에 따라 자연스럽게 초래되는 법칙적인 결과물이다. 금융자본이 산업자본으로부터 유리되는 새로운 단계에 일단 접어들면, 금융자본 시대의 게임의 법칙을 따를 수밖에 없다―이고, 금융자본 배후의 정치권력이 강화된 점이다.

이런 상황에서 거침없이 글로벌화에 진입한 중국이 맞닥뜨린 내외적 모순은 더욱 곤혹스러운 것이 된다. 당장에 당대 서방 금융자본주의의 법칙에 따라 행동하지 않을 수 없는데, 만약 이 법칙에 따라 행동하여 금융화 및 그것이 의존하는 정치권력의 경쟁에 뛰어들게 되면, 경쟁자들은 분명 이데올로기 게임의 형태로 중국을 압박하여 우리의 화폐시스템을 지탱하고 있는 정치권력을 약화시키거나 무너뜨릴 것이다. 그렇게 정치권력이 무너진다면 소련과 동유럽이 직면했던 운명을 중국 역시 피할 길이 없다. 소련과 동유럽의 화폐시스템이 붕괴되자, 쌓여 있던 엄청난 실물자산은 서방의 화폐시스템이 화폐화를 통한 수익의 형태로 차지했다. 이는 소련과 동유럽이 해체된 이후 서방의 경제가 실물화되고, 금융자본이 신속하게 굴기한 중요한 원인이었다.

중국에는 이미 '자신의 정치를 폄하'하는 주류 이익집단이 굳건하게 자리를 잡았다. 따라서 이런 상황에서 서구 현대화의 고통스러운 교훈을 배울 기회를 어떻게 잡을 것인가. 그리고 글로벌 금융화라는 새로운 단계에 진입하면서 소프트파워의 충돌을 어떻게 피할 것인가는 분명 중국이 직면한 중대한 도전이다.

중국사회가 안정을 유지하기 위한 조건

세기의 교체기에 중국에서 일어난 두 번째 중대한 변화는 사회구조 또는 계급구조에서 생겨난 변화이다. 제3차 토지혁명전쟁을 통해 중화인민공화국을 건설할 때 마오쩌둥은, 우리가 세우는 것이 소농경제 국가라고 천명했다. 그렇다. 사실 우리는 역대 왕조가 새롭게 통치를 확립할 때 반드시 완수해야 했던 농민 동원의 구호, 즉 경자유전耕者有田 또는 균전면부均田免賦를 회복한 것이다. 과거에 이렇게 세워진 왕조는 외세의 침략이 없을 경우 일반적으로 200년은 안정을 유지했다.

신중국 수립 초기에는 '균전'均田(토지를 농민에게 고르게 분배하는 것)은 했지만 '면부' 免賦(부역의 면제)는 하지 않았다. 그리고 전체 인구의 88

퍼센트를 차지하는 신중국 농민과, 도시의 현대적 자본 사이의 관계가 끊어졌다. 일단 소농경제가 회복되자, 민병民兵들이 각 지방의 불량배들을 억눌렀고, 농민들은 더 이상 '소란을 유발'(尋釁滋事)하지 않았다. 그리하여 중국은 민국 시기에 장장 12년 동안 이어진 극심한 인플레이션 위기에서 벗어났다.

중국에서 민간 자본이 급성장하던 시기에 서구에서는 1929～1933년의 대공황이 일어났다. 그래서 중국은 1936년에 불가피하게 은본위제를 포기했는데, 1937년에는 일본의 전면적인 침략이 시작되어 다중적인 타격을 입었다. 민국의 경제는 붕괴되었고, 정부의 재정금융도 함께 붕괴했다. 1948년에 금원권金圓券[11] 도입 시도까지 실패함으로써, 민국 정부는 군인의 급료와 비품조차 지급할 수 없는 처지가 되었다. 중국인민해방군의 어떤 보고서에는 이런 언급이 있다. "그들은 너무 빨리 무너져서, 우리가 추격하기도 힘들 지경이다." 한쪽은 일반 서민들이 수레에 전병煎餠을 실어서 보급하는 식이고, 다른 한쪽은 정부의 재정으로 급료와 비품을 지급했는데, 결과는 현대적인 재정금융으로 현대적 군대를 유지한 쪽이 패배하고 전통이 승리했다. 바꾸어 말하면 건국 초기에 중국은 철저하게 전통화되어 있었고, 전체 인구의 88퍼센트를 차지하는 농민 인구가 도시의 현대화와 관계없이 수천 년의 전통적인 소농경제를 회복했기 때문에, 민국을 10여 년 동안 괴롭혀온 극심한 인플레이션 위기가 완화

11 민국 정부가 1948년에 발행한 지폐.

될 수 있었다는 것이다.

이와 비교하면 1980년의 농촌 개혁에서 우리는 도대체 무엇을 한 것인가? 사실상 이것 역시 전통적인 소농경제를 회복한 것에 불과하다. 도시경제는 1970년대 초에 국외에서 43억 달러의 설비를 도입하는 조치를 취하고, 1970년대 후반에는 82억 달러를 들여오는 '양약진'洋躍進을 시행했는데, 단기적인 자본 집중으로 말미암아 과도한 채무 집중의 위험이 초래되었고, 이것이 위기를 폭발시켰다. 이후 농민들이 소농경제로 돌아감으로써, 소농 촌락공동체의 내부화(internalization) 메커니즘을 이용하여 위기를 완화할 수 있었다.

이처럼 여러 차례 위기를 겪었지만 무너지지 않은 중국의 경험의 핵심은 바로 이원구조 체제 하의 농촌이고, 외부적 대가를 내부화해서 처리하는 메커니즘이다. 민국이 남긴 극심한 인플레이션 위기를 1950년에 해결할 때도 소농경제의 회복에 의존했고, 연속해서 과도하게 외자를 도입하여 초래된 위기를 1980년에 해결할 때도 역시 소농경제의 회복에 의존했다.

사고를 좀 더 진전시켜보자. 서방의 이데올로기를 원용하여 본다면, 1950년 토지개혁 이후 모두 일정량의 토지를 소유하게 된 88퍼센트의 농민들은 그 계급적 속성이 무엇인가? 당연히 '소자산계급' 성분의 소농일 것이다. 1949~1950년에 중국은 공업 인구가 전체 인구 가운데 5퍼센트에 미치지 못한다고 발표했다. 여기에는 공장에서 일하는 노동자뿐 아니라 그들의 가족까지 포함된다. 즉 나머지 95퍼센트의 인구는 본질적으로 소자산계급에 속한다. 따라서 신중국은 세계 최대의 소자산계급 또는 소농 국가라고 할 수 있다. 우리가 실현한 것은 사실상 역대 어느 왕조의 농민계급이라도 모두 가지고 있던 기본적인 열망, 즉 경자유전일 뿐이었다.

지금 정부가 무리하게 급진적으로 토지 사유화를 전면 추진하지만 않는다면, 그리고 외부 자본이 무리하게 농촌에서 농민의 토지를 빼앗도록 내버려두지만 않는다면, 아직도 사회 안정을 지킬 가능성은 남아 있다. 중국의 정치가는 소농 촌락공동체가 중국의 안정의 기틀임을 알아야 한다. 지금처럼 모순적인 국가 정세와 복잡한 지정학적 환경을 배경으로 둔 상황에서, 도시에 의존해서 공업을 발전시키고, 정부에 의존해서 금융자본을 강화하여 내외적 안정을 도모하고자 한다면, 그것은 중국의 경험을 이해하지 못하거나 또는 상식이 부족한 신세대임을 자인하는 꼴이다.

21세기 초 사회구조 변화의 최신 상황을 보면, 중국은 중간 정도 수입을 가진 3억여 명의 집단이 세계 최대의 중산층으로 변모한 국가가 되었다. 사회의 가장 큰 기초를 이루는 소자산계급은 여전히 존재하지만, 그 위에 중산층이라는 새로운 계급이 더해졌다.

본래 중국의 사회구조는 소자산계급이 주체를 이루었고, 이 거대한 기반 위에 국가가 독점한 아주 작은 자본이 있었다. 그동안의 개혁은 이것을 상대적으로 안정적인 피라미드 구조로 만드는 것에 다름 아니었다. 가장 아래에는 여전히 전체 인구의 70퍼센트 내외를 차지하는 소자산계급이 있다. 농민은 토지를 가지고 있기만 하면 여전히 소자산계급이다. 만약 농민이 모두 토지를 소유하고 있다면,

그들은 분명 세계에서 가장 안정적인 사회 기반일 것이다. 중국은 그렇게 오랜 기간 공업화를 위한 원시적 축적에 따른 가혹한 박탈의 과정을 겪었는데, 여전히 기본적인 안정을 유지하고 있다. 이는 다름 아니라 방대한 밑받침, 즉 소자산계급 농민이 있었기 때문에 가능한 일이었다.

오늘날 중국사회에서 벌어지는 여러 정치적 변화는, 새로 생겨난 3억여 명의 중산층이 대형 독점자본에 권리를 요구한 데 따른 것이다. 즉 중산층이 권리를 분할하거나 빼앗으려는 투쟁의 과정인 셈이다. 그래서 나는 줄곧 농민들에게, 스스로 중산층이 아니라면 거기에 끼어들지 말라고 강조한다. 중산층의 분권 요구와 소자산계급 농민의 이익은 결코 직접적으로 일치하지 않기 때문이다. 소자산계급 농민의 경제적 이익에 대한 요구는 지나치게 분산되어 있어서, 통일적인 계급의지로 형성되기 어렵다. 기본적으로 그들은 자각적인 계급이 되기 어렵다. 이 점은 우리가 향촌 건설을 실천할 때, 이미 선배 학자들이 연구를 통해 명확하게 밝힌 바이고, 당시 우리가 실천을 통해 확인한 결과도 다르지 않다. 향촌 건설은 일종의 역사적 개량으로서, 소자산계급 농민이 스스로 교섭 능력을 좀 더 갖게 하는 것일 뿐, 농민들을 서구적인 형태의 계급 투쟁에 부합하는 존재로 만들려는 것이 결코 아니다.

그러면 중산층은 통일적인 계급의지와 계급적 요구를 형성할 수 있는가? 당대 서구의 중산층 정치운동의 경험을 놓고 볼 때, 역시 아니다. 중산층 역시 자각적인 계급이 될 수 없다는 점에서, 소자산계급과 본질적인 차이가 전혀 없다. 서구에서 중산층의 이익에 대한 요구는 다원화되어 있어서, 녹색주의의 함의를 갖는 정치도 다양화되는 추세를 보이며 유럽 각지에 만연해 있다. 그런데 미국에서는 왜 신자유주의가 주도하는 것인가? 미국은 대자본의 정치이기 때문이다. 유럽에서 보편적인 것은 중산층으로, 유럽의 중산층 인구는 전체의 70퍼센트 이상이다. 그런데도 통일되고 계급적 자각을 갖는 요구를 내놓지 못한다. 오늘날 유럽의 정치가 힘을 잃는 것은, 중산층이 제기하는 요구가 지나치게 잡다하고 분산되어 있기 때문이다. 유일하게 그들이 공동으로 제기했다고 볼 수 있는 요구는 '일은 적게 하고 휴식은 많이 하자'로, 복지에 대한 요구를 과도하게 정치화하여 표출한 것이다. 그러다보니 경제의 탈실물화와 기업 채무 과중 현상이 벌어지게 되었다. 이것이 오늘날 유럽의 정치 현실이다.

그렇다면 세계를 이끄는 것은 누구인가? 패권적 지위를 독점한 미국이다. 미국이 서방세계를 이끌 수 있는 것은, 세계 대금융자본이 미국에 가장 집중되어 있기 때문이고, 독점적 집단으로서 패권적 이익을 지키는 대자본의 독점자본계급으로서의 자각을 미국 자신이 가지고 있기 때문이다. 즉 일극 패권의 지배를 강화하고, 이를 통해 달러화의 신용 체계를 정치적으로 지탱하는 것이다. 따라서 달러화가 비록 심각한 버블 상태에 이르렀지만, 여전히 세계 제일의 강력한 화폐로 존재할 수 있다. 미국은 자신의 금융 헤게모니 밖에 중국이 정치권력에 의존하여 자기 화폐를 발행하는 또 하나의 자기 금융화 체계를 세우는 것을 허락하지 않는다. 일단 중국이 새로운 길을 열어서 주변국들을 위안화의 영향권으로 끌어들이면, 여타 국가들도 그것을 본받으려 할 것이고, 그러면 글로벌 금융시스템을 중앙집권적으로 통제하는 미국의 헤게모니는 효력을 잃게 되기 때문이다.

오늘날 헤게모니에 대한 반대가 진정으로 실제적 의의를 가지려면, 중국처럼 방대한 실물경제를 보유하고 있는 초대형의 대륙국가에 의존해야 하고, 그 광활한 영토라는 조건을 이용하여 끊임없이 실물경제의 총량을 확대해야 한다. 중국사회가 안정을 유지하는 중요한 조건은, 소농이 소자산계급 집단으로서의 지위를 유지하는 것이거나 또는 소농이 토지를 외부 자본에 빼앗기지 않도록 보호하는 것이다. 청말 이래로 지식인들의 권력 투쟁에 대해, 소농과 결합하지 않는다고 비난하는 이들이 있었다. 그러나 그것은 말은 쉽지만 실현되기는 어려운 일이었다. 지난 백년 동안, 오직 중국적 특색을 갖는 향촌 건설의 경우에서만 양자가 비교적 효과적으로 결합할 수 있었다.

결론적으로 말하면 오늘날 중국사회에서 일어난 중대한 구조적 변화는 새로운 사회의 피라미드가 형성된 것이라고 할 수 있다. 지난 세월 동안 나는 학자로서 학술적 지위를 누리는 데 만족하지 않고, 제3세계 곳곳을 다니며 기층으로 내려가 조사 연구를 했다. 결정적으로 중요한 이 시기에 우리가 자칫 잘못해서 만사를 그르치는 과오를 범하게 될까 우려해서였다. 여러분 모두가 향촌으로 깊이 들어가서, 소자산계급 성분의 소농들과 마주앉아 교류하며, 그들이 외부의 주체와 대등하게 교섭할 수 있는 농민조직을 만들도록 최선을 다해 도와야 한다. 농민의 조직화가 제대로 되지 않는다면, 여타의 모든 듣기 좋은 소리들은 그저 공론에 그칠 것이다.

* 2011년 11월 18일, 화둥이공대학에서 열린 제5차 현향간부포럼(縣鄉幹部論壇)에서의 기조발언.

중국 농촌의 토지 사유화는 절대 안 된다

삼농 문제 해결과 거리가 먼 서구 이론

삼농三農 문제는 중국에만 있는 현상이 아니다. 여러 개발도상국에 오랫동안 보편적으로 존재해온 문제이다. 이에 대해 서구의 진지한 학자들은, 자신들의 경험이나 이론으로는 결코 적절한 해결책을 제시할 수 없다고 여긴다. 사실 중국뿐 아니라 일본과 한국 등을 포함한 동아시아 전체, 그리고 심지어 제3세계 전체를 살펴봐도, 서구의 주류 이데올로기 속에 고립적으로 존재하는 농업 문제 같은 것은 없다. 개발도상국이 고려해야 하는 주요한 문제는 농민의 생계, 농촌의 지속가능한 발전, 그리고 농업의 안정으로 요약되는 이른바 '삼농' 문제이다.

근래 학계에서는 '삼농' 문제에 대해 큰 관심을 보이고 있다. 그런데 여전히 적지 않은 학자들이 계속 서구의 이론을 가져다가, 상황이 완전히 다른 중국의 문제에 적용하려 한다. 서구 학계의 주류가 제기하는 '토지 사유화+시장화 전환을 통해 농업에서 규모의 경제 달성'이라는 발상이 중국 내에서도 광범위한 호응을 얻고 있다. 이는 이익집단의 영향 때문이기도 하지만, 다른 한편으로는 그것이 이론적 측면에서 비교적 높은 완결성을 가지고 있기 때문이기도 하다. 그러나 이런 이론은 개발도상국의 삼농 문제에 직접 적용하기에는 확실히 경험적 근거가 부족하다. 인구가 1억 명이 넘는 거의 모든 대형 개발도상국의 경우, 서구의 제도를 받아들이거나 시행한 이후 농민들이 토지를 잃고 도시가 빈민굴이 되는 현상이 보편적으로 벌어졌고, 이것이 사회적 혼란을 초래했다.

따라서 중국의 주류학계는 중국 농촌의 토지제도 개혁을 보는 관점을 정립할 때 사실상 서구 이론을 통해 유추하는 방식을 택했지만, 동시에 모형을 통한 검증의 과정을 거쳤다. 분명한 점은, 이 토지 사유화의 논리가 여전히 경험적 차원에서 최소한의 검증을 받아야 하는 것이라는 사실이다. 개발도상국이 비용을 외부로 전가할 수 없는 상황에서 공업화의 속도를 높이면, 어떤 주의나 제도나 정부나 지도자 하에서든 농업자원과 생산력의 제 요소가 대량으로 순유출되는 현상이 벌어진다. 이 과정에서 여러 복잡한 요소로 인해 발생되는 삼농의 곤경은, 외부로부터 도입된 급진적인 이론이나 정책에 의지해서는 깨끗하게 해결할 수 없다.

필자도 1980년대에는 서구의 주류 이론이 세운 논리에 의지해서 중국의 농촌 문제를 이해하는 데 주력했고, 토지소유권의 전면적인 사유화를 시행해야만 토지의 매매와 자유로운 양도와 합병을 통한 집중에 유리하다고 여겼다. 그래야 한편으로 농업에서도 토지의 규모의 경제가 실현되고, 국제적인 시장 경쟁에 참여하여 규모의 수익(return to scale)을 확보할 수 있으며, 다른 한편으로 농업의 잉여노동력과 인구가 자연스럽게 도시화 과정으로 흡수될 수 있다고 보았다. 그래서 신고전주의 경제학과 제도주의 경제학의 이론을 농촌에 대한 조사 연구를 할 때 중심적인 사상으로 삼았다. 그러나 이후 중국 안팎에 대한 광범위한 조사와 개발도상국에 대한 비교 연구를 통해서, 확고하던 믿음이 점차 흔들리며 의문을 갖게 되었다. 대다수 개발도상국의 사례에서는 이 논리를 뒷받침할 경험적 근거를 도무지 찾을 수 없었기 때문에, 사유화가 필연적으로 자유화로 이어진다는 이 논리가 언뜻 보기에 허점이 없는 것 같지만 사실은 사이비라는 점을 비로소 깨닫게 된 것이다.

토지의 규모의 경제는
특정 사례에 국한된 서구 이론일 뿐

객관적 사실이 웅변을 이기고, 역사적 경험이 주관적으로 구성한 이론보다 강하게 마련이다. '토지 사유화＋시장화 전환을 통해 농업에서 규모의 경제 달성'이라는 논리는 개발도상국과 동아시아 국가의 경험에 입각한 근거가 뒷받침되지 않은 것이다. 즉 오랜 역사의 발전 과정에서나 구체적인 현실의 변화 속에서 이 논리를 뒷받침하는 객관적인 경험을 찾기는 매우 어렵다.

서구의 선진국 가운데 구유럽 국가, 즉 영국 같은 식민지 종주국에서든, 패전 이후 완전히 식민지를 잃어버리고 더 이상 외부로 인구를 내보내지 못한 일본 같은 동아시아의 산업화된 국가에서든, 객관적으로 '소유권 사유화+시장화 전환' 등의 제도적 조치를 통해 토지의 규모의 경제를 실현할 수 있는 조건을 갖춘 경우는 전혀 없었다. 또한 유럽연합이나 한국과 일본의 농업 경험에서도, 중국에서 유행하는 이 주관적으로 구성된 이론을 뒷받침할 근거를 찾을 수 없다.

세상에는 분명 어떤 특정 국가만의 제한된 경험도 존재하지만, 이는 후대에 반복할 수 있는 것이 아니다. 구유럽에서 전통적인 농업사회가 근현대적 공업화와 도시화의 전환을 겪는 과정에서, 종주국은 자신의 잉여 인구와 빈곤 인구 및 범죄자들을 외부로 대규모 이주시켰고, 그럼으로써 식민지와 반식민지의 자원을 약탈했다. 이 과정에서 본국의 인구와 토지와 자원 사이의 모순이 완화되었고, 공업화와 도시화로 인해 발생하는 사회적 전환에 따른 여러 부담도 더불어 완화되었다. 그리고 현대적 정치경제 제도를 건설하기 위한 전제 조건이 만들어졌다.

주로 유럽에서 온 이주민들이 새로 세운 식민지 국가는 해당 지역의 토착민들을 대규모로 학살하고 나머지 땅들을 전부 '보류지'保

留地로 점거함으로써 광활한 토지와 천연자원을 독점했기 때문에, 여전히 토착민 인구가 대부분을 차지하는 국가(중국이나 인도)에 비해 그 내부적 모순이 상대적으로 훨씬 덜했다.

유럽 국가들이 대규모로 식민지화를 추진하던 수백 년 동안 서구의 공업화에 따른 제도의 비용은 내부에서 외부로 전가되었고, 자원은 외부에서 내부로 이전되었다. 이를 바탕으로 구유럽 국가들은, 오늘날 중국이나 기타 제3세계 국가들을 장기간 괴롭혀온 삼농 문제를 피할 수 있었다.

객관적으로 '시야를 전 세계에 둔다면', 세계에서 불과 10개를 넘지 않는 대농업 국가들만이 토지의 규모의 경제를 실현하고 농업에서 규모의 수익을 거둘 수 있는 조건을 갖추고 있음을 발견하게 될 것이다. 그 국가들은 거의 전부가 식민지화 과정 중에 해당 지역의 토착민을 대규모로 학살하고 농지를 개척한 경우이다. 그 경우를 제외한 구유럽의 선진국들은 이미 수백 년의 시장화 경험을 가지고 있지만, 교과서에 실려 있는 '규모의 경제'를 농업에서 실현한 경우는 전혀 없고, 지금까지도 여전히 소농장 위주이거나, 3분의 2의 농업 경영자가 여전히 겸업을 하고 있다. 동아시아의 산업화 국가와 지역 가운데 한국과 일본 및 타이완은 중국보다 앞서 온전한 시장경제의 단계로 접어들었는데, 농업은 지금까지 여전히 소농경제 위주이다. 심지어 토지의 규모의 경제를 실현했다는 미국조차도, 그 농업을 완전히 자유시장이라는 교조화된 이론에 따라 운영하지는 않는다. 주지하듯이 미국의 대농장 농업은 그 어떤 개발도상국의 경우보다도 훨씬 많은 정부 보조를 받고 있다.

사실 서구의 선진국이 공업화와 도시화 및 농업에서 규모의 확대와 산업화를 순조롭게('순조롭게'라는 말에 주의할 필요가 있다) 실현할 수 있었던 전제는, 그 본질이 식민주의와 제국주의이다. 서구중심주의에서 파생된 이 두 가지 흐름을 떠나서는, 서구적인 현대화 모델이란 생각하기도 어려운 것이다.

서구의 교조적 가르침에 충실한 개발도상국

식민 본국의 제도적 유산을 계승하여 '사유화＋시장화'라는 교조를 실행으로 옮긴 개발도상국 가운데 아직까지 농업 현대화와 토지의 규모의 경제를 통해 본토의 문제를 성공적으로 해결한 사례를 발견할 수 없다. 오히려 상대적으로 성공을 거둔 것은 이 이론을 따르지 않은 경우였다.

인도든 방글라데시든 인도네시아든 멕시코든 브라질이든 어느 나라를 막론하고 개발도상국 가운데 인구 대국이 공통적으로 직면한 곤경은, 공업화 과정에서 외부로부터 자본을 축적해올 수 없고, 또한 비용을 외부로 전가할 수도 없다는 것이다. 오로지 내부에서, 특히 주로 '삼농'을 통해 자본의 원시적 축적을 이룰 수밖에 없고, 오로지 내부에서 제도의 비용을 소화할 수밖에 없다. 이런 곤경에 처해서 만약 토지의 사유화와 자유로운 매매를 방임한다면, 저비용으로 빠르게 공업화와 농업 현대화를 실현할 수 없음은 물론이고, 오히려 한편으로는 농촌이 쇠락하고 소농이 파산하여 돌아갈 땅조차 없게 될 것이고, 다른 한편으로는 땅을 빼앗긴 농민들이 대거 도시로 밀려들어 일자리를 구하지 못해서 도시화가 아니라 도시의 빈민굴화가 실현될 것이다. 서구의 이론에 따라 '토지 사유화+시장화 전환'을 실행한 결과는 예외 없이 빈부의 양극화, 농촌 빈곤지역에서의 게릴라전, 도시 빈민굴의 범죄조직 만연, 그리고 심지어 테러리즘으로의 경도였다.

토지 사유화를 완전하게 시행해서 설령 토지자원이 풍부해지고 규모의 경제가 실현된다고 해도, 공업화의 제도의 비용을 외부로 전가할 수 있는 조건이 마련되지 않는다면 삼농의 문제는 여전히 존재할 것이다. 그 가장 전형적인 사례가 인도이다. 인도는 중국과 함께 세계에서 가장 큰 개발도상국이다. 인도의 경지 비율과 1인당 평균 경지 면적은 모두 중국보다 우월하고, 농업의 자연적 조건 역시 중국보다 낫다. 그러나 토지 사유화와 시장화로의 자유로운 전환이 인도에게 가져다준 결과는 한편으로는 지주와 플랜테이션 농장주가 토지를 독점하고 농민의 3분의 1이 토지를 갖지 못하는 것이고, 다른 한편으로는 농촌에서의 게릴라전과 도시의 빈민굴이 출현한 것이다.

다음으로 멕시코의 경우를 보자. 일찍이 백년 전에 서구인들이 멕시코에서 식민지화를 추진하면서, 토착민의 인구는 대폭 감소했고, 그래서 멕시코의 토지자원은 상대적으로 풍족해졌다. 그러다가 경자유전耕者有田을 실현하기 위한 혁명이 일어났고, 이어서 라자로 카르데나스Lázaro Cárdenas(1895~1970)[1]의 급진적인 개혁이 전개되었다. 1990년대 이래로 자본의 글로벌화가 진행되고 북미자유무역협정(NAFTA)이 체결되면서, 멕시코에서는 다시 토지 사유화와 시장화가 속도를 높였다. 그 결과 익히 알려진 사회적 저항, 즉 치아파스Chiapas주의 장장 10년에 걸친 농민 게릴라 운동이 벌어졌다.

브라질의 사례도 있다. 브라질은 자연적 조건이 매우 뛰어나다. 중국은 비교할 수도 없고, 멕시코보다도 훨씬 좋다. 브라질은 도시화율이 82퍼센트에 이르고, 1인당 국민소득은 8000달러에 가깝다. 또한 대농장이 셀 수 없이 많다. 그러나 이런 브라질에도 전국적으로 기아에 시달리는 사람이 적지 않고, '땅 없는 농민들의 운동'이 대규모로 일어난다. 또한 대도시마다 100만 명이 몰려 있는 대형 빈민굴이 여러 군데 형성되어 있다. 이해하기 힘든 것은, '사유화+시장화'라는 교조를 따르다가 실패한 경험이 비일비재한데도 학계에서는 여전히 적지 않은 학자들이 그것을 깊이 신뢰하고 있다는 점이다.

제2차 세계대전 이후 동아시아에서 농업의 현대화와 도시화를 실현한 나라는 일본과 한국, 그리고 중국의 일부인 타이완이다. 마침 전후의 황금시대와 냉전의 수요를 만나서 미국의 지원을 얻게 되었다는 점 이외에도, '사유화+시장화'라는 교조를 단순하게 따르지

---

1 1934년에 당선된 멕시코의 대통령. 유전을 포함한 외국인 소유 산업의 몰수와 국유화 정책을 펼쳤다.

않고 오랫동안 '일본·한국·타이완 모델', 즉 소농경제를 기초로 한 종합적인 협동조합 체계를 견지한 데서 효과를 얻었다는 점을 그것이 가능했던 이유로 꼽을 수 있다. 즉 소농 간의 협력이라는 역량을 바탕으로 농촌을 안정시키기 위해, 외부 자본이 어떤 형식으로든 농업 및 농업 관련 영역에 개입하는 것을 저지했고, 협동조합이 농업 관련 영역에서 얻은 수익을 통해 농업생산 영역에서 취약한 소농이 갖는 한계를 보완해준 것이다. 이런 경험을 중국은 충분히 주목할 필요가 있다.

중국 신농촌 건설과 배치되는 토지 사유화

중국의 중요한 경험 가운데 하나는, 공업화와 도시화의 속도를 높인 시기에도 그에 수반하여 대규모의 빈민굴이 형성되는 일이 전혀 벌어지지 않았다는 것이다. 이는 전 세계 개발도상국 가운데 인구 대국의 경우에는 유일한 사례이다.

또 다른 중요한 경험 하나는, 인구 과다로 토지가 넉넉지 않은 상황에서, 인구에 따라 토지를 평균적으로 배분하여 각 가구가 재산권을 갖게 한 현재와 같은 농촌의 토지제도가 농민이 생존을 유지하게 하는 기본적인 보장이 되고 동시에 중국의 여러 차례 경제 위기를 연착륙시키는 객관적인 기초가 되었다는 것이다.

이 두 가지 경험에는 그 이면에서 중국 농민의 두 가지 자유가 작용했다. 중국 농민이 현재 살아가는 형편을 보면, 도시에 가서 일을 하면서 동시에 농촌에서 농사도 지어야 비로소 비교적 안정적인 생활수준을 유지할 수 있다. 이는 그 가운데 하나만 하고서도 안정적으로 생활할 수 있는 경우와 비교하면 부족하다고 하겠지만, 하나만 하고서 안정적인 생활수준을 유지하지 못하는 경우와 비교하면, 특수한 제도적 장점을 누리는 것이라고 할 수 있다.

따라서 중국에서 가장 많은 인구를 차지하는 농민에게는 두 가지 자유가 보장되어야 한다. 자유롭게 도시로 가서 일을 하고 장사를 할 자유가 있어야 할 뿐 아니라, 다시 농촌으로 돌아와서 농사를 지어 생계를 해결할 자유도 보장되어야 하는 것이다. 도시로 갈 자유와 다시 돌아올 자유만 보장된다면 사회는 안정을 유지할 수 있다.

일단 토지 사유화와 자유로운 매매가 허용된다면, 농업을 통해 이윤을 추구하지 않는 소농은 지방 권력과 자본이 결탁하여 개입해 들어오는 위세 앞에 대부분 토지를 잃게 된다. 비록 표면적으로는 자유로운 거래로 보이지만, 사실은 힘을 가진 세력에게 쫓겨나는 것이다. 또한 농촌에서 생존의 근거를 잃은 농민들은 도시에서도 완전히 뿌리를 내리지 못한다. 결국 도시에 빈민굴이 형성되고 농촌사회에 충돌이 빚어지는 현상이 동시에 심화된다. 대규모의 사회적 혼란은 피하기 어려울 것이고, 그 격렬함은 어느 개발도상국보다 훨씬 더 심할 것이다.

그러므로 현재 중국 농촌에 형성된 이런 기본적인 제도는 오랜 실천을 통해 검증된 것으로, 총체적으로 보아 중국의 상황에 잘 부합하는 제도라고 할 수 있다. 비록 중국의 삼농 문제가 심각하다고 하지만, 여타 개발도상국과 비교하면 아직까지는 비교적 양호한 편에 속한다. 만약 농업 외적인 거시적 차원에서 중대한 정책적 조정을 할 만한 조건이 마련되지 않는다면, 농촌의 이런 기본적인 경제 제도는 섣불리 바꾸지 말고 계속 유지해야 한다.

개발도상국에는 모두 삼농 문제가 있는데, 단기적이고 급진적인 수단으로 이 삼농 문제를 해결한 그 어떤 선례도 존재하지 않는다. 따라서 중국의 삼농 문제를 완화시키는 방법은 오로지 현재의 기본적인 제도에 입각해서 장기적이고 개량적으로 신농촌 건설의 길을 가는 것밖에 없다. 그 핵심 내용은 농민의 협력을 대대적으로 이끌어내서 농업의 조직화 정도를 높이는 것이다. 종합적 성격의 협동조합을 기초로 한 걸음 더 나아가 농민협회를 조직해서 이로써 향촌의 자치를 실현하고, 갈수록 증가하는 국가관리 비용을 줄여야 한다. 이런 방면에서 일본과 한국 및 중국의 일부인 타이완의 경험은 참고할 만한 가치가 있다.

중국은 세계에서 가장 엄격한 경지 보호제도를 제정했다. 그러나 경지 보호를 중앙정부에만 의존해서는 안 되고, 농민 역시 경지 보호에 적극적으로 역할을 해야 한다. 만약 종합적 성격의 농민협회를 만들어서, 조직된 농민이 지방 권력 및 자본과의 게임에서 협상할 수 있는 지위를 갖게 한다면, 그들 자신의 토지 재산을 지킬 수 있을 것이다. 신농촌 건설은 농민이 주체가 되는 것을 강조한다. 그럼으로써 국가의 전략적 조정의 성공과 농촌의 장기적인 안정적 발전에 기반이 되는 역할을 할 수 있는 것이다. 또한 그것을 통해 지방의 공업화와 농촌의 성진화城鎮化를 강력하게 촉진할 수 있다고 본다.

* 『홍기문고』紅旗文稿, 求是, 2009년 1월 발표.

삼농 문제에 대한 세기적 성찰

　　오늘날처럼 변화무쌍한 시대에 어떤 일을 처음부터 끝까지 완수하기 위해서는 운이 좋아야 한다. 그런 점에서 보면 나는 운이 무척 좋았다. 1980년대에 농촌 개혁의 '실험지구'를 만드는 데 처음부터 관여하여 11년 동안이나 참여했을 뿐 아니라, 근래에는 뜻밖에도 조용히 앉아서 이 실험의 성과를 정리할 기회까지 얻었기 때문이다. 이 기간에 나는 정진해서 책을 읽고, 그것을 통해 부족함을 깨닫고, 한 걸음 더 나아가 과거 삼농 문제를 제기한 이후 이론을 끊임없이 실천으로 구현하고자 한 과정에 대해 성찰함으로써 심화된 인식을 얻을 수 있었다. 방법론에 대한 상식을 가지고 있는 사람이라면 누구든, '실험'이 끊임없는 시행착오와 반증을 통해 과학적으로 해답을 구하는 과정임을 알 것이다. 즉 대부분의 실험이 문제가 생기거나 성공하지 못할지라도, 그것은 예견에 부합하는 정상적인 현상일 뿐이니 비난할 필요가 없다는 것이다.

농촌 개혁과 관련된 학계의 인사들은, 중국이 지난 10여 년 동안 각 지역의 실험지구에서 실천한 일들이 다름 아니라 신고전학파 경제학의 기본 이론에 따라 시장화를 추구하고, 신제도학파의 이론에 따라 재산권을 명확하게 한 것이었음을 모두 잘 알고 있다. 이 기간에 나는 모든 이론을 객관적으로 받아들이기 위해서, '가져오기 주의'(拿來主義)[1]에 입각하여 학계 여러 학파의 인사들을 '스승'으로 예우하고 차별 없이 대했다. 이론적인 문제를 토론하는 여러 자리에서도, 나 자신이 절대 이론을 다루는 사람이 아니라 단지 '실험자'일 뿐임을 강조했다. 지금도 역시, 내가 그동안 제기한 것은 농촌 기층사회의 객관적 상황에 대한 감성적 인식일 뿐이라고 여기고 있다. 따라서 이 글도 '삼농 문제'라는 거대한 텍스트를 '현장파'의 한 사람으로서 시험 삼아 읽어보고 느낀 바를 서술한 것에 불과하다고 할 수 있다.

중국의 문제는 무엇인가?

오랫동안 기층에서 고생하며 경험을 쌓는 과정에서 나는 책 속의 이론에 현혹되었다가 현실의 수많은 조사 연구를 통해 그 현혹에

---

1 루쉰魯迅이 제기한, 적극적으로 외래문화를 수용하는 자세.

서 깨어나는 경험을 여러 차례 했고, 그러면서 점차 혼란에 빠지지 않게 되었다. 중국에는 거의 백년 동안 서구의 영향을 받아서 형성된 사상과 이론 체계가 존재하는데, 이것의 문제는 서구에서 유래한 과학 및 그 배후의 과학철학과 중국의 실제 현실 및 전통적 이론을 어떻게 서로 결합시킬 것인가이다. 당대 중국의 사회과학 이론 연구에서 절대적인 지위를 차지하고 있는 마르크스주의 정치경제학과 자유주의 경제학도 모두 외래 이론과 중국의 실제 현실을 결합시켜야 하는 문제를 안고 있다. 마오쩌둥이든 덩샤오핑이든, 또는 국내외의 어떤 저명한 학자라도, 지금까지 이 문제를 제대로 해결한 경우는 없다. 중국은 지금까지도 여전히 농촌 인구가 절대적인 비중을 차지하는 농민국가이기 때문이다. 중국에서 지난 백년 동안 벌어진 세 차례의 내전은 농민혁명이 주체인 '토지혁명전쟁'이라고 일컬어진다. 해방 이후의 신민주주의는 농민의 요구를 충족시키는 토지개혁에서 시작되었다. 사회주의적 개조 역시 농민을 조직하는 합작화合作化에서 시작했다. 근래 20년 동안의 개혁도 농민의 자발적인 개혁인 '전면적 생산청부제'(大包干)에서 출발한 것이다. 어떤 외래 사상이나 내생적 이론을 동원하더라도, 결국 농촌과 농민과 농업이라는 이 '삼농 문제'를 제대로 설명할 수 있는지를 통해서 검증받을 수밖에 없다.

이 점을 감안하여 나는 금세기 초 이래의 중국 문제 연구에 대해, 모두가 알고 있을 만큼 간단한 하나의 가설을 제기했다. 중국의 문제는 기본적으로 '인구는 팽창하고 자원은 부족한 농민국가가 공업화의 발전을 어떻게 추구할 것인가의 문제'라는 것이다.

이 가설에서 출발하여 진행한 연구는 '두 가지 기본 모순과 두 가지 역사적 단계'로 추상화될 수 있고, 지난 백년의 경제 발전은 '농민국가인 중국의 네 차례의 공업화'로 요약될 수 있다. 연구를 통해 도출된 결론은 더욱 간단하다. '그 어떤 제도적 안배도 결국 거시적 환경의 제약 속에 요소의 구조가 변화한 데 따른 결과물이지, 그것의 전제는 아니라는 것'이다.

그에 관한 구체적인 설명은 다음과 같다.

중국의 근대 농촌혁명이 가능했던 이유

쑨중산孫中山(쑨원)이 구민주주의 혁명을 막 일으켰을 때 내세운 구호인 '민생주의'民生主義에는 역대 농민반란이 제기한 요구인 '평균지권'平均地權(균등한 토지 소유)이 중요한 양대 내용 가운데 하나로 들어 있었고, 따라서 곧바로 보황파保皇派와의 사이에 농촌의 토지 소유 문제를 둘러싼 논쟁이 벌어졌다. 그런데 쑨중산과 그 동지들은 이론적으로 밀리지는 않았지만, 얼마 후 혁명을 실천하는 과정에서 중요한 교훈을 얻게 되었다. 농민은 혁명으로 움직이지 않는다는 것이었다. 그는 중국 농촌사회의 불평등이 단지 '큰 빈곤과 작은 빈곤의 구분'일 뿐이라는 점을 깨달았다. 그래서 농민혁명을 일으킬 수 없었던 쑨중산은 '비밀결사'의 봉기로 방향을 전환했고, 혁명은 결국 제국주의 열강이 조종하는 군벌들의 패권 전쟁으로 전락하고 말았다.

청년 시기의 마오쩌둥은 1920년대에 농촌 현지조사를 통해 작성한 '후난농민운동 조사보고서'(湖南農民運動考察報告)에서, 사람들이 '건달 운동'(痞子運動)이라고 비난하는 농민운동을 높이 평가했다. 그리고 이를 통해 '중국사회 계급 분석'의 이론적 근거를 만들었다. 이후 추수봉기(秋收起義)[2]와 징강산井岡山의 근거지를 건설하는 과정에, '토호土豪를 공격하고 토지를 분배'함으로써 균등한 토지 소유를 실현하고자 시도했다. 그러다가 얼마 지나지 않아서 산간지역 소농의 잉여가 너무 적어 군대를 양성하기 어렵다는 사실을 깨닫고, 토지혁명을 '토호와 싸워서 군량을 조달하는' 쪽으로 전환했다. 그러나 이로 인해서, 좌경노선이 지배하는 중국공산당 중앙의 처벌을 받게 되었고, 자칫 생명을 잃을 뻔했다. 이후 징강산과 기타 근거지에서 홍군紅軍을 30만 명까지 확대하는 운동을 벌였지만, 중국의 '소비에트' 혁명은 소득 없이 막을 내렸다. 뒤에 홍군은 고난의 장정長征을 거쳐, 목적지를 여러 차례 바꾼 끝에 간신히 산베이陝北에 도달했다. 불과 3만 명의 병력으로 산베이의 가난한 향촌에 뿌리를 내리게 되었다. 그리고 '옌안延安 산골짜기에 피어난 마르크스주의'로 왕밍王明(1904~1974)[3]이 모스크바에서 들여온 소련식 교조주의를 물리치고 마침내 성공을 거두었다. 그 원인은 (항일전쟁이라는 외재적 원인을 제외하면) '토지를 빼앗아 분배하는 정책'을 '소작료 및 이자 삭감'(減租減息)

---

2 1927년 9월 7일에 후난湖南성과 장시江西성 일대에서 마오쩌둥이 주도하여 일으킨 농민봉기. 국민당 정규군에게 패배하여 징강산으로 들어가는 계기가 되었다.
3 본명은 천사오위陳紹禹. 중국의 혁명가. 1931년에 중국공산당 총서기 서리가 되어 코민테른의 지시에 따라 당을 이끌었으나, 이후 좌경 모험주의로 비판받았다.

으로 전환하고, '토호를 무조건 공격하는 정책'도 바꾼 것이었다. 즉 '리딩밍李鼎明(1881~1947)[4] 선생 같은 이를 개명한 신사紳士로 인정'하고, 농촌 기층 공동체의 전통적인 엘리트 중심 자치를 유지한 것이 그 관건이었다고 할 수 있다.『마오쩌둥 선집』毛澤東選集의 '모순론'矛盾論과 '실천론'實踐論 및 '우리 학습을 개조하자'(改造我們的學習) 같은 글은 중국공산당이 소련식 교조주의와 투쟁한 산물이었다.

고도로 분산된 소농경제 사회와 정부가 추구하는 현대화 사이의 적대적 모순

농민이 주체가 된 중국공산당이 여러 가지 교훈을 거쳐, 코민테른의 승인으로 도입된 좌경적 오류를 점차 바로잡아가는 가운데, 중국의 지식계도 1930년대에 비교적 진지한 성찰을 하게 된다. 중국의 상황을 주의 깊게 연구한 일군의 학자들이 '아시아적 생산양식'의 문제를 놓고 토론을 벌인 것이다. 그 의도는 만년의 마르크스가 아시아의 고대사회에 대한 인식이 부족했음을 스스로 반성하고, 토머스 모건Thomas Morgan(1866~1945)[5]과 찰스 다윈Charles Darwin에 근거한 자신(마르크스)의 관점으로는 서구의 '역사발전 다섯 단계'와 거리가 먼 중국의 특수성을 분석할 수 없다고 인정했음을 증명하려는 것이

---

4 농민 출신의 지식인. 교육자이자 의사로 활동하여 대중의 신망을 얻었다. 산간닝 변구陝甘寧邊區의 의회 부의장과 지방정부 부주석을 역임했다.
5 미국의 생물학자. 초파리에서 유전적 전달 메커니즘을 발견해서 1933년에 노벨 생리의학상을 수상했다.

었다. 이는 사실 중국사회과학 연구의 '현지화'(本土化)에 한 줄기 빛과도 같은 일이었다.

동양의 고대국가는 원시적 관개농업을 생존의 기초로 삼았는데, 이런 생산방식은 필연적으로 '집단'(가족)을 사회의 기본요소로 요구하게 마련이다. 따라서 그 사회적 발전과정은 원시적 수렵과 채집과 목축을 생존의 기초로 하며 '개인'을 사회의 기본요소로 하는 서구와 분명히 구별된다. 내가 이런 생각을 하게 된 것은, 일찍이 이 문제를 염두에 두면서 인류의 문화유산이 모여 있는 뉴욕 메트로폴리탄 박물관, 런던 대영박물관, 파리의 루브르박물관 등을 방문하여 진지하게 비교 관찰을 했기 때문이다. 인류가 씨족공동체 사회에서 고대국가로 발전하는 사회적 진화 과정에서, 동·서양의 차이는 매우 명확하다. 원시적 단계에서 생산방식의 차이는 곧 상이한 구조의 사회를 만들어내는 원인이 되었다. 서구는 채집과 수렵이라는 '적극적인 획득'을 특징으로 하는 생산방식 아래 있었기 때문에, 개인의 강인함과 능력이 가장 중시되었다. 따라서 개인이 부각되었고, 개인을 기본요소로 하는 사회가 형성되었다. 반면 동양, 특히 서구에 의해 완전히 식민지화되지 않은 중국은, 원시 부락에서 강물을 끌어오고 관개농업을 발전시키기 위해 협동노동을 하면서, 집단을 기본요소로 하는 사회와 '자급자족'의 생산방식 및 '저축으로 재난에 대비'하는 축적의 방식을 형성했다. 중국 최초의 국가라고 할 수 있는 하夏나라의 경우를 보면, 우禹 임금이 농업씨족공동체를 이끌고 황허黃河의 수해를 성공적으로 다스려서 국가를 세웠다. 계급적 억압과 전쟁을 통한 약탈에 근거했던 서구의 노예제 국가와는 완전히 달랐던 것이다.

세계사를 놓고 보면, 고대 농업사회가 '저축으로 재난에 대비'하는 축적 방식을 통해 형성한 재부財富에 대해 '적극적인 획득'의 생산 방식을 가지고 있던 지중해 문명은 크게 탐을 낼 수밖에 없었다. 그리고 거리가 가까울수록 정복은 더욱 용이했다. 나일 강 유역의 고대 이집트, 유프라테스 강 유역의 고대 바빌론, 갠지스 강 유역의 고대 인도는 차례로 서방에 정복당했고, 이후 그 집단적 문화는 점차 바뀌게 되었다. 그러나 중국은 거리도 멀었을 뿐 아니라, 서쪽과 남쪽에는 고비사막과 고원, 그리고 세계의 지붕인 히말라야 산맥이 버티고 있었고, 동쪽과 북쪽에는 태평양과 혹한의 시베리아 동토대가 가로막고 있었다. 이는 서구가 산업혁명을 하기 전까지 중국을 정복하지 못한 주요한 원인이었다.

1930년대에 전개된 토론의 결과에 주목할 필요가 있다. 당시 중국의 상황을 강조한 학자들이 '트로츠키파'로 몰려 공격당함에 따라, 학술계에서 역사적 유물론을 어떻게 중국의 상황과 결합시킬 것인가에 관한 진지한 토론은 중단되고 말았다. 일찍이 학계에 중대한 영향을 미친 『노예제 시대』奴隷制時代[6]는, 중국에도 서구와 마찬가지로 노예제 사회를 포함하는 다섯 단계의 역사발전 과정이 존재했다고 명확하게 주장함으로써 더욱 찬사를 받았다. 또한 일부 경제학자

6 궈모뤄郭沫若의 역사학, 고고학 논문집.

들은 비슷한 이유로 학계의 맹주가 되었다. 농촌 조사활동을 하면서 '10퍼센트도 안 되는 지주와 부농들이 80퍼센트의 토지를 점유하고 있다'는 중대한 판단을 내려서, 대규모의 토지개혁에 이론적 근거를 제공한 것이 그 이유였다.

제도가 경제 발전에 미치는 내재적 영향을 분명히 파악하기 위해, 나는 백여 년 동안의 농촌 상황에 대한 현지조사 결과를 정치적 관점과 관계없이 시간 순서에 따라 배치하여 연구를 진행했다. 그 결과 토지의 '소유권과 경작권의 분리'와 '양전제'兩田制가 오랜 기간에 형성된 내생적 제도임을 증명했다. 중국은 인구 증가로 인해 토지가 부족해지는 인구 – 토지 간 모순이 심각했기 때문에, 한편으로는 토지점유권이 소수의 사람에게 집중되지 못하고 점차 분산되는 현상이 나타났다. 그러나 다른 한편으로는 높은 소작료 때문에 토지 사용권이 농업생산능력이 가장 뛰어난 자영농에게 집중되었다. 따라서 실제로는 토지자원과 농업노동력이 대체로 정규분포를 이루었고,[•] 이것이 구舊중국이 오랫동안 안정적인 구조를 유지할 수 있었던 내재적 원인이다.

그렇다면 1949년 이전 중국의 민생의 고통과 계급 투쟁은 어떻게 설명할 수 있는가? 한 걸음 더 나아간 분석을 통해, 중국 근현대

7 전면적인 생산청부제에서 농가기 경작지를 '식량생산 농지'(口粮田)와 '도급 농지'(承包田)로 나누어서 청부맡아 경작하는 제도.
• 원톄쥔, 「백년 동안의 토지제도를 돌아봄」(土地制度的百年反思), 『전략과 관리』(戰略與管理), 1998년 제3기 참조.

사에서 소농경제의 파산을 초래한 가장 주요한 모순이 고리대금 및 상공업을 겸하는 지주와 농민들 사이의 모순임을 밝혀낼 수 있었다. 상공업 자본이 '싸게 구매해서 비싸게 파는' 방식을 통해 농민들을 착취하는 비율은, 소작료를 통해서 가져가는 것보다 배 이상 높았다. 그런데 고리대 자본의 착취율은 상공업 자본보다 더욱 높았다. 이런 과정이 함축하고 있는 본질적인 문제는 여전히 농민국가의 발전 문제이다. 즉 도시화와 공업화를 위해, 고도로 분산되어 있고 잉여량도 매우 적은 소농경제가 축적한 것을 어떻게 뽑아낼 것인가의 문제인 것이다.

그러므로 어떤 국가의 기본적인 제도가 얼마나 효과적인지를 평가하는 기준도 이와 관련하여 정해지게 된다. 공업화를 위해서는 농업으로부터 원시적 축적을 추출하는 이 역사적 단계를 건너뛸 수 없으므로, 고도로 분산되고 잉여도 매우 적은 수억의 소농과의 거래비용을 효과적으로 줄이고 자본을 축적하는 제도를 완성할 수 있다면, 이것이 바로 효과적인 제도이다.

두 가지 기본적인 문제

농촌 발전 자체의 필요라는 측면에서, 중국 농촌경제에 대한 연구는 주로 다음의 두 가지 기본적인 문제를 다루게 된다. 첫째는 인구에 비해 토지가 크게 부족한 중국적 상황에서 토지제도의 변천 문제이고, 둘째는 도농이원구조라는 근본적인 체제의 모순 속에서 농업 잉여를 분배하는 제도의 문제이다.

국가가 처한 근본적인 모순적 상황과 토지 문제

부분적 '공유지'⇒'사유지화'⇒'공유지화'⇒ 부분적 '공유지'

농민들(지주와 부농을 포함한)이 머릿수에 따라 균등하게 토지소유권을 갖는 것을 기본적 내용으로 하는 토지개혁은 제3차 토지혁명전쟁(즉 해방전쟁)의 결과로서, 사실상 과거 농촌의 '공유지'를 균등하게 분배하여 철저하게 '사유지화'(私田化)하는 것이었다.

이후 만들어진 호조조互助組[8]는 농민의 토지소유권을 변함없이 인정했다. 촌락 단위로 구성된 초급 합작사合作社[9] 또한 농민들이 가입을 통해 토지에 대한 권리를 갖도록 허락했다. 농민들이 토지소유권을 기본적으로 상실한 것은 자연촌락(씨족공동체)의 경계를 깨뜨린 고급 합작사가 만들어지면서부터이다. 이때 철저한 '공유지화'(公田化)가 이루어졌다. 그러나 1957~1962년의 불과 5년 만에 전국적으로 기근을 몰고 온 재난이 벌어지자, 농업정책은 다시 '생산대生産隊를 기초로 하도록' 조정되었다. 자연촌락을 기초로 하는 것으로 되

---

8 농촌에서 친족이나 가까운 이웃으로 구성된 소규모의 품앗이반.
9 호조조보다 발전된 형태의 협동조합 조직. 각 농가가 토지나 가축이나 농기구를 출자하여 공동으로 경영하는 형태. 20~30호 농가가 결합한 수준의 초급 합작사와, 초급 합작사 여러 개가 결합한 고급 합작사가 있다.

돌아간 것이다. 동시에 '삼자일포'三自一包[10]가 허락되었다. 개인경작지(自留地)나 자투리 개간지(拾邊地) 등의 형태로 농민들에게 토지소유권의 일부를 돌려준 것이다. 결국에는 '전면적 생산청부제'(大包干)의 형태로, '공유지화' 시기의 정부와 촌락공동체의 수익을 보장한다는 전제 하에, 대부분의 토지의 재산권을 농민에게 되돌려주었다.

현재 여러 지역에서는 재산권의 '이원적 구조'를 전제로 하는 '농촌공동체 지분합작제'(社區股份合作制)[11]를 시행하고 있다. 그 중심적 내용은 농민의 토지청부권을 주식 지분의 형태로 인정하는 것인데, 이로써 농촌공동체가 일부 '공유지'의 토지 권리를 갖는 동시에 농민들의 기본적인 권익도 보호할 수 있게 되었다. 반면 일부 지역에서 발생하는 정부와 농민 사이의 심각한 모순과 충돌은 대부분 과도하거나 또는 지나치게 낮은 가격으로 농민의 토지를 강점하는 데서 기인한다.

'농업국가 중국'이 처한 모순적 상황의 제약

장장 5000년의 중국 농업문명사를 종합해보면, 소농 촌락공동체 경제의 전통이 '인구에 비해 토지가 심각하게 부족한' 중국의 근본적인 모순적 상황과 밀접하게 연관되어 발전한 것임을 어렵지 않

---

10 '삼자'三自는 개인경작지(自留地), 자유시장自由市場, 손익의 자기책임(自負盈亏)을 가리키고, '일포'一包는 농가별 생산청부(包産到戶)를 뜻한다.
11 농촌을 떠나 도시로 일하러 가는 농민들이 소유하고 있는 토지청부권을 보호하기 위해, 주식 지분의 형태로 그 권리를 인정하고 이익배당금을 지급하는 제도.

게 알 수 있다. '농업국가 중국'이 처한 이 모순적 상황의 제약으로 인해, 역사상 큰 사변들은 종종 천재天災가 아니라 인재人災로 발생했다. 호족豪族들이 토지를 독점함으로써 '적어서 문제가 아니라 고르지 못해서 문제'(不患寡而患不均)[12]인 현실이 초래되었고, 정부가 큰 토목공사를 벌이거나 끊임없이 전쟁을 일으킴으로써 부역과 세금이 과중하게 되어 유랑민이 넘쳐나고 사회가 어지러워지는 일이 벌어졌다. 이런 때 천재가 발생하거나 외환外患이 생겨나면, 예외 없이 개혁이 일어나거나 또는 왕조가 바뀌었다. 그런 후 첫 번째로 내세우는 국가시책은 대부분 '균전면부'均田免賦였다.

이른바 '한나라와 당나라의 태평성대'(漢唐盛世)는 당시 '영토를 개척'하여 농업생산력의 외연을 확대한 일과 밀접한 연관이 있다. 기타 왕조 가운데 진晉나라와 수隋나라는 전란을 많이 겪었으니 예외로 하더라도, 송宋나라와 명明나라 때 시국이 어지러웠던 것은 영토가 협소하여 농업자원과 인구의 비례가 균형을 잃은 것이 주된 이유였다. 가장 극단적인 예는 몽고족의 중원 침략이다. 이민족이 침입을 했고, 게다가 귀족들이 '초야권'初夜權을 누리거나 백성들에게 '10호 연좌제'를 시행하는 등 폭정을 자행했지만, 원元 제국이 87년이나 통치를 유지할 수 있었던 것은, 영토가 유례없이 광대하여 사람과 토지 사이의 모순이 완화되었기 때문이다. 청淸나라의 경우도 원나라와 비슷했다. 만주족이 관문을 넘어 들어온 후 소수민족으로

---

12 『논어』論語 '계씨'季氏편에 나오는 구절.

서 280년이나 통치를 유지한 데는, '말 달린 만큼 토지를 차지하는' (跑馬占荒)[13] 전통을 빨리 버리고 중원의 도통道統을 전면적으로 계승한 것이 크게 작용했지만, 더욱 중요하게는 청나라 초기 광대한 영토를 바탕으로 한편으로는 '백성들을 변방으로 이주시키는'(移民實邊) 정책을 시행하고, 다른 한편으로는 '새로 늘어난 성인 인구에게 부역을 부가하지 않겠다'(新增人丁永不加賦)고 선언한 것이 결정적인 영향을 미쳤다. 이로써 전국적인 범위로 사람과 토지의 관계가 대폭 조정되어, '강희제康熙帝에서 건륭제乾隆帝에 이르는 태평성대'(康乾盛世)가 펼쳐졌다.

만청晚淸 이후로는 제국주의 열강의 침략으로 영토를 할양하고 배상금을 물어주었으며, 이어서 군벌들의 혼전을 겪어야 했다. 그런 와중에 인구가 증가하자, 중국의 1인당 평균 토지점유율은 급속히 하락했고, 빈부격차가 심화되었다. 청나라 초기에 영토를 확대하여 농업자원을 늘려놓은 것도 이미 별 소용이 없었다. 그러나 씨족 공동체 내부의 '양전제'와 '소유권과 경작권의 분리' 및 '재산 분할'(分家析産) 같은 안정적이면서 소농의 끊임없는 번식을 가능하게 하는 내부화된 제도 덕분에 농촌사회는 계속 유지될 수 있었다. 19세기 중엽의 태평천국 농민봉기, 제2차 세계대전을 전후한 일본의 침략, 그리고 두 차례의 내전은 수천만 명의 인구 감소(총 인구의 20~30퍼

---

13 만주족의 유목민적 전통. 정복자로서 하루 종일 말을 달려 경계선을 그은 만큼 자신의 토지로 차지한다.

센트)를 초래했고, 이런 조정의 변수들은 사람과 토지의 관계에 크든 작든 간에 영향을 미쳤다. 그런데 전국적인 범위에서 무조건적으로 진행된 사람과 토지 관계의 재조정은 확연한 지역 간의 격차를 드러냈다. 남방은 소작농이 많고 북방은 자영농이 많았지만, 농민의 생활수준은 남방이 오히려 북방보다 나았던 것은 그런 지역 간 격차의 직접적 표현이었다. 이는 이후 농민혁명이 왜 주로 북방에서 형성되었는지를 설명해주는 주요한 근거가 된다.

이후 토지혁명전쟁에서 승리하자 마오쩌둥은 토지개혁을 통해 농민들에게 토지를 분배했다. 덩샤오핑도 15년 동안 불변이라는 '전면적 생산청부제'를 통해 농민들에게 토지를 균등하게 분배했다. 중국의 3세대 지도부는 '전례를 그대로 이어받아'(蕭規曹隨)[14] 농민들에게 '토지의 가정생산청부권'을 30년 동안 바꾸지 않겠다는 정치적 약속을 했다. 이 세 경우는 모두 토지의 균등 분배를 공통적 특징으로 하는 제도적 안배로서, 촌락공동체를 경계로 인구에 따라 토지를 분배한 것이었다. 모두가 인구에 비해 토지가 절대적으로 부족한 환경에서 취할 수밖에 없었던 선택의 결과였다. 우리가 지금까지 늘 생각하면서도 확실하게 말할 수 없었던 문제, 즉 중국의 농촌이 양극화로 인한 제도적 비용을 감당할 수 없다는 사실도, 국가가 처한 이 근본적인 모순적 상황의 제약에서 기인하는 것이다.

---

14 한나라 고조高祖 때의 재상인 소하蕭何가 만든 법규를 후임자인 조참曹參이 그대로 이어받아 실행한 데서 유래한 고사.

'삼농' 문제, 그리고 '시장경제'에 맞지 않는 공평의 원칙

인구에 비해 토지가 절대적으로 부족한 상황에서, 토지는 중국의 농민들이 근심 없이 생활을 할 수 있는 가장 기본적인 '생존수단'이다.(경제학 이론에서 말하는 '생산수단'이 아니라) 따라서 인구에 따라 균등하게 분배해야만 공평의 원칙을 실현할 수 있다. 중국은 일찍이 '실험'의 과정을 통해 토지의 유통을 대대적으로 추진해봤지만, 농가가 토지를 양도한 경우는 10년 동안 1퍼센트밖에 안 되었다. 이는 중국의 이 내생적 제도와 '시장경제'가 서로 맞지 않는다는 것을 말해준다. 농업경제학이 세운 '시장'이라는 전제와 미시적 연구가 추구하는 '효율의 원칙'이라는 목표는, 중국의 농촌에서 아직 제1의 원칙으로 구현될 조건이 갖추어지지 않았다. 그것이 구현되려면 인구에 비해 토지가 절대적으로 부족한 이 조건이 완전히 바뀌어야만 한다. 본래부터 타고난 자원의 제약으로 인해, 중국에는 서구와 유사한 순수한 '농업'경제의 문제가 존재한 적이 없다. 우리가 줄곧 직면해온 것은 주로 농민 문제, 농촌 문제, 농업 문제로 요약되는 이른바 '삼농' 문제였다.

제도경제학의 재산권 이론을 끌어들여서 본다면, 중국에서 균등의 이념을 구현하여 농지의 최초재산권을 안배한 것도 정치제도 변천의 결과임을 알 수 있다. 그것이 전쟁을 통한 것이었든 정부의 '개량'을 통한 것이었든 마찬가지이다. 그 '경로 의존성'이 기본적으로 시장 거래를 통해 형성된 것이 아니기 때문에, 온전한 '사유'재산권이란 애초부터 결코 존재하지 않았다. 이것이 '하늘 아래 왕의 땅이

아닌 것이 없고, 세상 어디에도 왕의 신하 아닌 사람이 없다'(普天之下
莫非王土, 率土之濱莫非王臣)[15]는 말로 요약되는 봉건국가의 공유제 경제
와 중앙집권적 정치의 기초였다.

'도농 대립적 이원구조'라는 근본적인 체제 모순과 농업 잉여 분배제도

소농의 잉여에 대한 과도한 추출로 격화된 사회적 모순

어떤 경제사학자는 일찍이, 중국이 1000년 전에 농지에서 산출
한 작물을 상품화한 비율이 15퍼센트였다고 말한 바 있다. 근래 중
국은 기본적으로 공업화를 실현했지만, 식량 총생산량 가운데 상품
화되는 것은 30퍼센트밖에 안 된다. 한 해의 식량 수확 가운데 국가
는 총생산량의 15퍼센트 내외만을 점유한다. 관련된 농가 통계 연구
를 보면, 여전히 50퍼센트의 소농은 토지에서 산출한 작물을 전혀
상품화하지 못하고, 30퍼센트의 소농은 30퍼센트에도 못 미치는 상
품화율을 보이고 있다. 즉 80퍼센트의 소농이 종사하는 농업에서 잉
여가 거의 나오지 않는 문제는, 공업화가 진전됨에 따라 근본적으로
개선되기는커녕, 인구가 증가함에 따라 갈수록 악화되고 있다.

국가가 처한 모순적 상황의 제약으로 인해, 폭력적 혁명이든 비
폭력적 개량이든 모두 농지를 '균등'하게 배분하는 것 이상으로 나
아가지 못했다. 소농 촌락공동체 경제의 내부화된 재산과 수익 분배
제도는 중국사회의 '안정적인 구조'를 만드는 근거가 되었고, 따라

---

15 『맹자』孟子 '만장'萬章 상편에 나오는 구절.

서 서구의 산업혁명과 그것이 수반한 자본주의적 사회 진보는 중국에서는 자연스럽게 배제되었다.

청나라 말 이래로 정부가 주도하는 공업화가 네 번 있었다. 앞의 두 번은 각각 양무운동洋務運動과 1920~1940년대 민국 정부의 공업화인데, 모두 관료자본이 소농의 잉여를 과도하게 추출하여 사회적 모순이 격화되거나 혁명이 폭발했다. 뒤의 두 번은 바로 이 글에서 언급하는 '두 개의 역사적 단계'이다. 1950~1970년대에 중앙정부가 사회주의 국가와 전민소유제를 명분으로 추구한 공업화는 자본의 원시적 축적을 비교적 성공적으로 완수했다. 그러나 개혁개방 이래로 중앙이 고성장을 목표로 추구하는 가운데 지방정부가 주도한 '지방공업화'는 경제 성장을 촉진하고 종합적인 국력을 제고시켰지만, 동시에 심각한 자원과 환경 문제를 초래했다. 이런 과정에서의 제도적 안배는 객관적으로 여전히, 정부가 자원을 통제하고 농업 잉여를 추출할 때 농민과의 거래 비용을 어떻게 해결할 것인가 하는 문제에 따라 좌우되었다.

국가 공업화를 위한 '자본의 원시적 축적'

중화인민공화국이 건국되자, 서구가 두 차례의 세계대전을 통해 완성한 자원 분점 형세는 더 이상 조정될 여지가 없어지게 되었고, 주변의 지정학적 환경은 악화되었다. 중국은 '세계 여러 민족의 숲 속에서 자립'함으로써 공업화를 해야만 했고, 공업화를 위해서는 '자본의 원시적 축적'을 반드시 완수해야 했지만, 상품화율이 지나치게 낮은 소농경제라는 조건 속에서 원시적 축적을 완수하는 것은 불가능했다. 건국 이후 초반 3년 동안 4억의 농민이 5000만 명의 도시 인구에게 농산품을 공급하는 일은 별 문제가 없었다. 그런데 '제1차 5개년계획' 시기에 2000만 명의 노동력이 도시로 가서 공업 건설을 지원하게 되면서 갑자기 도시에 '식량 다소비 인구'가 40~50퍼센트 늘어나게 되어, 농산품의 공급 부족 현상이 순식간에 발생했다. 게다가 노동력이 과잉인 소농경제에서 농민들이 실행하는 축적방식은 '노동으로 자본 투입을 대체하는 것'이었기 때문에, 도시의 공산품이 농촌시장으로 거의 들어오지 못하게 되어 공업과 농업 사이에 교환을 실현할 방법도 없었다.

따라서 중국은 부득불 전례 없는, 고도의 중앙집권적 시스템을 동원한 자기착취를 시행할 수밖에 없었다. 농촌에서는 '일괄구매 일괄판매'(統購統銷)와 인민공사라는 상호 의존하는 체제를 시행함으로써, 그리고 도시에서는 계획적인 조달 시스템 및 관료 체제를 세움으로써, 공업·농업 노동자가 만든 잉여가치 전체를 점유하는 중앙재정을 통해 2차 배분을 시행하여 중공업 위주의 확대재생산에 투입했다.

그런 가운데 정부는 사적자본주의와 국가자본주의를 포함하여 여러 경제 요소가 병존하는 기존의 '신민주주의'(新民主主義) 발전전략을, 단일한 공유제를 바탕으로 한 '사회주의 과도기의 총노선'(社會主義過渡時機 總路線)으로 바꾸었다. 그리고 중공업을 집중 발전시킴으로써 필연적으로 '자본의 집중과 노동의 배제'가 초래되었고, 농촌의 노동력이 도시로 진입하는 것을 제한하는 '도농 대립적 이원구조'라는 기본 체제가 만들어졌다. 비록 수천수만의 농민들이 국가 공업화를 위한 자본 축적의 단계에서 희생되었지만, 중국은 결국 최단시간 내에 이 단계를 뛰어넘었고, 국가의 독립을 지키기 위해 필수적인 공업의 토대를 형성했다. 1950년대 초부터 1970년대 말에 이르는 이 특수한 역사적 단계가 바로 '마오쩌둥 시대'이다. 또는 모든 사람들이 헌신해서 천하를 공평하게 만들었다고 해서 '영웅시대'라고 일컫기도 한다.*

발전에 대한 제약 요인과 정책의 선택

근본적인 체제 모순이 농촌경제 발전에 미치는 제약

국가의 공업화를 위한 자본 축적이 이루어진 시기는 특수한 시대였다. 이 시대는 우리에게, 전민소유라는 명분으로 일부에서 독점했던 조兆 단위의 국가자산을 남겨주어, 각종 명의로 재분배하고 다시 점유할 수 있게 했을 뿐 아니라, 또한 도시와 농촌으로 분할된 대립적 모순의 이원적 체제도 물려주었다. 그런데 사람들은 분배와 점유에는 다투어 달려들었지만, 이원적 체제의 모순 해결의 어려움은 후

• 원톄쥔, 「국가자본의 재분배와 민간자본의 재축적」(國家資本再分配與民間資本再積累),『신화문적』新華文摘, 人民出版社, 1993년 12월 참조.

대인들에게 떠넘겨졌다. 이 방면에 관한 연구는 이미 셀 수 없이 많으니, 이 글에서 일일이 서술하지는 않는다. 다만 이런 근본적인 체제의 모순이 해결되지 못한 것이 농촌경제 발전에 제약이 된다는 점에 대해서는 조심스레 분석을 하고자 한다.

　농촌경제 권위자인 두룬성杜潤生은 10년 전에 8억 명이 2억 명을 먹여 살리는 구조가 바뀌지 않는다면 중국의 농업에는 희망이 없다고 지적한 바 있다. 현대적인 서구 경제학의 개념을 원용하여 설명하자면, 농산품에 대한 도시의 수요는 국가가 보장하고 고도로 집중되어 있어서, 수요의 탄력성이 매우 작다. 반면 농민의 공급은 우선 자급자족적일 뿐 아니라, 상품화되는 부분이 고도로 분산되어 있어서, 공급의 탄력성이 상대적으로 크다. (이 점은 서구와 완전히 다르다.) 도시와 농촌이라는 두 체제의 '정보가 비대칭적'인 상황에서, 수요와 공급은 안정적일 수 없다. 따라서 농산품 시장의 수요 공급과 가격의 오르내림은 무질서할 수밖에 없고, 이는 소농이 보험적인 '겸업경영'을 추구하게 만드는 요인이 된다. 또한 이는 수억의 소농들이 종사하는 농업 경영의 규모가 갈수록 더 '영세'해지는 원인도 된다. 규모가 작으면 시장의 오르내림도 더 커지게 마련이니……. 1980년대에 소농경제가 회복된 이래 세 차례나 발생해서 주기적인 현상이 되어버린 농산품 공급의 '상대적 과잉'은 그것을 입증하는 사례라고 할 수 있다.

　게다가 농촌 인구가 증가함에 따라 농지가 점차 '복지福祉의 수단'이 되어, 농민의 생존을 보장하는 역할은 갈수록 커지는 반면 상품을 생산하는 역할은 오히려 작아지고 있다. 리처드 넬슨Richard R. Nelson이 1950년대에 제기한 '인구의 함정(저도 균형의 함정: the low-level equilibrium trap) 이론은 이 모순을 어느 정도 설명해준다. 농지에 과도하게 몰려 있는 농업 인구를 내보내지 않는다면, 현대적 과학기술 등 새로운 요소를 아무리 투입해도, 정부가 아무리 가격정책을 펼쳐도 그 효과는 소농경제라는 망망대해 속으로 흔적도 없이 사라지고, 왕왕 오히려 역효과가 나타나게 된다는 것이다. 이런 투입이란 그 성격이 결국 정부의 보조인데, 반실업 상태에 처해 있는 이렇게 방대한 중국의 농업 인구를 모두 보조할 만큼 능력을 갖춘 정부란 세상 어디에도 없기 때문이다.

어떤 이는 극단적으로 중국에는 농장(미국식의 farm)이 없고 미국에는 농민(중국식의 영세농)이 없다고 말하기도 한다. 구미국가들은 줄곧 자국이 역사상 식민지전쟁을 통해 탈취한 자원을 온 힘을 다해 지켜왔고, 특히 생태 환경과 관련이 깊은 자국 농업자원의 보호를 중시해왔다. 그래서 농장주가 그것을 최대한으로 이용하는 것을 막았고, 재정 보조를 해주면서까지 경작을 쉬고 생산을 제한하게끔 했다. 근래의 'WTO'와 '우루과이 라운드' 농업협상은 분명 서구의 손아귀에서 조종당하는 것이다. 중국의 소농이 종사하는 영세한 농업이 세계의 대규모 농업과의 경쟁에 직면해 있음을 생각한다면, 과거 지상의 천당이라고까지 일컬어지던 쑤저우蘇州와 항저우杭州의 소농들이 1930~1940년대에 밀려들어온 국제 농산품 앞에 대거 파산한 경험을 반드시 교훈으로 삼아야만 할 것이다.

진정 경제적이고 합리적인 정책은 무엇인가

과거 중국은 생산력 수준이 낮은 상황에서, 농업 분야의 집단화를 통해 규모의 경제를 추구한 바 있다. 그러나 그 결과 상황은 갈수록 더 좋지 않게 되었다. 호미에 낫을 아무리 더하고 소농끼리 아무리 힘을 합쳐 봐야, 개인이 단순히 협력하는 것이 생산관계의 진보가 될 수는 없었기 때문이다. 우리는 지금까지 줄곧 규모의 경제를 위한 노력을 포기한 적이 없다. 그러나 농업 인구가 과거에 비해 두 배로 증가하여 전국적으로 노동력이 과잉인 상황에서는, '노동력으로 자본 투입을 대체하는 것'이야말로 가장 경제적인 선택임이 분명하다. 일부 지역이 아무리 발전했다고 해도, 자본집약형의 이른바 현대적 농업을 추구하는 일은, 전국적인 노동력 과잉 상황을 감안하면 투입 대비 산출의 측면에서 볼 때 비합리적이다.

정책 결정자들 앞에는 두 가지 선택이 놓여 있다. 하나는 밀집된 노동력을 국가가 주도하는 사회간접자본 건설에 투입하여 취업시키는 일을(수준은 낮고 속도는 느릴지라도) 제1의 국책으로 삼는 것이다. 여기에 보완하여 도시와 농촌 사이의 이동을 전면적으로 개방하고 산업구조와 취업구조를 조정함으로써, 농지에 과도하게 밀집된 과잉 인구를 비농업부문으로 내보내는 것을 촉진할 수도 있다. 또 다른 하나는 만약 이것이 너무 어려울 경우 농촌공동체의 재산과 수익을 균등하게 배분하는 '비시장적'이고 내부화된 제도 건설을 강화하고, 유통과 금융에서 독점 타파에 중점을 두어 농업의 외부적 규모를 확대함으로써 소농 촌락공동체 경제를 유지하는 것이다. 사실은 이 선택을 제외하면 농민에게는 출로가 없고, 농촌은 발전할 가능성이 없다. 그리고 농업은 독립적인 산업이 될 수 없다. 물론 그렇다고 중국의 일부 대도시가 현대화의 길로 앞서나가지 못한다는 말은 아니다. 그러나 결국 중국은 대도시가 빈민굴과 함께하는 '라틴아메리카'식의 늪에 빠지게 될 것이다.

*『과학정책』(科學決策), 中國社會經濟系統分析硏究會·國際信息硏究所, 2001년 제1기 수록.

발문

원톄쥔의 집요한 질문

쑨거孫歌(중국사회과학원 문학연구소 연구원)

원톄쥔은 심원한 영향력을 가진 당대 중국의 사상가이다. 중국에서 파란만장한 개혁개방이 진행되는 가운데, 중국 전역과 세계 40여개 국가를 두루 방문한 경제학자이자 농업 문제 전문가로서, 당대 사회를 해부하면서 동시에 역사의 교훈을 이끌어낼 사명을 그는 스스로 짊어졌다. 원톄쥔 선생을 잘 아는 사람이라면, 대학교수 티를 전혀 내지 않는 소박한 지식인인 그가 항상 겸손한 미소를 띤 채로 얼마나 예리하게 문제를 제기하는지 잘 알 것이다. 중국과 더 나아가 세계의 경제 문제에 대한 그의 분석은 유행하는 각종 이론의 허울을 벗어버리고, 문제의 핵심으로 직접 파고 들어간다.

원톄쥔이 줄곧 질문해온 문제는 이것이다. 중국은 정말 서구식 현대화의 길을 가야 하는가? 만약 서구식 현대화의 길을 가지 않는다면, 중국식 현대화의 길은 대체 어디 있는가? 이 책은 이런 문제에 대해 그가 집요하게 질문한 데 따른 결과물이다. 서구식 현대화가 뒤집어쓰고 있는 화려한 외피를 그는 식민지 국가의 민중이 치른 막대한 희생을 전제로 한 것일 뿐이라고 말한다. 식민지였던 많은 국가들이 제2차 세계대전 이후 독립을 얻었지만 평등은 전혀 얻지 못했고, 후발국가로서 서구식의 현대화를 그대로 따라했지만 이는 스스로를 서구 식민주의의 전차戰車에 계속 묶어두는 것이어서, 글로벌 자본주의의 사슬 속에서 서구의 선진국을 위해 이익을 제공하고 위험과 부담을 떠안는 희생물의 역할을 할 뿐이라는 것이다. 원톄쥔은 이것이 중국의 길이어서는 안 되고, 후발국가의 선택이어서도 안 된다고 말한다.

개발도상국인 중국은 식민과 약탈로 지탱되는 서구의 현대화 모델을 복제할 수도 없고 복제해서도 안 된다. 금융 위기로 인해 초래된 글로벌 위기 이후, 미국을 선두로 하는 서구사회는 금융자본이 주도하는 경제의 기생성과 위험성을 여실히 드러냈다. 그런 가운데 세계 경제 성장의 가장 큰 엔진으로 간주되는 중국은 서방세계가 이전시킨, 산업자본에 내생적인 노동과 자본의 대립적 모순을 그대로 감수하고 있고, 그런 이전에 수반된 자원의 유실과 환경의 파괴까지도 떠안고 있다.

중국과 미국 사이에 발생한 이런 상황은 사실 보편성을 갖는 것이다. 제2차 세계대전 이후 선진국의 경제구조는 금융자본이 주도하는 기생적인 현대화 모델로 점차 변화했다. 이 과정에서 일찍이 서구사회 내부의 충돌을 초래한 노사 간 대립과 환경 오염과 빈부 양극화 등의 첨예한 문제들이 산업의 이전에 따라 후발사회에 수입되었다. 중국 또한 여타 개발도상국과 마찬가지로 이런 이전의 결과물을 떠안았다. 기생적인 선진국들은 위기를 끊임없이 후발국가에 전가하는 동시에, 이런 탈취와 전가를 통해 확보한 자신의 내부적 특권─중산층의 정치적 요구를 표지로 하는 '서구식 현대 민주정치'─을 절대화하면서, 우월한 입장에서 지속적으로 후발국가의 '인권 문제'를 비난했다. 그러나 스노든 사건[1]으로 인해, 세계 모든 곳에서 '글로벌 감시'를 자행하여 개인의 사생활까지 치밀하게 통제하고 직접 간섭하는 미국의 인권 상황의 실체가 폭로된 후, 역사는 우리에게 새로운 요구를 하고 있다. 이제 우리 자신이 어떻게 공정하고 객관적으로 현대화의 역사를 대할 것이며, 어떻게 적합한 발전의 경로를 선택할 것인지를 성찰해야 할 때가 되었다.

삼농 문제의 전문가로서 원톄쥔은 1980년대에 중국이 막 개혁을 시작했을 때부터, 전통사회의 기본적인 구조를 파괴하지 않는다는 전제 하에 중국식 소농경제의 전환을 완성할 가능성을 모색하는 데 전력을 기울였다. 일찍이 청년시절에 농촌과 공장에서 직접 일을 해봐서 중국 인민의 사회생활에 깊은 관심과 이해를 가진 경제학자로서, 중국의 개혁에 참여하는 과정에서 줄곧 고도의 현실적인 정신을 고수했다. 그는 교조주의적인 지식인이 아니다. 입장을 입으로만 떠

---

1 미국의 컴퓨터 기술자이자 전직 중앙정보국 직원인 에드워드 스노든Edward Snowden이 미국 정보기관의 불법 사찰 및 도감청 행위를 폭로한 사건.

벌리지도 않고, 표면적인 정치적 올바름에 연연하지도 않는다. 오직 중국의 농민을 어떻게 곤경에서 벗어나게 할지를 생각하는 데 혼신의 힘을 쏟는다.

근래 원톄쥔이 하는 일에는 많은 기복이 있었지만, 그의 주장은 줄곧 분명한 기조를 고수해왔다. 중국은 약탈을 전제로 한 서구식 발전의 길을 가서는 안 되고, 자신이 가진 자원의 조건에 근거하여 공업화를 완성해야만 한다는 것이다. 이것은 곧 다음과 같은 것을 의미한다. 중국은 초기에 민중으로 하여금 무상노동에 가까운 희생을 치르게 하는 '총동원체제'를 통해 공업화를 위한 원시적 축적을 완성했다. 그러나 개혁개방의 시기에는 농촌의 성진화城鎭化 바람과 일자리를 구하러 도시로 떠나는 농민들의 물결로 인해, 수천 년 동안 깨지지 않던 전통사회의 기틀이 흔들리게 되었다. 중국의 농촌은 지금 조용하지만 거대한 변화가 일어나고 있다. 그러나 서구식의 현대화 모델—시장경제와 자유경쟁 등의 그럴듯한 구호로 은폐된 글로벌 불평등 구조 및 금융자본이 산업자본을 대체하는 허구적인 경제모델—로는 결코 중국의 위기를 해결할 수 없다.

또 다른 한편으로 근래 중국식의 현대화가 추진되는 과정에서, 그것이 요구하는 기본적인 조건들은 명확하게 부정적인 효과를 파생시켰다. 대가를 따지지 않는 노동력으로 부족한 자본을 대체했지만, 희생을 치른 민중들은 그에 상응하는 보상을 전혀 받지 못했다. 외국자본이 아무런 제약 없이 시장화라는 명목으로 중국에서 약탈과 협잡을 일삼는 것을 '정부의 기업화公司化'를 통해 방지했지만,

이는 동시에 '중앙 국유기업'의 특권적 행태와 정부 각 부문의 부패를 더욱 손쉽게 하는 문을 열어준 셈이었다. 원톄쥔은 중국에서 단순히 시장화라는 명목으로 이른바 사유화와 자유경쟁을 시행해서는 안 된다고 주장한다.

여러 문제가 복잡하게 뒤얽힌 당대 중국사회의 현실 속에서 원톄쥔은 시종일관 하나의 핵심을 놓치지 않았다. 아무리 많은 문제가 발생한다고 해도, 서구에서 들어오는 현대화 모델의 유혹을 거부하는 것은 반드시 견지해야 할 마지노선이라는 점이다. '워싱턴 컨센서스'라는 이름을 달고 있는 이 금융자본의 독점 모델은 서구 이외의 후발국가들에게 발전의 가능성을 제시할 수 없을 뿐 아니라, 서구사회 자신까지도 지속 불가능한 막다른 길로 끌고 들어간다. 중국사회는 어떻게 해야 이 함정에 빠지지 않으면서 동시에 자신의 복잡한 문제들을 극복할 수 있을까? 이는 원톄쥔을 고민하게 만드는 과제이면서 동시에 중국인 모두가 직면한 현실이기도 하다.

원톄쥔은 여러 해 동안 줄곧 향촌 건설과 개조사업에 종사해왔다. 그리고 일군의 젊은이들을 이끌고 신농촌 건설과 유기농업의 가능성을 지속적으로 모색하고 있다. 1980년대부터 지금까지 계속 중국의 광대한 농촌을 두루 현지조사함으로써, 원톄쥔은 농촌 발전과 중국 개혁의 어려움에 대해 깊이 있는 깨달음을 얻었다. 그는 '중국 모델'에 대한 논의에는 별로 관심을 두지 않는 것 같지만, 중국이 반드시 자신의 길을 가야 한다는 점에 대해서는 확고하게 이해하고 있다.

원톄쥔 덕분에 나는 많은 것을 배웠다. 그래서 그의 저작이 한국

어로 번역되어 나온다는 소식에 더욱 큰 기대를 갖는다. 자본의 위기를 전가하는 식민전쟁으로 말미암아 피해를 입은 동아시아 국가의 국민으로서 중국과 한국의 독자가 매우 많은 공통의 언어를 가지고 있으리라고 나는 믿는다. 중국을 어떻게 인식할 것인지는, 오랜 세월 동안 냉전 이데올로기 때문에 은폐되고 오도되어 줄곧 풀기 어려운 문제로 남아 있었다. 이 점은 한국의 독자들뿐만 아니라, 중국의 지식인들에게도 마찬가지로 해당하는 것이다.

원톄쥔은 중국의 개혁 방향에 대한 집요한 질문을 통해 독창적인 사유를 보여주었을 뿐 아니라, 동아시아 지식인 사회가 끊임없이 복제해온 '서구식 비판이론'의 사고방식에도 무의식중에 충격을 주었다. 전혀 공정하지 않은 이 세상에서 권력과 공모하기를 거부하는 것이 권력에 맞서는 모양새를 취하는 것보다 어쩌면 더욱 진실하고 더욱 중요한 일이라는 점을 사실상 우리에게 일깨워준 사람이 바로 원톄쥔이다.

2013년 8월 베이징에서

6억 중국 농민의 대변자, '三農' 원톄쥔

이정훈(서울대학교 중어중문학과 교수)

1978년에서 2010년까지의 33년간 중국 경제의 평균 GDP 성장률은 두 자리수 성장에서 단 0.1퍼센트가 모자라는 9.9퍼센트이다. 실로 놀라운 성과가 아닐 수 없다. 노벨경제학상 수상자 스티글리츠조차도 이 정도 규모의 경제단위가 이렇게 지속적으로 성장을 구가해온 사례는 세계적으로 그 유례를 찾기 어렵다고 말한다. 이처럼 엄청난 속도로 발전을 구가한 중국의 발전은 산업화(공업화)와 도시화라는 두 가지의 연동된 과정을 통해 구현되었다. 그러나 이런 눈부신 성공의 이면에는 늘 빛이 있는 곳에 함께 존재할 수밖에 없는 그림자가 있다. 산업화의 과정에서 그 부담을 고스란히 짊어졌으나 그 과실을 함께 누리지 못하는 존재, 6억의 중국 농민이 바로 그들이다.

베이징 소재의 명문 중국인민대학의 단과대학 가운데는 '농업 및 농촌발전대학'이 있고, 중국의 미디어에 의해 흔히 6억 중국 농민의 대변자로 지칭되곤 하는 '溫三農' 선생이 학장을 맡고 있다. 삼농 문제에 관한 한 중국 최고의 전문가이자 이 책의 저자인 원톄쥔溫鐵軍, 바로 그 사람이다.

혁명의 주체이지만, 고속성장에서 소외되어온 '농민'

20세기 중국이 걸어온 길은, 1840년 아편전쟁으로 시작된 열강의 침략으로부터 스스로의 생존을 지켜내고 집단적 존엄을 확보하기 위한 긴 여정이었다고 할 수 있다. 1911년 신해혁명에서 1949년 중화인민공화국 성립으로 마무리된 20세기 전반부 역사의 키워드를 혁명을 통한 '자존'에서 찾는다면, 그 주체는 다름 아닌 중국의 농민이었다. 소련식의 도시 무장폭동 노선을 견지하다가 붕괴 직전까지 몰렸던 중국공산당이 부활한 것은 중국 혁명의 핵심 주체로 '농민'을 발견해내고 이들에 의지하여 중국적 혁명노선을 전개시킨 '천재' 마오쩌둥 덕분이었다. 농민 없는 공산당은 물 떠난 고기에 불과한 것이다. 그러나 흔히 사회주의 건설기로 지칭되는 1949년에서 문화대혁명을 거쳐 개혁개방이 시작된 1978년까지의 기간은 물론, 개혁개방 시기로 지칭되는 그 이후 지금까지의 기간에도 중국 혁명의 핵심 공로자로서 농민에게는 그에 걸맞은 대접이 주어지지 않았다. 중화인민공화국 건국 당시의 토지개혁이나 1970년대 말 시작된 '토지청부생산제'(인민공사의 집체경영으로 운영되던 생산을 개별 농가에 위탁하는 제도)와 같이 농민에게 짧은 봄날이 없었던 것은 아니지만, 1990년대를 거쳐 지금에 이르는 고속성장의 기간에 농민은 철저히 소외된 존재에 불과했다. 전 세계의 자본과 천연자원을 블랙홀처럼 흡수하여 엄청난 성장을 구가한 중국은 이제 미국과 더불어 세계를 움직여가는 소위 'G2'의 지위로까지 격상되었지만, 농민은 갈수록 확대되어가는 도시와의 소득 격차에 노출되었으며 이들의 상대적 박탈감은 심화되어가기만 했다. 20세기 후반기의 중국을 설명하는 키워드가 '발전'이라면 농민은 발전의 예외지대에 놓인 존재이거나, 이 발전을 가능하게 하는 데 소요되는 보이지 않는 소모품이었으며, 때로는 발전에 따른 각종 위기를 떠넘기기에 적합하고 편리한 대상이었다.

인민을 위하는 진실한 지식인, 삼농 문제를 제기하다

원톄쥔은 이러한 발전 지상주의 시대에 중국 농민의 자리는 어디에 있느냐고 묻는 양심의 목소리를 대표한다. 그는 오늘날 중국에서 농민이 처해 있는 상황을 '삼농 문제', 즉 '농' 자로 시작하는 세 가지 문제의 종합적 증후군으로 나타난다고 진단한다. 일찍이 중국 현대사의 주체였던 '농민' 계층이 처한 오늘날의 곤궁한 처지는 단독으로 설명할 수 없고, 세 가지 차원의 연동된 문제로 현상한다는 것이다.

즉, 사회계층 혹은 계급 문제로서의 '농'민 문제가 그 첫 번째요, 인재와 자본의 유출에 의해 발전의 동력을 상실하고 내부적 해체에 직면한 지역 문제로서의 '농'촌 문제가 두 번째이며, 산업으로서의 농업이 직면한 경쟁력 상실과 저소득 구조의 고착화라는 산업 문제로서의 '농'업 문제가 세 번째이다.

이 '삼농 문제'에 대한 제기가 표면으로 떠오른 것은 중국이 고성장 기조 속에서도 불안의 징후를 느끼던 1990년대 후반이었다. 1998년 아시아 금융 위기를 목도하면서 중국은 외자 도입과 수출산업 주도의 동아시아 발전모델의 위험성에 눈을 돌릴 수 있었다. 특히 아시아의 네 마리 용 가운데 선두를 달리던 한국의 몰락은 한국과 대만을 벤치마킹한 고성장의 성과에 일말의 의심도 갖지 않았던 당시 중국 경제 지도부에게 불안감을 불러일으켰다. 고성장에 따른 문제들이 서서히 표면으로 분출하던 당시, 지금 당장의 희생을 감내하면 머지않아 파이를 나눌 수 있으리라는 개혁지도부의 막연한 기대는 날로 확대되어가는 중국의 3대 격차―수출산업이 발달한 연해지대와 내륙지대 사이의 지역 간 격차, 도시와 농촌 사이의 도농 간 격차, 그리고 확대일로를 걷는 계층 간 격차―를 더 이상 방치한 채로 후일을 기약하기 어렵다는 절박한 현실인식으로 서서히 대체되어가고 있었다. 당면한 상황을 인정하고 대안을 모색하는 일이 급히 필요하다는 것을 깨달은 것이다.

이러한 불안감의 확산과 조정에 대한 내부적 공감 속에서 '삼농문제'는 중요한 화제 가운데 하나로 주목을 받기 시작한다. 이러한 분위기의 전환에 중요한 촉매제 역할을 한 것은 당시 막강한 영향력을 행사하던 월간지『독서讀書』에 1999년 원톄쥔이 기고한 "'삼농 문제': 세기말의 성찰'이라는 제목의 글이었다. 중국 농촌을 붕괴 직전에 내몬 소위 '삼농 문제'의 한계적 상황을 중심으로 당대 중국이 처해 있는 사회경제적 난맥상을 강력하게 비판한 이 글을 통해 원톄쥔은 지식계와 미디어에서 진지한 관심을 표명하는 공공의 인물로 떠오른다. 중국 미디어의 자극적 표현을 빌리자면 '삼농 문제'를 둘러싸고 탄생한 '스타' 지식인의 등장이었다.

서구 이론의 적용보다는 현장과 경험을 중시

1951년생인 원톄쥔은 1949년에 탄생한 '중화인민공화국'과 지금까지의 한 생애를 나란히 걸어왔다. 허베이 출신의 부유한 상인이었던 할아버지와 중국인민대학 교수였던 인텔리겐차 아버지를 둔 원톄쥔은 16세의 나이로 당시의 하방정책에 따라 소위 '지식청년'의 일원으로서 시골로 내려간다. 1978년 개혁개방 정책의 실시와 함께 베이징으로 돌아오기까지, 그의 첫 번째 '11년간의 체험'은 훗날 평생을 두고 농민들의 어려운 현실에 관심을 갖게 한 정서적 밑바탕을 이룬다. 베이징에 돌아온 이듬해인 1979년 중국인민대학 신문학과에 입학하여, 1983년 32세의 나이로 내학을 졸업한다. 졸업 후 곧바로 군에 입대하여 고위간부의 비서로 복무하다가, 당시 덩샤오핑이

군 정예화 정책의 일환으로 추진한 100만 명 감군에 의해 2년의 군 생활을 마치고 사회로 복귀한다. 원톄쥔은 새로운 신문의 창간을 목표로 뜻을 같이한 몇 명의 친구들과 함께 전역 수속이 채 끝나기도 전에 현장취재에 나선다. 4개월간 황허 연안의 중국 서북부 농촌지대 8개 성, 40여 개 현의 사회경제 발전 상황을 취재하고 우연한 기회를 통해 정부의 농촌정책을 총괄하던 중앙농촌정책연구실에 들어가게 된다. 당시 함께 일하던 멤버로 현 최고지도부의 한 사람인 중국공산당 중앙정치국 상무위원이자 중앙기율검사위 서기 왕치산王岐山, 세계은행 부총재 및 수석 경제학자를 지낸 저명한 경제학자 린이푸林毅夫 등이 있었다. 그곳은 공산당 권력의 핵심부서는 비록 아니었지만, 굵직한 인물들이 배출되었을 만큼 당내에서 촉망받는 신진 정예멤버들이 모인 자리였다. 초기에 이 조직에서 보고서 편집업무를 담당한 원톄쥔은 점차 현장조사에 활발하게 참여하게 되는데, 이는 정책 생산단위의 입장에서 중앙의 정책이 현장에서 얼마나 실효성을 가질 수 있는지를 직접 발로 뛰며 확인해볼 수 있는 값진 기회였다. 그가 자신의 '두 번째 11년간의 경험'이라고 부르는 이 경험은 그로 하여금 평생 학자로서의 정체성을 내세우기보다 '정책 실험요원'을 자처하게 하였다.

대학에서 신문학을 전공하여 비교적 영어에 능통했던 그는 1987년 정부 파견으로 미시간대학 사회조사연구소(Institute for Social Research)에서 현지조사 방법론에 관해 연수할 기회를 얻는다. 이후 세계은행, 컬럼비아대학 등과의 방문 교류를 통해 비교적 일찍 국제적 안목을 기를 수 있었다. 그러나 대다수의 중국 학자들이 외국과의 교류를 통해 중국의 현실을 해석할 수 있는 선진 이론과 방법론을 남보다 먼저 도입하는 데에 관심을 가졌던 것과 달리, 원톄쥔은 자신이 접한 중국 농촌의 특수한 현실을 설명하는 데 서구의 '수입 이론'이 갖는 분석력과 설득력의 한계를 절감하게 된다. 이런 고뇌는 당시 중국 농업경제학 분야에서 명망이 높았던 중국농업대학의 두룬성杜潤生 교수 밑에서 대학원 과정을 공부하도록 이끈다. 그가 회고하는 스승의 가르침 역시 현장성을 매우 중시한다는 점에서 현장을 중시했던 그의 소신과 남다른 친연성을 지니고 있었다. 매번 현지조사를 마치고 와서 보고회를 개최할 때, 스승 두룬성 교수가 가장 중요하게 관심을 가졌던 것은 수치나 그래프가 아니라, 이 연구보고서가 "가가호호 방문해서 직접 얘기를 나눠본" 후에 쓰인 것인가에 대한 확인이었다. 현장성에 대한 강조는 중국 농촌 문제를 연구하는 학자들에게 묵계와도 같은 공통된 작업윤리에 속했던 것이다.

서구의 현대화와 도시화가 중국 현실에 맞지 않는 이유

2000년은 중국이 WTO에 가입한 해이다. 중국 농업이 채소와 과일 등 몇몇 분야를 제외하면 가격경쟁력이 전무한 상황에서 개방을 맞게 됨에 따라, 해외 현지조사를 통해 개방이 미치는 영향을 연구해야 한다는 목소리가 대두했다. 원톄쥔은 인도, 브라질, 멕시코 등의 현장조사 사례를 통해 개방으로 인해 국제적 가격 경쟁에 전면적으로 노출될 때 소농경제에 닥칠 수 있는 위험을 널리 목도했다. 개방이 초래한 가격 경쟁으로 인해 농산물 가격이 떨어지면 필연적으로 한계생산성에 처한 가난한 농민들 가운데 상당수가 땅을 팔고 도시로 떠나는 경향이 생기게 된다. 이러한 현상은 농지를 소수의 손에 집중시키는 토지겸병 현상을 부추기는 한편, 도시로 간 농민들이 적시에 다른 산업부문으로 흡수되지 못함으로써 대도시 주변에 거대한 빈민굴을 형성하여 실업, 보건, 교육, 치안 등 갖가지 도시문제를 낳는 악순환을 불러일으키는 원인으로 작용한다는 점을 발견한다. 그는 북인도 일부 지역에서 무장봉기에 나선 마오쩌둥주의 농민 게릴라, 멕시코 치아파스주 사파티스타 반군 등의 사례에서 볼 수 있듯 토지를 잃은 농민은 결국 반군으로 나설 수밖에 없다는 점을 경고한다. '무지즉반'無地則反으로 요약되는 이러한 주장은 농촌문제의 해결책으로 토지에 대한 농민의 사유권 보장을 주장하는 소위 (신)자유주의 학자들과 대립하게 된다. 중국에서 농지가 단순히 처분가능한 생산요소가 아니라 도시로 돈을 벌러 떠나는 이른바 '농민공'들에게조차, 도시에서 일자리를 잃을 경우 돌아와 생계를 이어갈 수 있게 해주는 최후의 보루이자 사회보장의 대체재 구실을 한다는 점을 고려할 때, 토지의 사유화와 자유거래의 확대는 결국 농민을 토지로부터 분리시켜 실업자를 대규모 양산하는 부작용을 낳을 수 있다. 그리고 무분별한 이농은 식량 위기라는 예상치 못한 함정으로 중국을 이끌고 갈 수도 있다는 것이다. 글로벌 경쟁이라는 조건 속에서 농업이 경쟁력을 강화하기 위해서는 '규모의 경제'를 형성하는 것이 필수적이며, 농민들의 토지에 대한 매매의 자유를 허용하여 농민의 도시 이주를 돕고, 토지를 능력 있는 농업경영자에게 집중시킴으로써 토지의 생산효율을 극대화해야 한다는 (신)자유주의 진영의 주장은 지극히 영세한 소농 중심의 중국 농업구조, 6억 농민 인구 가운데 1.5억 정도로 추산되는 필요노동력의 규모(4.5억가량의 토지에 대한 잉여노동력), 사회복지를 대체하는 토지의 보장적 기능 등을 종합적으로 고려할 때, 현실에서 유리된 탁상공론에 불과하다는 것이 원톄쥔의 관점이다. 그가 강연에서 흔히 강조하는바, "인구 1억 이상의 개발도상국 가운데 대도시 근교에 대규모 빈민굴을 형성하지 않은 사례는 중국이 유일"하다는 주장은, 현재 중국 농민이 처한 열악한 지위에 대한 승인이나 정부의 농민정책에 대한 옹호가 아니라, 현대화와 도시화를 만능열쇠로 착각하는 주류적 사고에 경종을 울리고자 하는 바람의 소산으로 이해할 수 있겠다.

인민, 농민들의 삶을 최우선으로

삼농 문제를 국가적 어젠다로 끌어올리려는 원톄쥔의 노력은 2000년대에 들어와서 상당한 반향을 불러일으킨다. 2002년 중국공산당 제16차 대회에서 삼농 문제를 당면한 국정 문제 가운데 "핵심

중의 핵심 문제"(重中之重)로 언급하면서 농가소득 증대, 농업세와 각종 잡부금 폐지, 농산물 가격 안정, 수리시설 보수와 증축 등의 각종 현안들에 대한 정책적 노력들이 확대된다. 매년 중국공산당과 정부가 설정하는 최우선 정책과제를 제시하는 연두 문서를 의미하는 소위 '1호 문건'의 내용이 2004년 이후 2013년까지 모두 농촌관련 정책으로 채워진 것에서도 알 수 있듯 삼농 문제는 핵심적 정책과제로 정착하기에 이르렀다. 특히 중국에서 수천 년간 지속되어온, 토지에 대해 세금을 물려온 전통이 2006년 이후 농업세의 정식 폐지를 기화로 소멸한 일은 그 실질혜택의 규모와는 별도로 상당한 역사적 상징성을 띠는 사건이었다. 또한 2003년 이후 실시된 '신형 농촌합작의료보험' 제도의 실시로 그동안 의료보험의 사각지대에 놓여 있던 농민들이 실질적 혜택을 입게 되었다. 현재 전국 농촌의 80퍼센트 이상의 지역에서 총 7.2억 명 이상이 연 10위안(한화 1700원가량)의 보험료 납부만으로 기초의료의 수혜자가 된 것은 농촌의 실질적 삶의 질 향상에 있어 상당한 진전이 아닐 수 없다.

삼농 문제의 중요성을 대중적으로 이슈화한 공로로 원톄쥔은 2003년 CCTV 선정 경제부문 올해의 인물로 선정되는 등 각종 매체에서 주목하는 지식인이 되었으며, 같은 해 중국의 개혁정책을 총괄하는 국무원 산하 국가발전및개혁위원회에서 발행하는 영향력 있는 잡지 『중국개혁』의 사장 및 총편집자에 선임되기도 한다. 또 2004년 6월에는 중국인민대학에 '농업 및 농촌발전대학'이라는 새로운 단과대학이 설립되어 초대 학장에 취임함으로써 중국 삼농 문제의 장기적 해결에 필요한 고급인재 양성과 이론·정책 연구에도 획기적 기반을 다진다.

그러나 일견 승승장구하는 것처럼 보였던 원톄쥔의 당시 행보가 순탄하기만 한 것은 아니었다. 그는 자신이 맡은 『중국개혁』의 자매지로 『중국개혁―농촌판』을 창간하는데, GDP 성장을 목표로 하고 시장화 개혁을 방법론으로 삼은 1990년대 이래의 주류적 입장에 있던 당시 관련 부문의 관료들은 삼농 문제의 각종 사례를 통해 시장화 개혁을 비판하는 원톄쥔과 『중국개혁―농촌판』을 고운 눈으로 보지 않았다. 일부 시장주의파 관료들의 "원톄쥔 같은 좌파적 인사에게 개혁의 정당성을 홍보하는 우리 잡지를 맡길 수 없다"는 반발로 종국에 이 잡지는 2004년 12월호를 마지막으로 폐간에 이르게 된다. 1990년대 이래 막대한 GDP 성장으로 정당성을 획득한 '시장화 개혁'이라는 일관된 방향에 대해 내부인사로부터 문제가 제기되는 상황은 참기 힘든 상황이었을지도 모른다. 결국 원톄쥔은 학원 내에서는 새로이 근거지를 확보했지만, 정부 내의 정책생산 및 집행 단위로서 농민들의 운명에 보다 직접적 영향을 미쳤던 국무원 산하 기관에서는 근거지를 잃어버리게 된다.

그가 겪은 좌절은 이뿐이 아니었다. 그는 2003년 7월 근대 중국의 평민 교육 및 농촌자치운동의 선구적 사상가였던 옌양추晏陽初의 이름을 따서 허베이성 띵定현에 '옌양추농촌개발학교'(晏陽初農村建設學院)를 세웠다. 어려운 농촌현실 속에서 생태적 유기농법 보급 등의 실험과 농촌의 인재 양성을 위해 세운 이 학교는 중국사회 각계의 관심 속에서 3년 이상 유지되어왔으나, 돌연 2007년 4월 현지 정부에 의해 관련 법규를 위반한 학교 설립이라는 이유로 강제 폐교 조치된다. 지방정부 관리의 실적에 영향을 주는 개발 성과와 무관하면서 불필요하게 지역의 '낙후성'을 여러 매체에 자주 노출시키는 이학교의 존재가 지방성부의 입장에서는 하등 반가울 일이 없었을 것이라는 점을 감안하면 돌연한 폐교 조치의 이유를 짐작할 수 있을 것이다.

좌우 이데올로기가 문제가 아니다

위의 두 가지 사례가 보여주는 것처럼, 원톄쥔은 흔히 그와 반대 입장에 서 있는 소위 (신)자유주의파 지식인들에 의해 단골로 관방 측과 관계 깊은 인사라는 비아냥의 대상이 되지만, 정작 관방 내의 주류 시장주의 개혁노선이나 개발 실적 중심의 지방정부 어디서도 환영받지 못하는 애매한 처지에 놓여 있기도 하다. 이는 중국의 모든 문제를 관방/비관방 혹은 친공산당/반공산당의 단일한 구도로 파악하려는 외부적 시각에서는 해석하기 난감한 일이 아닐 수 없다.

이처럼 그는 정부 산하 기관의 연구원, 대학교수, 그리고 행동하는 지식인으로서의 다중적 면모를 보여주었다. 1990년대 후반 이래 중국 지식계에서 격렬하게 진행된 소위 신좌파 – (신)자유주의 진영 간의 이념 논쟁 구도에서 보자면 원톄쥔의 위치는 이른바 좌파로 규정되어왔다. 그러나 그는 자신을 특정한 파벌의 일원으로 규정하는 시각이나, 중국의 소위 좌우 이념 논쟁에 대해서는 전혀 관심이 없다고 말한다. 중국이 백년간 추진해온 급진적 개혁은 이성적이어야 할 지식계에서조차 '우리 편이 아니면 모두 적'이라는 흑백논리와 '이름표 붙이기'(모자 씌우기)를 무반성적 관행으로 유행시키는 결과를 낳았다고 지적한다. 현실과는 무관한 지식계의 세력 다툼에 불과할 뿐이라는 입장이다.

또한 원톄쥔은 좌/우라는 개념 자체가 중국 현대사의 경험을 반추해볼 때, 매우 혼란스럽고 의심스러운 개념이라고 진단한다. 만약 좌파를 사회적 약자의 편에 서는 입장이라고 하고, 우파를 그것이 국가든 자본이든 또 다른 종류의 권력을 편드는 입장이라고 한다면, 중국에서는 좌와 우가 전도된 경우가 비일비재하다는 것이다. 예컨대 1958년 당시 반우파운동의 대상이 되었던 소위 '우파분자'들은 대부분 국가가 폭력적인 수단을 통해 진행한 산업화의 기반 구축 다시 말해 당시의 국가자본에 의한 원시적 축적 과정에 저항한, 객관적으로 보아서는 좌파에 가까웠다는 사실을 자신이 직접 검토한 당시 우파분자들의 기록을 통해 설명하기도 한다. 극단적으로 결핍된 생산요소로서의 자본을 무제한적으로 공급 가능한 생산요소로서의 노동에 대한 착취를 통해 보완해온 중국의 특수한 상황은, 중국공산당과 정부가 아무리 주관적으로 사회주의 이념을 강조해왔다 하더라도 그 객관적 기능에 있어서는 친자본의 역할, 즉 우파적 소임을 다한 것으로 보아야 한다는 것이다. 중국공산당이 걸어온 길을 '우파'의 역사로 규정하는 이런 대담하고도 참신한 주장은 중국 현대사 해석의 틀을 전도시키는 폭발력을 지니고 있으며, 탈식민화의 과정과 좌우 이념 대결 및 냉전이 동시적으로 뒤얽힌 동아시아의 역사적 경험 속에서 좌우 이념 문제를 냉전적 관성에서 벗어나 새롭게 조명할 단초를 제공해주는 탁견이기도 하다.

　이처럼 좌우 이데올로기에 의한 이념적 접근보다는 현장조사를 통한 체득을 강조하는 입장은 북한의 식량 위기를 바라보는 독특한 시각을 통해서도 다시 한번 확인할 수 있다. 1990년대 초 자신이 UN 파견 전문가 자격으로 북한 농업의 실상을 고찰하고 온 경험을 술회하면서, 북한 농업의 붕괴는 농업 현대화의 지연 때문이 아니라 오히려 구소련에서 도입한 6만 대의 트랙터로 대표되는 농업 기계화에 과도하게 의존한 결과라고 주장한다. 북한 전체 인구 30퍼센트 미만의 농촌 인구가 70퍼센트의 도시 인구를 부양해야 하는 도시화의 급속한 진전 속에서 구소련의 해체로 인해 농기계 부품과 에너지 공급이 중단되었을 때 북한은 그야말로 속수무책의 상황에 놓일 수밖에 없었다는 것이 현장실사를 경험한 원톄쥔의 주장이다. 이는 단순히 사회주의의 실패를 계획경제의 비효율 혹은 관료의 부패라는 익숙한 각도에서만 바라보아온 우리의 '냉전'적 사고관행에 대해 새로운 각도에서 충격을 가한다. 이러한 시각은 향후 남북한의 통일을 보다 실천적으로 대비하기 위해서라도 실제적 시각으로 문제를 바라볼 필요가 있음을 시사해주는 유의미한 교훈이 아닐 수 없다.

백년의 급진에 대한 성찰과 새로운 길의 모색

요약하자면 원톄쥔은 중국 농촌이 처한 '삼농 문제'의 역사적 근원이 토지 대비 과도한 인구라는 자연적 조건에, 1949년 이후 국가가 농업부문에서 잉여가치를 착취하여 국가 주도 공업화에 투자하면서 생겨난 구조적 모순, 그리고 외자 도입과 연관된 경제의 주기 변동에 따라 나타난 부담을 농촌에 전가함으로써 생겨난 부가적 모순이 종합된 결과라고 말한다. 그간 중화인민공화국이 간난신고 끝에 국가의 기틀을 다지고 지금과 같은 세계적 위상을 확립하는 과정에서 농민은 일방적 희생을 강요당해왔다는 역사적 진실을 새로운 이론적 시각에서 제대로 규명하고, 그에 합당한 보상적 조치들이 농민을 위해 강구되어야 한다는 입장이다.

원톄쥔은 중국 농촌의 문제를 이해하기 위해서는, 공업화의 대가 혹은 자본주의 세계 경제 시스템의 위기가 향촌사회에 전가되어 농민들의 희생을 매개로 흡수되었다는 점에 대해 숙고해야 한다고 역설한다. 그는 중국 근현대사를 경제의 주기적 위기와 그것의 농촌으로의 전가라는 '경험'을 통해 새로운 관점에서 설명하고자 한다. 중화인민공화국의 성립으로 귀결되는 1940년대 말의 위기를 제외하고, 건국 이후 현재까지 여덟 번의 경제 위기가 있었는데 그 가운데 여섯 번은 중국 내부의 문제로 인해 발생했고, 1998년과 2008년의 두 차례 위기는 글로벌 경제의 문제라는 외부 요인으로 인해 발생했다고 본다. 1949년의 '혁명' 또한 원톄쥔의 입장에서는 어떤 추상적 가치를 위한 것이라기보다는, 1920년대에서 1940년대까지 중국 경제가 글로벌 경제로 편입되고 이로 인해 화폐경제가 확대되어 생긴 부담이 소농 중심의 향촌사회에 위기를 불러일으킴으로써 불가피하게 선택될 수밖에 없었던 일로 이해된다. 농촌의 만연한 위기가 농민혁명을 낳았고, 중국공산당은 토지개혁을 통해 전체 농민의 90퍼센트에 가까운 인구를 세계 경제와의 연동구조에서 벗어나게 하여 전통으로 회귀시킴으로써 그에 화답했다는 것이다.

토지개혁으로 급한 불을 끄기는 했으나 결국은 공업화의 길을 가지 않을 수 없었던 중국은 1950년대 소련 자본의 도입, 1970년대 서구 자본의 도입을 통해 자본의 결핍을 메우는 방향으로 움직였다. 원톄쥔에 따르면, 1950년대에 전개된 소련식의 계획경제에 걸맞은 상부구조 도입은 사회주의적 가치를 찾기 위한 노력의 소산이라기보다는 소련 자본의 도입에 부수된 정치적 입김의 반영이고, 1960년대에 대규모로 전개된 상산하향 운동은 경제 위기로 인한 대규모 실업사태를 정치적인 방식으로 해결하고자 한 조치이다. 농촌의 생산청부제 실시 등 1980년대에 전개된 일련의 개혁개방 정책들도 그 본질은 이념의 변화이기보다는 1970년대 대규모 외자 도입으로 촉발된 채무 위기와 재정 적자의 확대 등에 대응하기 위해 농촌에 대한 국가의 관여와 부담을 완전히 없애는 '농촌에서의 국가의 퇴장'을 의미한다. 도시에서의 국유기업 개혁이나 중앙정부와 지방정부의 관계 조정 등의 개혁 조치 역시도 정부가 막대한 재정 적자에서 벗어나기 위해 취한 현실적 조치였다. 올해 초 발행되어 중국 지식계에 상당한 파장을 일으킨 저서 『여덟 차례의 위기: 1949년에서 2009년 까지 중국의 실제 경험』(八次危机: 中國的眞實經驗 1949~2009)은 이러한 주장을 구체적 사례를 통해 뒷받침함으로써 중국의 사회주의 경험을 새롭게 조명하고 있다. 그의 관점으로 보자면 중국혁명사는 탈이념적인 시각에서 완전히 새로 쓰지 않을 수 없을 정도이다.

그리고 이 문제의 해결을 위해 서구가 제시하는 단일 해법으로서의 현대화를 무비판적으로 받아들이면 안 된다는 것이 핵심적 주장이자, 그가 여전히 중국 농촌을 무대로 다양한 이론적 모색과 실험에 매달리는 이유이다. 미국의 대농장주를 가리키는 '파머'farmer는 영세한 소농경영이 주체인 중국의 '농민'과 결코 같을 수 없으며, 서구 농업이론이 암묵적 근거로 삼는 미국 혹은 남미의 대농장 위주의 농업경영은 역사적으로 식민지 약탈을 통한 토지의 집중을 전제로 할 때만 가능할 뿐 중국의 현실과는 무관하다는 것이다.

원톄쥔은 스스로를 개량주의자로 자처하면서, 중국이 지난 한 세기 동안 암암리에 견지해온 개혁에 대한 급진주의적 해결방식을 이제 내려놓을 때라고 충고한다. 1949년을 전후하여 중국공산당이 주도한 토지개혁과 집체화로 대표되는 급진적 혁명노선이 되었건, 1980~1990년대의 급진적 시장주의 개혁노선이 되었건 간에 중국 농촌의 실상에 부합하지 않는 급진주의적 해결방안은 반드시 그에 따르는 대가를 치러왔다. 그렇다면 21세기의 삼엄한 글로벌 경쟁을 배경으로 G2의 반열에까지 오른 중국은 과연 어떠한 방식으로 자신이 겪어온 지난 한 세기의 급진주의를 청산하고 새로운 길을 찾아낼 수 있을 것인가? 만약 그러한 모색이 성공한다면, '탈급진'적 입장에서 원톄쥔이 이끌어온 다양한 이론·실천적 노력들은 어떻게 재평가되고 재해석될 수 있을 것인가? 이 점에 착목하여 시간을 두고 중국이 나아가는 길을 지켜볼 일이다.